加爾默羅靈修

凡尋求天主，深感除天主外，
心靈無法尋獲安息和滿足的人，
會被吸引，進入加爾默羅曠野。

聖女大德蘭的靈心城堡

大德蘭St. Teresa of Avila◎著
加爾默羅聖衣會◎譯
范毅舜◎封面攝影

聖女大德蘭誕生五百週年新譯本
The Interior Castle·El Castillo Interior

CONTENTS

第二重住所

談論若要達到最後的住所，恆心堅持是很重要的；魔鬼引發的大戰爭；從一開始就不要走錯路，這是多麼合宜；為了對症下藥，提出一個已得到證實，且非常有效的方法。

第三重住所

談論在此流放之地，即使處在崇高的境界，我們能有的安全不多，又我們該如何懷著敬畏行走。本章有些很好的重點。

繼續相同的主題，談論祈禱中的乾枯，及按她的看法，在此階段可能發生什麼，何以我們必須受考驗，及上主考驗處於這一重住所的人。

第四重住所

談論祈禱中的滿足愉悅或甜蜜溫柔，和享受神味之間的不同。並述說了解思想與理智的不同，帶給她的喜悅。凡祈禱時常常分心的人，本章很有助益。

繼續相同的主題，用一個比喻說明享受神味是什麼，及何以必須不要力求。

CONTENTS

第二章……158
談論我們的主喚醒靈魂的一些方式，雖然是件很高超的事，在其中卻沒有什麼要害怕的。

第三章……162
談論相同的主題，述說當天主願意時，祂對靈魂說話的方式，並勸告在這事上應如何修持，及不要隨從個人的見解。提出一些記號，以資辨識什麼時候是受騙，什麼時候不是，本章非常有助益。

第四章……170
談論在祈禱中，天主以出神、神魂超拔或神移使靈魂休止，我認為這一切都是一樣的，及從至尊陛下接受這麼大的恩惠，何以必須要有很大的勇氣。

第五章……177
續談相同的主題，提出當天主以心靈的飛翔提拔靈魂時，其方式與前面說的出神不同。解釋需要勇氣的理由。約略說明上主的這個恩惠，係以令人愉快的方式賜予。本章極為有益。

第六章……182
述說祈禱的一個效果，是在前章提過的。如何辨識什麼是真的，而非受騙。談論天主給靈魂的另一恩惠，為使她專注於讚美天主。

第七章……188
談論天主賜予上述恩惠的這些靈魂，覺察自己罪過所感受的痛苦方式。說明無論是多麼有靈修的人，如果沒有修行存念我們的上主救主耶穌基督的人性、祂的至聖苦難和生活、祂的榮福母親和聖人們，這是多麼大的錯誤。本章很有助益。

第八章……195
談論經由理智的神見，天主怎樣通傳自己給靈魂，給予一些勸告，述說真實理智神見的效果。託付這些恩惠的祕密。

第九章……200
談論上主怎樣藉想像的神見通傳給靈魂，行走此路時，對於渴望要小心戒備。說明其中的理由。本章非常有助益。

CONTENTS

第七重住所

推薦序
總會長序

Fr. Saverio Cannistrà, OCD

我以喜樂之情，迎接聖女大德蘭《靈心城堡》中譯本的面世，感謝苧林加爾默羅會隱院修女的努力，新增一部譯著（已出版的有：大德蘭的《自傳》、《全德之路》，及聖十字若望的《攀登加爾默羅山》、《心靈的黑夜》①）。的確，將大德蘭的西班文原著譯成中文，尤其是像華文這樣的語言，必然相當困難。為此，對譯者的忍耐和勇氣，我願特別說聲謝謝。而對譯者的最大賞報，應是譯本的大量出版，遍及廣大的華文讀者，因為聖女大德蘭的名著，向來是靈修文學上的不朽經典。

《靈心城堡》是大德蘭的成熟作品。本書中，她繼續發揮天人之間關係的教導，使之臻於完美。這是大德蘭的一部真正靈修學論著。然而，她使用的方法不同於士林神學。大德蘭用比喻來表達她的親身經驗。著作的核心是靈魂的逐步顯露，其漸進的轉化，取決於對內居天主的認識深度。基本上，她比喻靈魂如同一座城堡，其中另有兩個水源、蠶蛻化成蝴蝶的比喻，及最後的新娘和新郎結合。大德蘭準備我們徹入人的奧祕，邀請我們覺察人的真理不在自己，而在天主內。經由祈禱、超脫世俗、順服聆聽天主旨意的向內旅途，人失去自我，

1.　《愛的活焰》、《聖十字若望的靈歌》及《聖女大德蘭的建院記》也已陸續出版。

為的是在天主內重新發現自我。歷經一個又一個的階段，靈魂所尋獲的自我形像，連她自己都認不出來，因為那時她已變得更相似基督的面容。所以，到了第七重住所，由於和被釘、死而復活的主同化，達到結合，靈魂生活在與聖三的共融中。

但願大德蘭的這部中文譯作吸引許多人，帶領他們懷著喜樂和信賴，走上這條圓滿人性的旅途，其實現唯在於和聖三的天主結合。

推薦序

進入生命的旅程

何瑞臣 教授（Professor Richard P. Hardy）

亞味拉聖女大德蘭的這部著作，可以說是最豐富的一份禮物，分享給尋求與心愛天主建立更深入關係的信友。本書深具大德蘭的獨特風格，她帶領我們觀看每個人內在心靈的結構和優美。從我們每人的靈心深處，我們蒙受召叫，她提醒我們，要進到那裡，並找到整全（wholeness）與平安。因為就是在這裡，在我們的至深中心點，我們心愛的天主——聖父、聖子和聖神——居住其中，即使是現在，當我們在希望中，走過人生時，祂召喚我們分享祂的生命和愛。

這個城堡的比喻，附有許多的房間，適合行走此路的每一個人，聖女大德蘭以這個結構，向我們指示當下與主同在，活出圓滿生命的小徑。她深知人人不同，各有不同的故事，天主不只尊重，也幫助人完全活在神愛內，天主因應每一個人，給他們這份神愛。在城堡所有的七重住所中，大德蘭提供給每位讀者，人能夠進入且看見自己在愛（譯按，大寫的Love，即天主）內的挑戰，繼續向前邁進。喜樂、悲傷、黑暗和光明的時刻，全都在那裡，在不同的階段裡。然而，經過重重的住所，在此旅程中，重要的不是我們在哪裡，而是繼續行走於天主的臨在中。大德蘭看到這點，在這部著作中，她使盡全力鼓勵並幫助人走向更深之處，達到與靈心深處的愛者聖三（the Triune Lover）合而為一。整個旅途是放下自我的過程，為能完全聚焦於此心愛的天主，祂如此渴望我們在祂內，偕同祂，活出有動力的「愛之聖三」的生命（dynamic Trinitarian life of Love）。大德蘭在本書中所寫的，是給我們具體的勸告，指導旅途中的每個階段。

由於在基督徒靈修的歷史——其實也是在所有的靈修史上，本書是如此經典又重要的著作，現在譯成中文，的確是一份很大的禮物。芎林加爾默羅會隱修院期許透過本譯著，賦予世界，尤其是中國文化所需的本質因素，使之全然充滿活力。每一個人、每一個人的團體，都需要親近亞味拉大德蘭所寫的那些著作。所以，若要親近她的著作，翻譯是很重要的一步，因而促使這世界，以真實的意義和真實的生命，共同聯合一起：完全專注於天主，祂極渴望的是一個真正的「人的團體」（HUMAN community），對所有的人掛心、關懷、同情和愛。

二〇一二年十二月二十一日於美國加州舊金山

本文作者：何瑞臣教授，法國史特拉斯堡大學宗教哲學博士。近年來致力講授聖十字若望及加爾默羅會靈修，於加州、臺灣、新加坡、香港、菲律賓、澳洲帶領避靜。

推薦序

跨越障礙，登門入室

黃敏正 神父

這部祈禱歸主的著作，是聖女大德蘭默觀靈修的彰顯，是其神視神恩登峰造極並樂於分享的美果。她體驗到上主超自然的美，使其自我本性感受到極大的震撼與擾亂，而其靈性生命卻受到強力的吸引與提升。她曾說：「有一天，當我祈禱時，上主將祂的雙手顯示給我，真是美極了。天主逐步地顯示自己，先是雙手，其次是神聖的面容，後來是全身。在一個聖保祿的慶節，當我望彌撒時，基督的至聖人性，以其復活的形貌完整地呈現給我，就像在圖畫中，充滿至極的美和尊威。」

大德蘭超乎肉身、想像及理智的神見是屬神的、靜觀的、灌注的神見，此神見在「靈心城堡」中以七重住所逐一揭示出來。靈魂如同一座城堡，是美麗絕倫、輝煌燦爛、無比愉悅的城堡，祈禱和默觀是城堡的門。城堡內有許多住所，那是天主與人靈交往的隱密處所。大德蘭邀請並教導我們如何一再地跨越障礙，不停留地登門入室，並在其內漫步。

城堡的七重住所就是心靈的七境界或是歸向上主的七層次，城堡的中心處是至尊陛下的皇宮。靈性生命的操練經由「聽不見的啞巴」達到「聽得見」但魔鬼紛擾的情境，接著是謙虛及善工的修持，進入神樂、神味、順隨聖神的生活，再深入於超越理智的神性光照中，達到愛的相見之境，最終沉浸於全然合一的神婚境界。

形而上的靈修在大德蘭的描述中成了有形可見的圖像，教導人們以純真、赤誠、藝術甚至幽默，來刻畫靈魂修練的步驟和境界。信仰生活化才是實在的生命，以具體的生活情境來深入祈禱，再由祈禱中返回可觸摸的生活面，天主的救恩便日趨圓滿。

本文作者：黃敏正神父，天主教方濟會士，一九八四年晉鐸，曾任方濟會中華之后會省省長，現任新營方濟會院院長。

推薦序

進入內心世界與天主交融，才是幸福之道

李秀華　教授

高科技網際網路講求效率的當代，雖然人人都在找尋幸福與平安，但似乎人心的孤寂與疏離感日益嚴重！我們用五花八門的方法來填滿「臨時空缺」的遺憾，但仍無法滿足我們內心至深的渴望！到底問題出在哪裡呢？是不是現世的生活使我們精疲力竭，已無力氣去問現在的生活怎麼樣？什麼是最重要的？或是被世務所充塞，已無法聽到天主的聲音？或者被種種的事物所綑綁，失去了內在的自由？整個大環境不幫助我們停下來思考，反而驅使我們不停的工作與得到世俗的認同……。也許我們做許多「好事」，但似乎離天主越來越遠。

卸任教宗本篤十六世說：「**人們今天常常受到一些他們從未提出過的問題的答案，以及被一些他們覺察不到的需要纏擾**」（出自第四十六屆世界傳播日文告）。面對超量的刺激品和繁多的資訊，如何做適當的分辨、認清問題和清楚述說問題，並將焦點放在真正重要的問題上：**我是誰？我要知道什麼？我該做什麼？我期望什麼？**這是需要智慧的，而教宗提出「靜默」是智慧之道的重要因素之一。教宗邀請我們進入自己的內心世界，好與臨在我們內心深處，生命和萬有之源的天主交融：這才是根本解決與幸福之道！

四百多年前聖師大德蘭已在她的傑作《靈心城堡》一書中，卓越地指引帶領人邁向真理幸福之源——靈修旅程的最高境界！她請求我們進入自己的內心城堡，尋找所有真愛的泉源。耶穌總是在那裡，安靜地在那裡等著我們……，真正的祈禱，需要修練；需要騰出獨處的空間，因為在靜默中我們找到天主……「真真實實的，這寶貝就在我們內……」（《城堡》5．1．3）。不少的求道者追隨她的芳蹤，達到靈修的高峰；但也有一些人認為加爾默羅大師的靈修理論與教導，高山仰止，望而怯步！其實這些靈修大師是教會內閃閃發光的至寶，是填補「臨時空缺」的妙方和人人尋找的寶藏！只要渴望翕合天主的旨意、虛心受教、恆心下功夫、依恃天主的恩典，天主絕不會吝於賜下這極大的福分！大德蘭一再教導我們：「……要常向上主祈求，因為在此塵世，我們能以某種方式享受天上的福樂，求祂賜我們祂的恩惠，不致因我們的過錯而失掉什麼，求祂賜給我們這條道路，賜給我們靈魂力量，使之能持續地挖掘，直到尋獲這隱藏的寶藏（《瑪竇福音》十三章44節）（《城堡》5．1．3）。」

大德蘭在《靈心城堡》中把人走向天主——即靈修生活的旅程，描寫為行經一座城堡裡各個不同的住所。對她來說，走向天主的旅程，與走向自我，乃是同一個旅程。第一階段（第一至第三重住所）代表靈修生活中所能做到的事。這些包含我們在過靈修生活時所做的決定。如同以往，在走向天主時，由我們自己掌管一切。大德蘭提醒我們，我們藉著找到自我，而非失去自我，才能走向天主。她強調謙遜的必要，所謂的謙遜必須紮根在現實裡。這現實就是認識自己和接受自己。

到了第二階段（第四至第七重住所）代表靈修生活中非自己所能掌控的體驗。這個階段，是天主在掌管，而不是我們；唯有天主能帶領我們達到與祂親密結合的境界。按大德蘭的經驗，天主是人生命的中心，宗教之旅和心理之旅是同一旅程。她把宗教的召叫和心理的召叫並列，成為從天上而來的同一召叫。

大德蘭強調若要答覆這個召叫並找到這幸福的寶藏——默觀祈禱，必須走到耶穌的身邊，並純樸地凝視耶穌。要知道在靈修生活中的第一階段，事實上必須明確地求助於基督的人性；到了第二階段，聖言的光明使人看不見圖像、產生不了什麼思想，似乎已不能在基督的人性上觀看基督了。這樣的失落，對我們是一種痛苦：我們已不能像過去那樣思念基督了。然而，為了逐漸進入默觀的境界，默想基督是絕對不可或缺的。這樣的困難出現在第四重住所開始進入默觀時。接著在第五重和第六重住所的黑夜裏，為了在靈修上取得進展，謙遜地尋找耶穌是絕對需要的。因為沒有能力去想我們所說的那些細節，不等於說在單純默觀的靜默中，沒有能力以信德和愛情的目光來凝視耶穌基督；因為以信德來凝視耶穌，這永遠是可能的。

為了肖似基督，活出耶穌的精神，還該實行愛，在實踐愛的使命中，通過內外的考驗而同化於基督。愛主愛人自我奉獻，就是把自己完全交付給基督，並使我們進入基督的境界，從而分享祂的天國奧蹟，特別是參與祂在革責瑪尼的救恩行列中。領洗者參與革責瑪尼的救恩奧蹟，不僅是聖女大德蘭精神的中心部分，而且是她在經歷心靈黑夜時親身體驗到的。領洗時的聖寵使我們與基督結合，而這位基督就是因愛情而完全服從聖父，以十字架拯救我們的救世主——祂以自己的生命和復活來為真正幸福之道作證！

大德蘭的兩大心願：「我要看見天主」和「我是教會的女兒」，完全結合在基督身上。

她一直在尋找耶穌，結果顯示給她的是整個基督奧體。她的目標並沒有改變，但是她的視野卻驚人地開展了，過去她只看見天主和她自己，現在她也意識到耶穌基督及其奧體。為此，第五重住所的意志結合是她跨出的重要一步。聖女培育同化於耶穌基督的完善的使徒，而在共融的基督奧體內獲得光榮；聖人之所以為聖人，因為他通過變化人靈的結合，進入了整個的基督奧體。他與基督同化後，繼續進行祂為共融合一所做的大司祭祈禱；他與愛情聖神一起在「成為義子的等待中」歎息，於其影響下工作，而在與所有參與聖子救恩者的共融合一中達到高峰。《靈心城堡》要引領我們攀登的頂峰就是：我們整個人因愛情與基督相似，同基督結合，以實現整個基督奧體的圓滿成長。

感謝芎林隱修院修女將聖師大德蘭這本曠世的靈修傑作，以信、達、雅的文筆譯出，造福所有的華人！願所有追尋人生真幸福的讀者如獲至寶深受其益！

本文作者：李秀華教授，輔仁聖博敏神學院教義系碩士，菲律賓德拉薩大學（De La Salle University）心理諮商碩士畢，博士肄。現任教於輔仁大學，並兼任輔大進修部導師團體專業督導，為天主教生命之母會入世團體成員。生命之母會淵源於加爾默羅靈修，以整合靜觀祈禱和使徒工作為目標。

推薦序

下定決心克勝障礙，必能獲得勝利

林順明 神父

記得拿起聖女大德蘭的《七重住所》②時，首先我有許多的保留。因為已有很多人證實，這是一部很難讀的書，是只為靈修先進者寫的…等等。那時，我只不過是個年輕的天主教友，熱火滿懷，想多認識加爾默羅修會和祈禱。其實，拿起這本書才是最艱難的一步，因為一旦發現了蘊藏其中的珍寶，一切努力都很值得。

芎林加爾默羅隱院修女邀請我寫點對本書的感想，我深感榮幸。事實上，無論是宗教和非宗教界的作家，早已廣泛地研讀和論述這部名著。我所能說的只是些覺察，即把我從閱讀《七重住所》所學得的，再將之付諸實行。

針對今日的青年，他們看過這麼許多的影像，全都是人腦袋的想像能變出來的，我自忖，怎能找到一個貼切的比喻，使他們透徹了解《七重住所》的深意呢？有個念頭——著名的電玩「神龍傳奇」（*Dungeons and Dragons*）——閃進腦海，雖然我從未玩過，但我有幾個朋友對此非常熱衷，他們一旦進入其中的虛擬世界，就會著迷到完全忘我。

遊戲者是電玩中的英雄，必須戰勝各階段的困難和妖怪，然後達到目的。若要成功，在整個探索過程中，他必須走對路，也要獲悉隱藏的危險，並借助於正確的拼字及一路上發現

2.《七重住所》（*The dwelling places*）：聖女大德蘭有時簡稱《靈心城堡》為 *Las Moradas*，意即「那些住所」，英文譯為 *The dwelling places*，在此譯為《七重住所》，是《靈心城堡》的另一名稱。

的武器。遊戲中絕無冷場：遊戲者必須步步警覺，否則就會被每一級的妖怪或挑戰打敗。

我覺得，靈修生活和這個電玩有些相似。我們從經驗得知，靈魂的內在世界是由不同的部分組成的：有的部分容易進去，有的則要多費力氣才能進入。祈禱是進入住所的門，是學習與實際生活的過程，涉及我們自己和天主。認識個人的優勢和弱點，有助於在有需要之處尋求幫助，避開他很容易被打敗的地方。

一路上支持靈魂的人是上主，靈魂必須經常舉目注視著祂，絕不背離祂。路上的危險是真實的，能夠來自世俗、肉身和魔鬼。克勝這些障礙也是可能的，如果靈魂能藉著祈禱，時時行走天主指示的道路。祈禱是進入重重住所的道路。祈禱是留守其中的道路，也是達到目標的道路。

願讀者偕同天主，一起享受探索其內的重重住所，因天主而驚喜，祂之造生我們，係出於愛，祂願意我們每人分享祂的神性生命。套句聖女大德蘭的話，我們需要「決心的決心」，來達成此一探索。願意志堅決的靈魂獲得勝利！

林順明神父OCD　於二〇一三年三月十九日，大聖若瑟節

Fr. Edward Lim, OCD　Solemnity of St. Joseph 19 March 2013

本文作者：林順明神父，出生於新加坡，原本是個救人的醫生，天主召叫他成為漁人的漁夫，在二〇一二年十月十五日聖女大德蘭的瞻禮日成為司鐸。

推薦序

每一個人都可以有神祕經驗

曾慶導 神父

據說聖女大德蘭在生命的末期，很想看到靈魂處在恩寵中的美麗景象，天主俯允了她的願望。在一個神視中，天主讓她看到一個城堡，由非常美麗的水晶球造成，其內有七重住所，越進入內裡，越是光明。第七重及最深處是基督君王的居所。城堡外則是黑暗、汙穢，充滿毒蛇、毒物。

大德蘭要跟我們分享、描述的是，靈魂就像一座心靈的城堡，靈魂從第一重前進到第七重，從一個不完滿、有罪的受造物，變成神婚中的新娘。這神祕生活的整個過程，告訴我們如何避惡行善，日進於德，最後進入與天主契合之所，獲得天主的喜樂。她自己本來是不願意寫，沒想到因奉命寫成的這本書，卻成了最有名的祕修神學書籍之一，也是大德蘭最用心寫的，最神祕、最成熟的一本靈修書。

正因為進入城堡的方法是祈禱和默想，自我認識和謙虛是不可少的，所以，這書不只是談神魂超拔、神視等，也有論及克修靈修的珍貴部分，如自我認識、謙虛、割捨和接受痛苦等重要論題（特別在第一至第三重住所）。大德蘭是一個很講實際的人，她懂得一般人的生活狀況，肯定靈魂的內在生命跟我們平凡的生活有直接的關係。她當然也知道，其他靈修作家有他們描述靈魂活動的進程，但基本相同點是「煉、明、合」。她的描述大部分基於她自己和天主交往的經驗；她也常提醒她的讀者，無須一成不變地每一步緊跟著她的進程。

大德蘭邀請她的修女們，隨時隨地（「不必長上的許可」），進入靈心城堡，她認為這種神祕經驗是給所有修女的，也是給所有渴望天主、決心接近天主的人。所以，我們都可以從她的書裡獲益很多。芎林聖衣會修女的這本中文翻譯，使梵二「所有人皆被召成聖」的呼喚，更容易落實。我們為此衷心感謝讚美天主！

本文作者：曾慶導神父，耶穌會士，美國威士頓耶穌會神學院神學博士，前天主教輔仁聖博敏神學院院長，專長為信理神學及靈修神學。

譯者前言

我是祢的，我為祢而生——探訪大德蘭的水晶城堡

聖女大德蘭的《靈心城堡》，誠如何瑞臣教授推薦序中說的，「在基督徒靈修的歷史——其實也是在所有的靈修史上——本書是如此經典又重要的著作」，無疑地，這是基於經驗寫出的不朽名著。二十世紀的宗教交談大師，耶穌會士威廉·強斯頓（William Johnston S.J.）說：「各大宗教的交會之處便是默想①。筆者就是在日本和佛教徒談論時，發現了這一點。當我們以神學或哲學為起點交談時，總是格格不入。但一談到心靈的經驗，便遽然發現我們如何的相近。」

有一年夏天，佛光山舉行天主教與佛教國際交談會，羅光總主教受邀，卻因病不克前往，他老人家趁機寫下兩篇寶貴的文章：「主辦負責人衷誠歡迎我抽空蒞臨。我空的時間是有，身體的健康則缺，不能往高雄參加。……我想寫兩篇普通化的學術性簡單論文，……表示我對交談會的贊助，第一篇文章為〈佛教天台止觀和聖德蘭的默禱〉，第二篇文章為〈般若的空觀和聖十字若望的黑夜〉……。」從文章的篇名不難看出，聖女大德蘭和聖十字若望，這兩位十六世紀的靈修巨擘，時至今日其教導的重要性。

1. 作者接下來說明他對「默想」一詞的定義：「我得說，默想一詞的應用，很引起我一些憂慮。我之所謂默想，其涵意很廣泛。包括面對事物的推論及理解，及基督徒所謂的默觀，印度教徒的撒曼蒂（三昧地）和佛教所謂的禪。」《無聲之樂》，劉河北譯，William Johnston S.J.，（光啟，台北，民68）頁8。

羅總主教撰寫的〈佛教天台止觀和聖德蘭的默禱〉，比較天台創宗大師智顗的《摩訶止觀》和聖衣會革新會母大德蘭的《靈心城堡》。「實行止觀的方法……有十點：具緣第一，訶欲第二，棄蓋第三，調和第四，方便第五，正修第六，善發第七，覺魔第八，治病第九，證果第十。」由止到觀，共分為十段進程。聖女大德蘭「描寫了祈禱和天主結合的歷程，寫了一部書題為《靈心城堡》，以城堡象徵心靈的境界，城堡的殿宇分為七進庭院，一進一進向裏面走。」最後，說明兩者修行的異同，做了相當客觀的總結。

本文試著從不同的面向來探討，第一部分，從聖女的傳記摘錄史實和軼事，從歷史的角度切入，以報導史實來呈現大德蘭的著書背景。第二部分，帶領讀者漫遊大德蘭的《靈心城堡》，解說本書的內涵。第三部分，是全文的回顧和總結。

第一部分：史實和軼事

聖女大德蘭於一五七七年後半年，以很短的時間寫完《靈心城堡》，寫完此書後三天，聖十字若望遇難，遭受九個月的監禁。大德蘭處在烏雲密布、暴風大作的一五七七年，被總會長下令禁足於托利多隱院，風雨飄搖之中，她無比寧靜地寫下《靈心城堡》。正如聖十字若望，在暗無天日的牢房寫下詩壇絕唱〈靈歌〉，她在狂風暴雨的動蕩中，寫出這部不朽的靈修名著。這部分的史實和軼事，以大德蘭的建院和著作為主軸，依年代的進展，逐步介紹大德蘭的事工，幫助讀者透徹明白《靈心城堡》的著書背景。

一、初創及第一波建院一五五五—一五六九年

徹底的皈化：一五五四年，三十九歲的聖女大德蘭獲得皈化的恩典，她敘述自己的皈化經驗：「有一天，正當我進入小經堂時，我看到一個聖像，是借來供修院慶祝某個節日使用的。聖像展現出遍體鱗傷的基督，很虔誠的聖像，我望著聖像，看到祂那個模樣，萬分痛心，因為聖像展現出基督為我們忍受的痛苦，栩栩如生。我深深地感到，為了這些聖傷，我對祂的感恩是多麼不足，我覺得，我的心要破碎了。我跪倒在祂面前，淚流如注」（自傳9．1）。她甚至對上主說：「除非祂賜給我向祂懇求的恩典，我不要從那裡起身。……從那時起，我持續地在進步」（自傳9．3）。真心熱切，流淚痛悔，大德蘭同時深深意識到：「我覺得，自己的靈魂從神聖的至尊陛下得到很大的力量，祂一定俯聽了我的哀求，憐憫我這麼許多的眼淚。我喜愛用更多的時間和祂在一起，這份喜愛開始增加。我也開始關閉罪惡的機會，由於避開了罪惡之故，我重新回來愛至尊陛下。我認為，我清楚明瞭我愛祂；可是我不懂，真愛天主的內涵是什麼」（自傳9．9）。

次年，一五五五年，聖女大德蘭四十歲，她已在亞味拉（Avila）降生隱院度過十九年，因天主的引導，逐漸領悟神祕恩寵的運作。先是不間斷的特殊臨在，她清楚意識主耶穌的親臨，這個被動的臨在很明顯，她受益良多，例如徹底皈化、不敢得罪天主、更加熱心等等，但因為不諳神祕恩寵，不知道這就是理智的神見，所有能請教的人都給她負面的答案，說是從魔鬼來的，她幾乎陷入絕境。然而，天主持續帶領，賜下的神祕恩寵愈來愈多，也愈來愈深。

神箭穿心：四十一至四十二歲（一五五六年至五七年），大德蘭開始有了神見和神諭。約四十四歲時，獲得神箭穿心的特恩，「這是靈魂和天主之間愛的交換」②，這個既甜蜜又劇痛的穿心，對大德蘭而言，是革新加爾默羅會召喚的開始。本會學者認為，此一恩寵開啟聖女大德蘭創立革新修會的序幕，使她能剛毅無畏地承受無數的艱難使命。

《自傳》：一五六一年，大德蘭四十六歲，革新修會的工作已在進行中。因神師的命令，她開始寫《自傳》。次年六月寫好《自傳》，兩個月後，亞味拉聖若瑟隱院正式成立，是革新修會的首座隱院。此時，她再次奉神師的命令，增加《自傳》的內容，寫出創立聖若瑟隱院的經過，以及她對祈禱的經驗教導。建院後一年，即一五六三年三月，大德蘭獲准離開降生隱院，進入她親手創立的聖若瑟隱院，她在那裡寫完《自傳》，這是最完整，也是流傳至今的《自傳》，之前的兩個版本都已失傳。

《全德之路》：完成《自傳》時，大德蘭已五十歲了。聖若瑟隱院的修女很想看會母的這部書，事實上卻不可能，書中涉及太多個人的神祕經驗，即使大德蘭很願意，神師道明・巴臬斯神父（Padre Fray Domingo Bañes）根本不許。妥協的辦法是，再為修女們另寫一本，在神師的命令下，《全德之路》於焉誕生。《全德之路》大約寫於一五六六－六九年，同時，在這短短的三年中，修會史上記載了不少大事：

1）一五六七年四月廿七日至五月十六日，總會長魯柏神父（Rubeo）探訪聖女大德蘭，正式授權創立更多革新的隱院，八月十六日再送來一封信，許可建立兩座革新的男會院。

2）一五六七年八月十五日，創立梅地納（Medina del Campo）隱院，是革新修會的第

2. 參閱《自傳》29・13。

一座分院。

3）一五六七年九月，首次會晤聖十字若望，開始計畫推行男修會的革新。

4）一五六八年四月十一日，創立第二座分院，馬拉崗（Malagón）隱院。緊接著，八月十五日創立第三座分院，瓦亞多利（Valladolid）隱院。

5）一五六八年十一月廿八日，杜魯耶洛（Duruelo）貧窮的小農舍，改建成的會院，正式創立了革新的男會院。

6）一五六九年五月十四日，創立托利多（Toledo）隱院，一個月後，六月廿八日，再創立巴斯特日納（Pastrana）隱院。

三年內，增設五座隱院，且開始男會院，書寫《全德之路》的過程中，大德蘭從原本寫給聖若瑟隱院的修女，擴大到寫給所有隱院的修女，現在及未來的修女，甚至也念及男會士，以及創立隱院時的許多恩人朋友。一五六八年創立瓦亞多利隱院時，大德蘭帶著十字若望前去，在這座即將成立的新會院陶成若望。為了幫助隱修女的靈修，男會士不僅要了解隱院的生活方式，也要度類似的隱修生活。

《靈魂對天主的吶喊》：一五六九年七月，大德蘭離開新創立的巴斯特日納隱院，前往托利多，她留在那裡約一年，期間寫了《靈魂對天主的吶喊》③。這是個小品，並沒有什麼著書的計畫，只有十七篇默想的祈禱文，真情流露的靈修散文，幾乎每一篇都有以「啊！」開頭的段落，是她領聖體後的很深默想，以獨特的風格，自然地書寫內心的祈禱和驚嘆。

3. 《靈魂對天主的吶喊》（暫譯）：原文是 *Exclamaciones del Alma a Dios*；K.K. 譯為 *Soliloquies*（獨白）；A.P. 譯為 *Exclamations of the soul to God*；中譯本為《依依吾主前》，姜其蘭譯，（上智，1998，台北）。

二、第二波建院一五七〇—一五七四年

一五七〇—一五七四年，在這四年間，修院持續地發展，一五七〇年增加撒拉曼加（Salamanca）隱院，次年，奧爾巴（Alba de Tormes）隱院，一五七四年，塞谷維亞（Segovia）隱院，三處都是卡斯提（Castile）的名城重鎮，顯示女隱修院的穩定成長。男會院亦然，因人數增多，一五七〇年，從杜魯耶洛的小農舍遷到曼舍納，之前一年，已在巴斯特日納增設另一男會院。年底，在亞爾加拉（Alcalá de Henares）增設培育會士的學院。

《天主之愛的沉思》：大約在一五七一年四月至一五七五年五月之間，大德蘭寫了《天主之愛的沉思》④，這本小書，共有七章，註解聖經中的《雅歌》。雖說是大德蘭服從神師的命令而寫，事實上，她的確樂於和修女們分享默想《雅歌》的深刻體驗，盼望她們從愛的神祕話語中獲得安慰和知識。一五七五年六月，巴臬斯神父批准此書，修女們開始傳閱，並抄寫複本。到了一五八〇年，後來的神師狄耶名．楊嘉思神父（Fr. Diego de Yanguas）獲悉此書，震驚之餘，引用聖保祿的話——婦女在教會中要持守靜默——責難，命令大德蘭燒毀，聖女聞言，立即付之一炬。幸好隱院的修女珍藏了其他的複本，才能留傳至今。

重返降生隱院擔任院長：一五七一年，宗座視察員伯鐸．斐南德斯（Pedro Fernández O.P.）委派她回降生隱院擔任院長，改革、整頓並解決修院的諸多問題。大德蘭於十月六日上任，任期三年，直至一五七四年十月。革新修會快速地發展，隨時隨地都需要她，大德蘭真的有太多可以拒絕的理由，然而，她仍然服從天主的旨意，天主也給予豐盈的賞報。

另一方面，不只大德蘭不願意，降生隱院的修女更是反彈，大德蘭上任時，降生隱院的

4.　《天主之愛的沉思》（暫譯）：原文題名 *Conceptos del Amor de Dios*；K.K. 英譯為 *Meditations on the Song of Songs*；A.P. 譯為 *Conceptions of the Love of God*。

修女極力反對，甚至群起抗爭，阻擋大德蘭進入隱院，鬧得人仰馬翻。最後，修女們還是順服，勉強地讓大德蘭上任，當大德蘭和修女們首次共聚一堂時，機智的她把聖母態像安置在院長的座位上，當眾宣布，她不是院長，真正的院長是聖母瑪利亞。很快的，贏得了修女們的信任和愛戴。這時，大德蘭意識到，她需要一位全方位的神師協助，十字若望是不二人選。一五七二年五月至九月間，若望抵達亞味拉降生隱院。

神婚與神魂超拔：大德蘭達到神婚的日子，是一五七二年十一月十八日，大德蘭領聖體時，耶穌清楚地說：「不要怕，女兒，沒有人能使妳和我分離。」又以想像的神見顯現給大德蘭，伸出祂的右手說：「請看這釘子，這是個標記，表示從今天起妳是我的新娘……我的光榮就是妳的，妳的光榮也是我的。」解說《靈心城堡》的最高境界，即第七重住所時，大德蘭以所得的這個恩惠，確定為神婚的標記。一五七三年五月十七日，聖三節，在修會史上，有一則著名的軼事：「大德蘭和若望在談話室談說榮福聖三的奧蹟，兩人同時神魂超拔，離地浮懸，大德蘭跪著升起，若望連同坐椅上升[5]。」

《建院記》：一五七三年八月廿五日，大德蘭開始寫《建院記》。耶穌會士熱羅尼莫．李帕達神父（Jerónimo Ripalda S.J.）——原先懷疑大德蘭，後來成了她的好朋友和神師——讀到大德蘭《自傳》中建立若瑟隱院的敘述，他要大德蘭寫下新增七座隱院的經過。大德蘭舉出很多推辭的理由，沒有時間、健康太差……。李帕達神父卻一再堅持，鼓勵她順從上主先前賜給她的一個恩惠，即：在一五七〇年二月，上主顯現給大德蘭，催促她盡所能地創建新隱院，同時記述建院經過。於是，因神師堅持的命令，大德蘭開始執筆。她除了管理降生隱院，又要兼顧創立新院，繁務纏身中，寫寫停停，拖了幾年，終於寫完十九章，也就

5. 參閱《攀登加爾默羅山》，聖十字若望著，加爾默羅聖衣會譯（星火文化，2012，台北），頁344。

是李帕達神父要求的，七座新院的故事，本以為可以交差了事，實則不然。由於此書最後的完稿是一五八二年，留到下面交代。

棄院逃離：一五七四年四月初，寂靜的深夜，約凌晨兩點，巴斯特日納隱院十四位修女，在院長的帶領下，悄悄地棄院逃離。兩位大德蘭派來的神父，在院外不遠處把風守候，修女們分別上了五輛馬車，趕緊上路，一路送到塞谷維亞隱院。這是怎麼回事？怎會有如此驚險的戲劇畫面呢？請聽以下的敘述。

一五六九年五月十四日，托利多隱院才創立沒幾天，愛伯琳公主派來使者，一定要把德蘭姆姆帶回巴斯特日納，因為她要在自己的領地有加爾默羅會的隱修院。愛伯琳公主的丈夫是路易．孔梅斯親王（Prince Ruy Gómez），在當時，他的權勢和影響力僅次於國王斐理伯二世。大德蘭極其不願，但為了種種理由，再加上主耶穌的催促，她前去會見公主。公主已自行決定蓋好隱院，完全不顧念隱院的精神，立刻要德蘭姆姆儘快派來修女。於是，六月廿八日創立了巴斯特日納隱修院。顯然，公主之建立隱修院，不是為了虔誠愛主，而是某種虛榮的炫耀。

在此有個小插曲，創院後，七月廿一日大德蘭返回托利多，公主堅持要她乘坐自己的豪華馬車，不許德蘭姆姆拒絕。回到托利多隱院，下車時，有位神父正巧看見。這位神父要求在談話室會見大德蘭，羞辱她說：「**原來乘坐豪華馬車四處招搖，欺騙眾人的聖女就是妳！**」這位神父失控地謾罵不止。大德蘭謙虛地聆聽，沒有為自己辯解，平靜地回答：「**您是惟一夠膽量指出我過錯的人！**」

愛伯琳公主出身顯赫的貴族世家，小時候因意外一眼失明，戴著獨眼罩，人們稱她為獨眼公主。她長得很美，戴上眼罩的她平添神祕的美感，向來任性霸道，反覆無常。她的丈夫路易·孔梅斯親王深得國王母后的寵愛，從小和國王一起長大，兩人是至交，也是國王最親信的大臣，他是個明理的好人，給予巴斯特日納男修會大力支援。一五七三年七月廿九日，親王病逝，公主傷心至極。在馬德里，她身穿加爾默羅男會士的會衣。不久後的一天夜裡，她帶著家僕等等，出現在巴斯特日納隱院，表明她要入會，同時勉強院長收納她的兩個隨身侍女入初學。入會後，隱修院的寧靜氛圍完全喪失，院長得服從她，所有的修女都要跪下和她說話，完全漠視隱院的紀律。當院長委婉地勸告她時，她氣忿地揚言，在這世上，她只屈服於路易·孔梅斯親王。

德蘭姆姆知道已別無選擇，必須逃離公主的領地，她開始進行策劃。一五七四年，三月十九日創立塞谷維亞隱院，顯然地，其目的是要接回那些可憐的修女。兩個星期後，兩位接風的神父開始籌備，終於完成任務。從巴斯特日納到塞谷維亞需多天的路程，但公主並沒有派人追趕，她已胸有成竹，決意報復德蘭姆姆。不久，她向宗教法庭告發大德蘭，說她寫的《自傳》有問題，滿是稀奇古怪的神祕經驗等等。

大德蘭英勇無比，面對真理，無懼愛伯琳公主的權勢。對於宗教法庭，她毫無怕懼，《自傳》中，她曾寫道：「如果我的靈魂還有什麼這類的事，覺得必須怕宗教法庭，這是很不好的；我想，如果我真有什麼害怕的事，我會親自去找宗教法庭的人。」（33．5）即使後來受到控告，她總是無罪。在《建院記》第十七章，大德蘭記載巴斯特日納建院和愛伯琳公主事件。大德蘭心胸寬大，將公主的行為歸之於喪夫之痛，並表示，因天主知道的理由，祂不願有此隱院。

三、第三波建院一五七五－一五七七年

初期建院，因總會長魯柏神父、教廷大使和皇家鼎力支持，進行得很順利，隨著隱院和男會院的興建，會士的增加，事件的發生，誤會、衝突、恩怨、傷害、毀謗也日漸累積。接下來的第三波建院，一五七五至七七年，在修會歷史中，是錯綜複雜、衝突迭起的三年，《靈心城堡》完成於最混亂的一五七七年。

南方建院：大德蘭結束降生隱院院長職，返回她首創的革新隱院——聖若瑟隱院——擔任院長，並繼續創院的辛勞使命。一五七五年，她首次前往南部安大路西亞（Andalucía），二月廿四日，在貝雅斯（Beas）創建隱院。三個月後，五月廿九日，再創立塞維亞（Seville）隱院。

七月，大德蘭致書斐理伯國王，要求革新修會成立獨立省會，由古嵐清擔任省會長。由此可知，老、新修會間的衝突已開始呈顯。教廷大使和皇家都傾向保護革新的修會，甚至任命古嵐清神父為省會長和視察員，引起老修會相當大的不滿，視革新修會為背叛分子，應予以鎮壓和處罰。

總會長勒令禁足：一五七五年十二月，大德蘭接到總會長神父的命令，要她回去北方，並選擇一座革新隱院定居，不許到處走動。古嵐清神父則以長上的職權，准許她留在塞維亞，直到次年春天再返北。居留塞維亞期間，一五七六年元月一日，再創立卡拉瓦卡（Caravaca）隱院。六月返回北部，月底前抵達托利多隱院，這是德蘭姆姆選擇被禁足的隱院。

德蘭姆姆的畫像：德蘭姆姆離開南方之前，塞維亞的修女得到古嵐清神父的許可，請來聖善的輔理修士若望（John of Miseria），為姆姆畫張肖像。大德蘭即使不情願，為了服從，只得乖乖坐下當模特兒。若望修士是好默觀者，卻不見得是傑出的畫家。畫好之後，修士秀給姆姆看，大德蘭驚呼：「**願天主寬恕你！我的好若望修士！……你把我畫得那麼醜！**」⑥

繼續《建院記》：之前，由於李帕達神父的命令和堅持，德蘭姆姆寫了梅地納、馬拉崗、瓦亞多利、托利多、巴斯特日納、撒拉曼加和奧爾巴的建院故事。一五七六年，古嵐清神父命令大德蘭繼續《建院記》，加上後來創立的塞谷維亞、貝雅斯、塞維亞，及年初創立的卡拉瓦卡隱院。要她儘快完稿，而且要寫得「*sabrosa*」，亦即趣味盎然，讀來津津有味。十月底，她向古嵐清神父報告：「**《建院記》已近尾聲，我相信您會很高興見到，因為寫得饒富趣味……。**」兩個星期後，《建院記》第二十七章最後寫道：「**今天我完成此書，因為時為聖尤震（San Eugenio）前夕，一五七六年十一月十四日，於托利多聖若瑟隱修院。**」

那時，大德蘭已被禁足，是否還會再創立新院呢？也許《建院記》應該就此結束。事實上，當迫害的風暴過後，一五八〇－八二年大德蘭繼續創立五座隱院，一五八二年，聖女大德蘭逝世之前，她增加了最後五章。

奉命寫《靈心城堡》：《建院記》脫稿後幾個月，一五七七年五月廿八日，在托利多談話室，大德蘭和古嵐清神父談論靈修之事，想起當年的《自傳》，德蘭姆姆不禁說：「**在談及我生命的那本書上，這一點說得多麼好啊！而這書卻在宗教法庭那裡。**」古嵐清隨即命令她再寫一本說：「**由於我們不能得到這書，妳要盡所能地回想（書中的內容）及其他的事，**

6. *The Life of Saint Teresa,* Carmelite Monastery, Jaro, Iloilo, Philippines, 1951, p.365。

另外再寫一本新書，但要以概論的方式寫出道理，所談之事，不提當事者的名字。」

此時的大德蘭已年逾花甲，十幾年來，四處奔波，創立了十二座隱院，寫了《自傳》、《全德之路》、《靈魂對天主的吶喊》、《天主之愛的沉思》、《建院記》，現在手中還在寫《論視察》，她十分反對，說：「為什麼要我寫呢？讓有學問的博學者寫吧！我是個愚笨者，不知我所說的是什麼。寫關於祈禱的書已經夠多了。為了天主的愛，讓我像其他的修女那樣，紡紗、唱經、盡會士的職務。寫書不是我非做不可的事；寫書的健康和才智，我都沒有。」古嵐清神父要大德蘭請示神師貝拉斯克斯神父（Dr. Velásquez），目的是讓神師來說服她，大德蘭終於順服了。

一五七七年六月二日，至聖榮福聖三節日，大德蘭奉命開始寫《靈心城堡》。七月中旬她必須前往亞味拉，解決聖若瑟隱院的困難處境，讓這個隱院歸屬修會，而不是屬主教管轄。她帶著未完成的文稿前去，根據抄本的結尾，短短的一個多月，她已寫到第五重住所第三章。直到十月中旬，才能繼續執筆，寫完全書。不到一個月，十一月廿九日脫稿，所以，從六月二日至十一月廿九日，扣掉當中的日子，可以說此書的著作時間，只有兩個多月。

〈序言〉一開始，大德蘭真情流露，訴說她的抗拒心情，長長的一段，傾訴這個服從的困難度，生病不斷，繁務重重，除了重覆，寫不出什麼……。結束時的〈跋〉卻是另一番心境，她說：「雖然當我開始寫本書時，在卷首，我說懷有抗拒之情，寫完之後，我深感歡喜，也認為致力於此工作是很好的，雖然我承認，付出的辛勞很少。」無疑地，此書的完成如有神助，難怪寫大德蘭傳記的作家記載如下的軼事：

有個夜晚，在托利多隱院，瑪麗亞修女（María del Nacimiento）要傳達信息給德蘭姆姆，進到她的斗室。會母坐在矮桌前的地上，手裡握著羽毛筆，要開始寫新的抄本。

當瑪麗亞修女進來時，會母轉過頭來，取下老花眼鏡看她，會母的手還沒有放下之前，突然陷入神魂超拔，經過一段時間的休止，瑪麗亞滿懷敬畏和驚訝，在會母身旁靜默祈禱。當大德蘭回神後，空白的紙上寫滿了字，是大德蘭的筆跡。瑪麗亞不禁發出驚呼聲，會母迅速且若無其事地要她安靜：「別出聲！傻瓜！⑦」隨即把書放進抽屜鎖上⑧。

這位瑪麗亞修女還有另一則見證，我們認為是比較可信的：當耶穌．德蘭姆姆寫這本名為《住所》的書時，她正在托利多，本證人看到，她是在領完聖體後寫這書，當她寫時，疾筆快書，她的面容非常美麗，本證人好生羨慕，她如此專注於所寫的，即使那裡有些吵鬧，都妨礙不了她。所以，本證人明白，當她寫這一切時，她是在祈禱⑨。

選舉事件：德蘭姆姆七月中旬返回亞味拉，原本為了解決聖若瑟隱院的困境，豈料卻出現另外的難題。六年前，受命返回降生隱院⑩擔任院長，遭受修女的強烈反彈。卸任三年後，面臨選舉院長的十月，降生隱院的修女竟然要求大德蘭回來，希望選她做院長。

這件事情相當棘手，此時，老、新修會的關係已惡化到不可收拾的地步。大德蘭曾說：「如果天主賜給教宗、國王、教廷大使和古嵐清神父多活一兩年，一切的進展會順暢。可是，只要失去了當中的一位，我們就會功敗垂成。」果然如此，六月二日，大德蘭才開始寫《靈心城堡》，半個月後，六月十八日，教廷大使奧曼尼多逝世。這位大使鼎力支持革新修會，為人聖善有德，兩袖清風，死後的喪禮係由國王斐理伯二世支付費用。失去他的守護，革新修會隨即陷入暴風圈中。大使的殯葬還沒有舉行，老修會的總會代表熱羅尼莫．督斯達多（Jerónimo Tostado）已從葡萄牙飛奔到西班牙，準備毀滅革新修會。八月初謝加大使繼

7. 別出聲！傻瓜！：*Callate, boba* ！
8. *Saint Teresa of Avila* by Marcelle Auclair（Pantheon New York, 1953）p. 328。
9. *Biblioteca Mistica Carmelitana*, ed., Silverio de Santa Teresa, Vol. 18（Burgos: El Monte Carmelo 1934）, p. 315.
10. 降生隱院是非革新的隱院，院中有將近兩百位修女，沒有嚴格禁地，也有不少困難，許多修女希望德蘭姆姆再回來做院長。

任，他說大德蘭是個「靜不下來的遊蕩者」（restless gadabout），滿懷成見，廢除前大使支持革新的所有計畫，決意摧毀革新修會，使得非革新的會士橫行無阻。

十月底，大德蘭寫了一封詳細又生動的信，給塞維亞的院長瑪麗亞姆姆（Maria de San José），透露降生隱院選舉院長的精彩經過：

「我告訴您，在降生隱院這裡發生的事，從來不曾有過像這樣的事。由於督斯達多的命令，兩個星期前，非赤足的省會長來此主持選舉，他嚴詞苛責，以絕罰威脅要投票給我的人。雖然如此，修女們無動於衷，好像沒聽到什麼，五十五位修女投我的票；每唱一票，省會長就絕罰和咒詛她們，用拳頭捏皺選票，重擊它們，然後燒掉。絕罰她們兩個星期，不許望彌撒和進入經堂⑪，甚至連唱日課時，也不許進入，不許有人和她們談話，告解神師和她們自己的父親都不許。

最令我覺得好笑的是，經過搗毀選票的選舉後，有一天，省會長返回，召集她們並主持選舉；她們回答，她們已選過了，不必再選。於是，他再一次絕罰她們，然後召集留下的四十四位修女，選出另一位院長，呈報督斯達多批准。現在他們批准了她（新院長），其餘的修女很勇敢，並說她們不願服從她，除非她當副院長。博學者說，修女們根本沒有被開除教籍，而宣布凡得到少數票者當選為院長的男會士，則是違背（特利騰）大公會議。修女們呈報督斯達多，告訴他希望我當她們的院長。督斯達多說不行，除非我在那裡隱退；若是當院長，完全不予考慮。我不曉得事情要怎樣收場。

總之，這就是到目前為止所發生的，看到像這樣的事，使眾人震驚，多麼冒犯每一個人。我樂於寬恕他們，只要他們讓我平安，我一點不想見到自己留在這個巴比倫⑫裡，尤

11.　經堂是隱院內每天詠唱日課的地方。
12.　巴比倫：是舊約中猶太人被流放的地方，在此引申為流放之地。

其我的健康本來不好，住在這個隱院裡，更加糟糕……⑬。」

跌斷左手臂：十月初，選舉事件鬧得滿城風雨，到了中旬，大德蘭終於得到平安，回到聖若瑟隱院，繼續未完成的《靈心城堡》，脫稿後三天，即十二月二日夜間，聖十字若望遭非赤足會士武力挾持，關入牢房。德蘭姆姆憂心如焚，立即上訴國王，呼籲解救十字若望，甚至寫信四處尋求援助。

十二月聖誕節前夕，大德蘭手提油燈去經堂，走到樓梯的高處，突然摔了下來，修女們聞聲奔來，以為德蘭姆姆必死無疑，不敢挪動她，姆姆說她只摔斷了左手臂。有位修女驚呼說，這必定是魔鬼做的好事，大德蘭答：「沒錯，要是天主許可的話，牠會更過分！」梅地納有位女士是接骨的名醫，請她來醫治德蘭姆姆，她因病而不能前來，拖了四個月才來，大德蘭受盡折磨，從這時直到一五八二年過世，她再也無法自己穿衣。

四、永垂不朽

完成《靈心城堡》的一五七七年，多少的混亂、打擊和痛苦，正如大德蘭說的：「那些最靠近我們的主基督的人，也是遭受磨難最多的人（城堡7．4．5）。」然而，又是多麼深度的寧靜、勇氣、堅持和愛，再再印證了第七重住所的靈修高境：「妳們知道什麼是真正的靈修嗎？就是成為天主的奴隸，打上祂的烙印做為標記，亦即十字架，因為她們已經把自由獻給祂，祂能把她們賣給全世界作奴隸，如同祂一般（城堡7．4．8）。」這一部分的重點是介紹《靈心城堡》的背景，我們從不同的傳記摘錄實況，幫助讀者和歷史中的德蘭姆

13.　《大德蘭書信》一五七七年十月二十二日。

姆相遇，進而欣賞這部名著，獲得更多的神益。

限於篇幅，必須擱下一五七七年後更多的史實報導，只在此簡單交代幾句。一五八二年，聖女大德蘭逝世，享年六十七。離世之前，老、新修會的誤解逐漸冰釋，革新修會獲得獨立，繼續發展。風燭殘年的大德蘭，即使百病纏身，左臂受傷，依然四處奔波，最後三年，再創立了五座隱院。死後，她的遺體散發濃郁的芳香，沒有腐化的聖身連同裝在聖髑匣內的右臂和心臟，至今仍保存在西班牙奧爾巴隱院。一六一四年，教宗保祿五世宣封她為真福。一六二二年教宗國瑞十五世，宣封她為聖女。一九七〇年，教宗保祿六世欽定她為教會聖師，也是天主教會有史以來第一位女聖師。

《靈心城堡》的抄本[14]

《靈心城堡》的抄本雖有審閱者的痕跡，但並非重新修訂。一五八〇年六月十三日至七月六日，在塞谷維亞加爾默羅修女隱院中，古嵐清神父、道明會士狄耶各·楊嘉思神父和大德蘭一起審查此書，指出其中的困難，刪除某些段落，加以修正。古嵐清神父的許多修正，激怒了大德蘭的耶穌會傳記作家李貝納（Ribera），導致他在《靈心城堡》標題的首頁寫下嚴厲的非難，指責此書的審閱者[15]。羅瑞格神父（José Vicente Rodriguez OCD）推測，古嵐清神父只不過在消磨時間，因為他在西班牙等待羅馬頒賜的一份詔書。

大德蘭把這本新書交給古嵐清看管，因為她的《自傳》仍在宗教法庭內。一五八〇年，古嵐清把書帶到塞維亞交給瑪麗亞修女（María de San José OCD）保管。約在一五八二年

14. 摘自 *The Collected Works of St. Teresa of Avila.* Translated by Kieran Kavanaugh & Otilio Rodriguez（Washington, D.C.：ICS, 1980）Vol. II. Introduction, pp.278 — 279.
15. 請參閱《城堡》序言・註解 1 及 3・1・1・註解 64。

至一五八五年間，古嵐清仍是省會長神父時，把這本書當作禮物獻給巴道先生（Don Pedro Cerezo Pardo），他是赤足加爾默羅會的慷慨恩人。一五八六年至一五八八年間，親筆手稿到了路易斯・雷翁（Luis de León）會士的手中，他當時準備出版大德蘭的著作；然後再歸還巴道先生。一六一八年，巴道先生的女兒康思坦西亞・阿雅拉（Constancia de Ayala）在塞維亞赤足加爾默羅隱院發願，她隨身帶來《靈心城堡》的親筆手稿。從那時起，這份手稿一直保存在塞維亞隱院內，只有一次例外，亦即一九六一年，送往羅馬修繕，於次年修復得精美雅麗，這部靈修傑作再歸回塞維亞加爾默羅隱院。這本裝訂好的紅色書籍，大德蘭曾說如同寶石，現在有如一顆紅寶石，置於聖物寶箱中，箱子的周邊彷彿亞味拉城堡，這顆紅寶石就在城堡的環繞與保護中。

第二部分：漫遊《靈心城堡》

在祈禱時，你有神祕經驗嗎？例如，好像聽到什麼、看到什麼、祈禱時莫名的欣喜，甚至突然休止、或其他超自然情況……，如果有，請你務必細讀《靈心城堡》。大德蘭以親身的經歷講解，說明種種祈禱的類型和現象，提出辨識的記號，應有的效果，天主的恩惠，你該如何是好。

如果你沒有神祕經驗，只曾耳聞，很想明瞭究竟，更要閱讀《靈心城堡》，大德蘭以淺顯的方式解說真實的神祕經驗。她之解說，是為指導加爾默羅會隱修女，明辨祈禱之路的情況和陷阱，她甚至主張，無論有無神祕經驗，都可以成聖。她渴望人人讚美天主，但並不鼓勵人求取神祕經驗。因為得到許多神祕經驗，不見得就會得到更大的光榮，她肯定地說，有許多聖人從來不知道神祕經驗是怎麼回事，而其他有神祕經驗的人，卻不是聖人（城堡6・9・16）。

聖女大德蘭的著作中，《靈心城堡》呈現出比較完整的系統，分明的結構，按靈魂與天主結合的深度，從外而內，從淺而深，逐步解析，以比喻和親身的經歷，詳盡說明靈修歷程。雖說本書系統完整，結構分明，大德蘭的獨特風格，瀟灑自在，行雲流水，依然如故，理論歸理論，靈修絕不能和生活脫節，她不厭其煩點出重點，好似離題，卻是實例舉證，傳授祕訣。大德蘭說：「**我們常聽說，祈禱是多麼好，而且《會憲》也要求我們這麼多小時修行祈禱。然而，我們所得到的解釋，只有祈禱時我們自己能做的部分；上主在靈魂內的工作，則解釋得很少，我說的是超性的。藉著談論這座內在的天上建築，以許多方式來講解與深思，我們會得到許多安慰**」（城堡1・2・7）。

顯然，打從一開始，大德蘭就想要詳述「上主在靈魂內的工作」。本書的前三重住所是煉路，也是主動修行的階段，亦即「我們能做的部分」，第四重住所是明路，「**超性的經驗始於此處**」（城堡4・1・1）。事實上，前三重住所只佔《靈心城堡》的百分之三十，其餘的百分之七十，透徹解釋「上主在靈魂內的工作」，甚至談神祕經驗的第六重住所，竟然佔了將近全書的一半。根據篇幅的比例，甚至可以說，從第一到第五重住所是鋪路，有了這個準備，大德蘭才能暢談「上主在靈魂內的工作」。套用現代人的說法，就是講解「神祕經驗」。現在我們就來漫遊大德蘭的美麗城堡，逐步窺探大德蘭的生動教導。

一、進入水晶城堡

水晶城堡的構思

大德蘭正苦於不知如何下筆，這時，她的腦海浮現一座美麗的城堡，根據葉培斯．狄耶各神父（Fr. Diego de Yepes）的作證⑯，這美麗城堡是天主賜給大德蘭的神見：「天主顯示給她一個極美的水晶球，具有城堡的模樣，她在其中看見七個住所，在第七重住所中，亦即在中心處，光榮的君王至極輝煌地居住在那裡。從那地方，祂美化且光照所有的住所，達及外面的牆壁。接受光照愈多的居民，也愈靠近中心處。城堡之外全是黑暗，滿是癩蛤蟆、毒蛇和其他有毒的害蟲。當她正驚嘆天主的恩寵賦予靈魂的美時，光明突然間消失不見，雖然光榮的君王沒有離開城堡，水晶蒙上黑暗，如同煤炭那樣醜陋，還帶著令人受不了的惡臭，牆外的毒蟲也能爬進城堡。這就是處在罪惡中的靈魂狀況。聖會母希望人人都能看見這個神見，因為她認為，若是看見恩寵的美麗和輝煌，遭罪惡摧毀後，變成這麼醜陋和悲慘，就不會有人膽敢冒犯天主。」

於是，大德蘭振筆疾書寫下《靈心城堡》的開場白：「今天，我懇求我們的上主對我說話，因為我找不到可說的事，也不知如何著手這個服從，我的腦海出現了現在我要說的，做為開始的一個基礎：亦即，設想我們的靈魂如同一座城堡，完全由鑽石，或非常明亮的水晶

16. 葉培斯神父一五八八年九月四日寫信給路易斯．雷翁會士，詳細報告此事。葉培斯神父是大德蘭的傳記作家之一，也是她的告解神師。

造成的，其中有許多房間，就像天堂上有許多的住所。」（城堡1・1・1）

大德蘭的邀請

美麗的城堡已展現眼前，大德蘭邀請我們進去，漫遊的起點是城門外，我們來聽聽大德蘭的引導。

城門外：如果你是門外漢，大德蘭告訴你，在你裡面有無數的大千世界，不要以為人的裡面是空的，一片漆黑。不是的！每個人靈心的深處，是無量光明之處，生命的主守候著你，也守護著你，只要你願意，「祈禱和深思細想」會開啟內在世界的門，迎接你踏上追尋永恆之旅。

第一重住所：如果你已跨入門檻，大德蘭告訴你，入門的不只你一人，猛獸、毒蛇跟著你進來，重重障礙，亮出你對世俗事物的牽腸掛肚，捨不下酒色財氣。她說，如果要克服魔誘，擺脫牽掛，向前邁進，必須輕視不必要的事物和事業，配合自己的身分行事，修行謙虛，多次留守在自我認識的房間。

第二重住所：如果你登門入室，愛上祈禱，聽得到主的召喚，大德蘭告訴你，要盡力勤勉工作，修心養性，下決心備妥自己，翕合主旨；不要惦念神慰，不要尋求祈禱的滿足，也不要抱怨枯燥乏味，要擁抱十字架。此一階段，失足跌倒在所難免，恆心堅持最為要緊。

第三重住所：如果你越過最初的困難，進入更深處，大德蘭告訴你，你已打勝先前的仗，非常渴望不開罪天主，避免犯小罪，愛做補贖，長時間收心，善用時間，對近人行愛德，言談、衣著和管理家務非常得體，你已有充足的理由前進到最後的住所。但千萬不可自視安全，而要敬畏上主。要從天主送來的考驗中獲取謙虛，如果缺少謙虛，這個階段會走得既辛勞又沉重，不只畢生留在原地踏步，還會有成千的痛苦和可憐。

大德蘭的tips

前三重住所屬於初學階段，是靈修三路中的煉路，靈魂從外向內，不再自我中心、背向天主，開始覺察內在的世界，感受些微天主的光明，聽到微弱的召喚。通常，這些人會猛烈地愛上祈禱，追求屬靈的事物，例如聽道理、望彌撒、看聖書、收集聖物，祈禱時痛哭流淚，熱心悔改，改變生活態度，下決心不要犯罪……。之前由於自我中心，根本無法建立真正的人際關係，轉向天主之後，顯著的轉變是改善人際關係，開始會以無私的愛服務他人，體貼待人，樂意犧牲時間、金錢……。

這是主動修行的階段，以口禱、默想、善情的祈禱為主，漸漸進入單純或專注的祈禱，對天主的體悟大部分透過媒介，如閱讀聖經得到對天主的認知，尤其是讀福音，接受耶穌基督是人類的救主；或是因神父、修女、教友的善表而感動；或閱讀聖人傳記……。雖這些恩寵不是一般說的神祕恩寵，但非常寶貴，沒有悔改、追尋的主動修行，無法奠定靈修生活的穩固基礎。處在這個階段，大德蘭提醒我們：

Tip one：拋開不明智的熱心。魔鬼像一把無聲的挫刀，利用初學者的熱心，作惡為害，大德蘭舉出兩個實例。

其一，由於熱心滾滾，魔鬼給某修女做補贖的衝動，即使長上出命，也無法讓她放棄，一意孤行，結果健康受損，最後，連會規的要求都守不了。

其二，由於熱心滾滾，魔鬼慫恿修女，切望追求成全。這個好事的結果是整天注意別人，只要有人犯了小小過失，都會被看成嚴重違規，報告給院長。她成了一架感應超好的監視器，處處提防有人違規。魔鬼的導演下，雞飛狗跳，隱院的寧靜和愛德也隨之消失（城堡1・2・16）。

現代人不明智熱心的呈現方式略有不同，但換湯不換藥，如熱心參加無以數計的活動，忽略應盡的家庭責任，導致嚴重的家庭失和；為了追求成全，在教會的小團體中，不斷批評、指正他人過失，覺得沒有人比他更好、更熱心，結果沒有人受得了這位「聖人」，無法建設屬靈的團體。

Tip two：避免一意孤行，向合適的人討教。謙虛、謙虛、謙虛。

大德蘭說不要找投合自己性格和才能的人，這樣的人幫不上大忙。要找那能識破世物騙局的人，已認透世物的人有助於我們認識自己，就像看到他們展翅高飛，我們也敢飛翔（城堡3・2・12）。

從頭到尾，大德蘭強調謙虛，謙虛是行走在真理中；她講謙虛時，常是扣緊兩個面向，認識自我和認識天主。認識天主，即是和永恆相遇，提升到無限的境界，以來自天主的光明，參悟天主的無上尊高、純潔、謙虛、慈悲、大愛、上智、大能……，透徹四大皆空，看清自我的真相。這番徹悟帶來依恃、剛毅、寧靜、力量、智慧，正是大德蘭說的謙虛。

二、愛的覺醒

第四重住所是愛的覺醒，靈魂首次和永恆連線，從內在深處湧流愉悅和愛情，靈魂這時不會力求窮思推理，反而傾心留神，觀看上主在她內的作為。這是默觀者的階段。聖十字若望說：「**默觀無非就是從天主來的，一種祕密、平安和愛的灌注，如果有此默觀，靈魂會在愛的心靈內燃燒起來**」（黑夜1．10．6）。大德蘭則比喻為水源地的水槽，水無聲無息地充滿洋溢。從第四重住所開始，我們進入超性的祈禱，是大德蘭詳談神祕經驗的序幕。

超性的收心祈禱

在開始超性的祈禱之前，幾乎都會有另一個祈禱方式，亦即超性的收心。這個收心不是「**運用理智在自己內窮思力索天主而得來的，也不是經由想像，在自己內想像祂**」（城堡4．3．3），而是在還沒有想到天主以前，沒有閉上眼睛，也沒有渴望收心，卻感到一份向內的溫柔收斂。

這是從默想到默觀的過渡階段，聖女大德蘭和聖十字若望都很靈敏地注意到這個關鍵時刻，許多人在靈修的路上無法進入默觀，問題在於始終停留在默想階段。聖十字若望提出三個辨識的記號，要人適時停止默想。大德蘭在此提出很平衡的教導，她說，最適宜的修持是「**絲毫不使勁用力，也不吵吵鬧鬧攔截理智的推論，而是，不吊銷理智，也不休止思想，最**

好是存想自己在天主面前，念及天主是誰。如果她內在所感受的，使她沉醉，好極了；但不要企圖明瞭這是什麼，因為這是賜給意志的；讓她留在享受陶醉中，除了說些愛的話語，不要使勁費力，即使在此我們不刻意休止思想，思想還是常會休止，雖然為時非常短暫」（城堡4．3．7）。此時此刻，可說是愛的覺醒。

古今中外的靈修史上，主張祈禱時放空思想者為數不少，大德蘭說，這是「神修人士之間沒完沒了的論題」（城堡4．3．4）。然而，大德蘭的看法是平衡的，憑著經驗，她提出很有力的理由，幫助我們進入超性收心的祈禱（城堡4．3．5－6）。

本性v.s.超性

本性，英文是natural，就是自然、天生的；在靈修上，所有主動的修行，例如默想、口禱、閱讀聖書、聽道理、各種熱心神業，舉凡應用理智、想像、意志和記憶的能力，尋求認識、理解和愛慕天主，都是屬於本性祈禱經驗的範圍。

超性，英文是supernatural，就是超自然、神祕的；在靈修上，所有領受的神祕經驗，例如神見、神諭、啟示、心靈的感受……，舉凡人的能力只能領受，不能操控的神祕認知和體悟，都屬於超性祈禱經驗的範圍。

有許多人終其一生只知主動修行，對所謂的神祕經驗一無所知，因為「得到上主的恩惠，是一種恩寵；明白這是什麼恩惠和恩寵，則是另一種；第三種恩寵，則是知道如何描述和解釋恩惠」（自傳17．5）。所以，不明白神祕恩寵的人，並不等於沒有神祕經驗，大德蘭告訴我們，曾有一位老修女向她請教默觀祈禱，而大德蘭發現，這位修女雖然只做口禱，事實上，從她的實際生活可以印證，她已達到崇高的默觀（全德17．3；30．7）。天堂上有許多住所，通往天堂的道路也有許多，正如世人眾多，人人的面貌各異，每個靈魂相貌更是不同。所以，這座美麗城堡的進程「**沒有固定不變的規則……因為上主在祂願意的時候，按祂的意願而賜予，且賜予祂願意給的人，由於這些恩惠全是祂的，祂沒有委曲任何人**」（城堡4．1．2）。

做此清楚聲明之後，大德蘭開始區分本性和超性祈禱的不同，她採用兩個字：contento（滿足愉悅）和gusto（享受神味）辨識此二境界的祈禱感受。contento，字意是滿足、高興、滿意，在此譯為「滿足愉悅」；gusto，原文字意很廣，是個常用字，字意為味覺、味道、愉快、愛好、意願、鑑賞力，本書按其上下文的含意，譯為「享受神味」。

大德蘭說：「**凡是經由我們的默想及對上主的懇禱，因自我修行而得來的感受，能稱之為滿足愉悅，此乃來自我們的本性，雖然終究有賴於天主的助祐……祈禱中的滿足愉悅始於我們的本性，終止於天主**」（城堡4．1．4）。居住在前三重住所的靈魂，虔誠熱心的感受是滿足愉悅，「**因為她們幾乎不斷地以理智工作，運用理智推理並做默想……尚未得到更多的恩賜**」（城堡4．1．6）。

至於「享受神味」，是非常另類的經驗，大德蘭說，在《自傳》和《全德之路》中，她稱為「寧靜的祈禱」，這是始於天主，終止於我們的超性祈禱，祂在我們內導致極大的平安、寧靜和溫柔。大德蘭說，這兩種不同的祈禱境界，有如注滿水槽的兩種方式：

水槽A＝滿足愉悅（本性）從遠方引水，經由水管和許多技巧。
水槽B＝享受神味（超性）位於水源地，無聲無息地灌滿水。

然而，令人醉心的神祕湧流不是終點，大德蘭不願女兒們長久停留在半途，她從經驗得知，這份享受神味距離結合還遠得很，小鴿子必須振翅高飛，上達最後的結合住所。內在湧流洋溢的水使靈魂舒展擴大，使她更充滿信賴地享有天主，慷慨地回應天主，毫無保留地給出自己，結合的道路就此展現眼前。現在我們進入最後的三重住所，即結合的住所。大德蘭按結合的深淺，劃分為第五、六、七重住所，以提親、神訂婚和神婚做為象徵。

三、意志的結合

第五重住所是大德蘭最愛的住所，標示的是意志的結合。此處的結合尚未達到神性的境界，好比世人訂婚前的階段，互相會見，看看是否彼此同意和相愛。「在此，與天主的結合亦然，雙方已經同意，這個靈魂非常清楚地獲知其淨配是多麼好，並決心在一切事上奉行祂的旨意……靈魂以一種祕密的方式，看見這位淨配是誰……單單這個相遇，就使得靈魂更加尊貴，堪當人們所謂的互相牽手」（城堡5・4・4）。

大德蘭的最愛

大德蘭讚嘆：「啊！多麼令人渴慕的結合！獲得的靈魂是多麼有福！她會在今世度著安寧的生活，來世亦然。」（城堡5・3・3）又說：「這個結合是我畢生所渴望的，是我經常向上主祈求的結合，這也是最清楚和最安全的結合。」（城堡5・3・5）為什麼呢？因為在此初步結合的祈禱，靈魂的必然回應是「決心在一切事上奉行祂的旨意」。如果這個結合是真的，如果靈魂真的和天主相遇，她會如同蛻化的蝴蝶，死於自我和世界，而活於基督。印證第五重住所的結合，不需要特殊的出神或神魂超拔，最清楚的標記是順服天主的旨意，是意志的完全委順。

大德蘭諷刺地說：「當我看見靈魂非常勤奮地尋求了解她們的祈禱，在祈禱時，她們愁眉苦臉，好似動也不敢動，連思想也不敢稍有波動，以免失去那一點點的甜蜜和熱心，這使我明白，她們多麼不懂這條達到結合的道路，她們以為事情的關鍵全在於此。不是的，修女們！不是這樣的；上主要的是工作！」（5・3・11）接著，她舉實例說明什麼是真正的與天主的旨意結合：同情患病的修女，為使她有好食物而守齋；看見修女受讚美，德行被顯揚，感到欣喜萬分；如果是犯過，要感同身受，為她們掩飾過錯……等等。大德蘭講祈禱，不單只是去聖堂祈禱的時間，而是整個生活，祈禱經驗必須以純真的德行來印證。

結合祈禱的初步形態

第五重住所的祈禱方式是結合的祈禱，也是比較淺的初步結合。結合祈禱有深有淺，有真有假，甚至也有好與不好。大德蘭說：「即使是在無益事物上的結合，當人非常愛之不捨時，魔鬼也能用這些事物叫人出神，但是牠不能以天主那樣的方式讓人出神，也不能使靈魂有愉悅和滿足，平安和享受也沒有。」（城堡5．1．6）真正來自天主的結合祈禱，「超乎世上所有的享受，超乎所有的愉悅，超乎所有人的滿足，而且有過之而無不及。這些滿足和來自世上的滿足，兩者間毫無關係，兩者的感受非常不一樣。」（同上）

結合的祈禱不是像在作夢，半醒半睡，而是「一切都睡著了，真的沉睡於所有的世物和自己，因為，事實上，在結合的短暫彌留中，既沒有知覺，也無法思想，即使願意想也不成。在此無須運用技巧來吊銷思想。」（城堡5．1．4）

辨識的記號是對真理的確信，「天主使這個靈魂如同呆子，對所有的事物痴呆，好能將真智慧刻印給她，結合時，她看不見，聽不到，也不明白，時間常是很短促，靈魂甚至覺得，比實際的時間還短，天主親自置身於那個靈魂的內在深處，當靈魂返回己身時，她絕不會懷疑她在天主內，天主在她內……這個確信是很重要的」（城堡5．1．4）。我們能夠說，大德蘭極其確信，無論是怎樣崇高的祈禱特恩，或意識清醒，或短暫休止，如果靈魂對天主的愛和認識沒有顯著的增加，就無法確定是來自天主的。

四、辨識神祕經驗

當結合祈禱的濃度加深，靈魂下定決心，天主要的全給，天主給的全要，雙方從相見、牽手，進入了神訂婚的第六重住所，即本書的重點部分，神祕經驗豐富又多元，大德蘭用了將近半本書的篇幅，詳述親身的種種神祕經歷：出神、神魂超拔、心靈飛翔、想像的神見、理智的神見、神諭。在此神訂婚的時期，天主賜給祂的未婚妻許多珍貴的禮物，祂的造訪導致一次又一次的出神經驗，透露給她天上的祕密，淨化並堅強她的靈魂，為了要預備她，帶領她進入最後的住所。

磨難重重

對「那些有時這麼真實地享有天上事物的靈魂，她們的生活中卻沒有種種的世上磨難，我是相當懷疑的」（城堡6．1．2）。大德蘭不要我們幻想，以為神祕經驗是人間仙境，不是的，這是一條跟隨耶穌基督的道路，一路上，十字架從不缺少。由於天主賜給她的特殊恩惠，她遭受來自人的責難、批評、誤解，及神師的折磨，還有自身劇烈的病痛。除此之外，連天主賜予的恩惠，也給靈魂至極的創傷，雖說極其愉悅和甜蜜，也非常痛苦。大德蘭清楚說明，接受天主給予的恩惠，要有很大的勇氣承受一切可能的痛苦。

出神、神魂超拔、神移、心靈飛翔

大德蘭認為，這些不同的神祕經驗名稱，其實指的是同一回事：天主提拔靈魂完全離開自己，就是說，「吸引她離開自己的感官，因為如果她還存在感官之中，看到自己如此地靠近這麼偉大的至尊陛下，她是不可能倖存的」（城堡6．4．2）。所以，天主「下令，關閉住所的門，甚至連城堡和城牆的門也關閉；由於想要奪走這個靈魂，祂拿掉這人的呼吸……雙手和身體冰冷，彷彿沒有了靈魂……像這樣強勁的神魂超拔不會持續很久」（城堡6．4．13）。出神的時間雖然很短，所造成的影響和效果則是無可言喻，她的謙虛、德行、對天主的愛和認識，彷彿瞬間成為精修者，她強烈地渴望服事天主，不惜付出一切。

出神、神魂超拔、神移和心靈飛翔，本質上都是出神，但心靈的飛翔是一種疾速的心靈出神，以一種令人恐怖至極的速度強奪心靈。以想像或理智的神見，瞬間顯示給她宏偉的事物。這是淨配送給新娘的珠寶，使靈魂徹底了悟天主的崇偉，認請自我並加深謙德，同時非常輕看世物。

出神是指身體的狀態，這個人因天主的強奪，暫時休止，好似失去生命跡象。所謂出神，無非是天主和靈魂的一種極特殊的交往方式，身體的感官失去作用的同時，靈魂並沒有失去作用，有時反而更靈敏，不受限於身體的官能作用。露德聖母的顯現事件，是個明顯的特例，聖女伯爾納德見到聖母時，立刻進入神魂超拔，有人故意用蠟燭燒她的手，她毫無反應，令人驚奇的是，沒有燒傷的跡象。待她回神後，再用燭火接觸她，她立即喊叫起來。

神諭和神見

由於在出神的剎那間，天主會以神諭、想像的神見或理智的神見，揭示靈魂宏偉的奧祕，所以，在此第六重住所大德蘭詳談神諭和神見。神諭和神見是神修人最常有經驗，事實上，在沒有出神的情況下，也會有類似的經驗。

聖十字若望在《攀登加爾默羅山》第二卷的後半，亦即從第十一章起直到卷二結束，以理智的認識作用為主軸，徹底解析人神交往可能的各種方式。在神祕經驗的教導上，十字若望的解說可謂無人能出其右，即使是大德蘭也無法和他相提並論。然而，大德蘭出於經驗的剖析，及歸納出的辨識記號，確實非常有價值，甚至我們可以這麼想，十字若望之能寫下精彩的《攀登加爾默羅山》，德蘭姆姆對他必定有相當程度的影響。同樣，大德蘭能寫出這麼系統完整、結構分明的《靈心城堡》，也是受教於十字若望的結果。

這些是題外話，言歸正傳。大德蘭認為，種種神諭，可能來自天主、魔鬼或想像。由於神諭是這麼常有，她勸告我們，「即使是來自天主的神諭，妳們不要以為，自己因此就更好，因為祂常常和法利塞人談話，所有的好處來自如何從這些話語中獲益」（城堡6・3・4）。接著她從各方面講解清楚辨識的記號，她的講解常是鼓勵、安慰和指引，把讀者導上正路。

理智的神見，是一種經由理智而來的通傳，由於沒有形像，一般人並不了解，有點像得到靈感那樣，但具有更深的影響力。這是一種以超性方式介入的神祕恩典，天主在願意時，賜給人的一種特殊認知。大德蘭開始時感受耶穌不斷的臨在，看不到祂，卻萬分肯定祂就在身旁，這是一種理智的神見。這個神見帶給她很大的困擾，神師也不懂，經過很長的痛苦辨識過程，終於找到了答案，原來這就是理智的神見。

想像的神見更是常見，天主以超性的方式，瞬間呈現畫面，使靈魂盡觀一切，然而，這畫面不是死的，而是活的。如果呈現的是耶穌的至聖人性，那極美的光輝，每一次都讓大德蘭出神。看到神見之美或威嚴，會使靈魂出神；但也能夠是在出神時，天主給予神見。在第六重住所的神見往往引發出神，之前的住所通常不會如此，到了最後住所，靈魂的出神現象幾乎停止。由於想像的神見有呈現的形像，比起理智的神見魔鬼更能介入。不過，大德蘭認為，想像的神見比較符合人的本性，就某方面而言，是比較有助益的。

耶穌基督的至聖人性

聖女大德蘭極力推崇耶穌基督的至聖人性，祈禱時，人性的耶穌基督是最好的伴侶，祂是我們最好的老師和朋友。我認為，這是最獨到又典型的基督徒祈禱修行的理論，在各宗教的祈禱修行上，主動方面：克苦、修德、口禱、默想、靜坐；神祕經驗方面：休止、出神、神通，大致而言相當類似。大德蘭主張，在祈禱的修行上，即使達到默觀的巔峰，都不可避開耶穌的至聖人性，她的教導印證了耶穌基督是人類惟一的救主，「**在天下人間，沒有賜下別的名字，使我們賴以得救的**」（《宗徒大事錄》四章12節）。這是基督徒獨有的修行理論。

如果在默觀的修行上，主張徹底放空，以為享有些崇高的祈禱經驗，心醉神迷的寧靜和甜蜜之後，就再也不必默想耶穌至聖人性的奧蹟，大德蘭說：「**我能保證，她們絕進不了最後的兩重住所**」（城堡6．7．6）。因為主耶穌是道路、真理和生命，除非經過祂，誰也不能到父那裡去。大德蘭個人的實際修行上，她曾犯過此一錯誤，樂於處在陶醉中，等著愉悅重現，而不願多想耶穌基督。結果，祈禱中的愉悅不能常有，致使思想飄忽不定，靈魂彷彿無處歇息的小鳥，飛來飛去，徒然浪費時間，德行沒有進步，祈禱也沒有改善（城堡6．7．15）。這是個寶貴的錯誤經驗，從此她走上正道，也確定了以基督為中心的修行。

聖女大德蘭在《自傳》第二十二章，用很長的篇幅詳談「基督的人性是達到至高默觀的必須途徑」。《靈心城堡》的第六重住所，再談同樣的論題，確認「沒有修行存念主耶穌的人性，是多麼大的錯誤」。教會同樣非常重視大德蘭的這個教導，每年十月十五日，恭敬會母大德蘭的節日，教會選讀的誦讀二，摘自她的《自傳》第二十二章，肯定這是修行祈禱的正道，經由基督的至聖人性，一切福祐臨於我們。

佛教的修行中，放空一切是必須的，中文「佛」這個字是人＋弗，意思是「不是人」。而基督信仰正好相反，耶穌基督降生成人，就是為了使人成為天主。《創世紀》上說，「**天主看了祂所造的一切，認為樣樣都很好**」（一章31節）。放空是個準備，為的是接納耶穌，「**祂是信德的創始者和完成者**」（《希伯來書》十二章2節）。真福教宗若望保祿二世說：「**佛陀的反省，以及對靈修生活指導的終點，就是加爾默羅神祕主義的起點。人類靈魂積極和消極的淨化，感官與心靈的黑夜，聖十字若望認為，是為了讓人類靈魂被愛的火焰所滲透燃燒，而必有的準備**」（《跨越希望的門檻》頁一一五）⑰。放空不是一切，而是準備，準備什麼呢？準備好接受人類惟一的救主耶穌基督，祂進入人類的歷史，以祂的苦難聖死和光

17. 本段文字亦見於《祈禱的美麗境界》，奧村一郎著，加爾默羅聖衣會譯，（星火文化，2016，台北）頁32。

榮復活，救贖了人類。耶穌基督「不是一位不能同情我們弱點的大司祭，而是一位在各方面與我們相似，受過試探的，只是沒有罪過。所以我們要懷著依恃之心，走近恩寵的寶座，以獲得仁慈，尋到恩寵，作及時的扶助」（《希伯來書》四章15－16節）。

五、晶瑩輝耀的城堡中心

城堡中心，晶瑩輝耀，散發光明徹照整座城堡，我們來到最美的中心住所。大德蘭說，「就像上主在天上有其住所，在靈魂裡，也該有間房屋是至尊陛下的住所；我們說是另一個天堂」（7．1．3）。多麼真實、多麼美！不禁讓人想起聖三麗莎的名言：「我已經在世上找到了我的天堂，因為天堂就是天主，而天主就在我的靈魂內。當我了悟的那一天，在我內的一切都明亮起來，我悄悄地傳達這個祕密，給那些我所愛的人，好使他們也能透過事事物物，依戀天主」（信122）⑱。

無門的第七重住所

六、七兩重住所之間沒有門，那要如何進去呢？是天主親自帶領新娘進入，誰也不能自己進入其中。第六重住所結合祈禱的標記是神魂超拔，為通傳給靈魂崇高的真理，天主必須停止官能的作用。但是在神婚的結合中，即第七重住所經歷的大不相同，大德蘭說：「我也很驚訝地看見，當靈魂達到這裡，所有的出神都被拿走……或許是因為，天主已經使靈魂堅

18. *Your Presence is My Joy! ~ Life and Message of Bl. Elizabeth of the Trinity*, Conrad de Meester OCD, trans and printed at Darlington Carmel, pp.16 － 18.

強、擴展又有能力」（城堡7．3．12）。上主直接顯示，不再經過感官和官能，瞬間通傳給靈魂崇高的祕密，卓絕的恩惠，一剎那顯示給她天堂上的光榮，其卓絕的方式，遠勝過任何心靈的神見和神味（城堡7．2．3）。

天主帶領大德蘭進入第七重住所，首先以理智的神見，呈現給她至聖聖三的真理，這是一個極美妙的認識，心靈灼燃焚燒，靈魂徹底了悟至高的真理，聖三是一個實體、一個能力、一個智識，是惟一天主。印證了福音中所說的，祂與聖父和聖神，要居住在那愛祂並遵守祂誡命的靈魂裡。這個神見是神婚前的預備，從此，「無論面臨多少磨難和事務，她靈魂的本質部分，一直不動地留守在那個房間裡」（城堡7．1．10）。這就是和天主永不分離的序幕，天主聖三親自迎接新娘進入晶瑩輝耀的中心住所。從此以後，彷彿背景音樂般，靈魂時常擁有天主的臨在。

雨水落入江河

神婚的結合彷彿雨水落入江河，又像小溪流入海洋，或像兩道合一的光，已經無法區分。神訂婚的結合不同，雖有結合的經驗，上主的恩惠迅速飛逝，靈魂沒有留住她的伴侶，「彷彿兩支蠟燭的結合，……燭光合而為一，……後來很容易能彼此分開，還是兩支蠟燭」（城堡7．2．4）。

大德蘭在一五七二年十一月十八日得到神婚恩惠，她清楚地記載，當她領完聖體後，耶穌顯現給她，「呈現的方式極其光輝燦爛、美麗和莊嚴，就像祂復活後的樣子，並對她說，時候已經到了，她把祂的事當作自己的事，祂也要照顧她的事，還說了些其他的話，這些話容易感受，卻難於述說」（城堡7．2．1）。這是耶穌至聖人性的想像神見，耶穌伸出祂的右手，親自對她說：「請看，這是個標記，表示從今天起，妳是我的新娘……我的光榮就是妳的，妳的光榮也是我的[19]。」這是永不再分離的神祕結合，「就是在這裡，我們說的小蝴蝶死了，而且懷著至極的喜悅，因為她的生命已成為基督」（城堡7．2．5）。

神婚的崇高效果

徒有崇高的祈禱經驗，而沒有實際生活的效應，大德蘭是不會滿意的，她是非常務實的人，在此最高的境界，她列舉的崇高效果如下：1）忘記自我；2）渴望受苦；3）受迫害時，有很深的內在喜樂；4）渴望服事主，不想死；5）很大的超脫；6）不怕魔鬼的欺騙。

到了靈修的終點，達到永不分離的神性結合，是否就像達到極樂仙境呢？大德蘭說，十字架總不會缺少，「但卻不會使她們焦急掛心，也不會失去平安，而是很快過去，彷彿浪潮，幾番暴風雨，復歸於風平浪靜；從上主來的臨在，使她們立即忘掉一切」（城堡7．3．15）。然而，這個神婚的目的並非休息，而是「從中經常生出工作，工作」（城堡7．4．6）。大德蘭在狂風暴雨的一五七七年，抱病執筆，無視於周遭的艱辛困苦，為渴望與天主結合的靈魂，寫下達到神婚的心靈地圖。她所說的崇高效果，無一不落實於她的生命，閱讀她的書，看到的不只文字和靈修指導，也能從中透視她靈魂的躍動。

最後，我要引用瑪麗．麥克瑪修女的描述，來結束第二部分的探索：

19. 參閱 *Spiritual Testimonies* 31。

在《靈心城堡》最後一章中，當大德蘭為她的修女描述靈魂進入君王居住的最深住所，其涵義的關鍵字不是「極樂」（bliss），而是「服務」（service）。加爾默羅花園的果實，是供給每一個人的，它的道路直指人心⑳。

第三部分：總結

現在到了回顧和總結的第三部分。不可否認的，《靈心城堡》層次分明地標示不同的祈禱形態，首先，歸納不同的祈禱進程，以簡圖作個結論；其次，七重住所的進程，和榮格的個體化過程，雖不盡相同，卻有某種的相似，在此不妨作個粗淺的比照；最後，大德蘭的神恩特點，值得我們做為全文的回顧和總結。

一、不同的祈禱進程

按照《靈心城堡》的七重進程，大德蘭描述祈禱的不同形態，以靈魂和天主的互動關係為座標，逐一敘述。不過，要知道，前進的順序沒有固定不變的原則，尤其是到達超性祈禱之後，主要是取決於天主的意願，我們只能善加準備，謙虛地接受，然而，天主把結合的恩惠賜給慷慨的靈魂，大德蘭說：「**這是非常確實的，當我們倒空自己內所有的受造物，又為了愛天主而全然超脫，上主必會以祂自己來裝滿靈魂**」（城堡7·2·6）。根據前面的探索，我們得到如次頁的簡圖：

20. 《走進倫敦諾丁丘的隱修院》，瑪麗·麥克瑪修女著，加爾默羅聖衣會譯（星火文化，2013，台北），頁188。

<table>
<tr><th>住所</th><th>三路</th><th>主動／被動</th><th>祈禱的形態</th></tr>
<tr><td>前三重住所</td><td>煉路
（初學者）</td><td>主動的祈禱</td><td>口禱、推理默想、
閱讀福音和聖書、
主動的收心</td></tr>
<tr><td>第四重住所</td><td>明路
（默觀者）</td><td>開始經驗被動
從主動到被動</td><td>超性的收心
超性的祈禱（又稱作
寧靜的祈禱）</td></tr>
<tr><td>第五重住所</td><td rowspan="3">合路
（成全者）</td><td rowspan="3">被動的祈禱</td><td>初步的結合祈禱：
意志的結合</td></tr>
<tr><td>第六重住所</td><td>出神的結合祈禱：
各種神魂超拔</td></tr>
<tr><td>第七重住所</td><td>神婚的結合祈禱：
如雨水落入江河，永
不分離。</td></tr>
</table>

在《自傳》十一至二十二章，大德蘭首次描寫祈禱的不同進程，她以四種水來形容不同的祈禱形態，然而，那時的她尚未達到神婚，四水中的天降大雨，指的是第六重住所的出神祈禱，天主停止感官及官能的作用。《靈心城堡》中，前三重住所的祈禱：從人開始，止於天主；第四重住所：從天主開始，止於人；五、六、七重住所：從天主開始，達到人，同時把人帶出自我，和祂結合。由於把人帶出自我的深淺度不同，因而劃分成，初步的意志完全結合，這是第五重；尚未徹底淨化和強化的靈魂，結合的恩惠造成一次又一次的神魂超拔，這是第六重；當小鴿子完全死於自我，活於基督時，她的軟弱被拿走了，出神的現象停止，神婚結合的祈禱，有如雨水落入江河，再不分離，這是第七重。

二、前三重住所 v.s. 個體化過程

傳統的靈修，其設定的目標是結合，即達到與天主結合，中國人耳熟能詳的說法是「天人合一」。為了達到神性的結合，人要神性化，聖十字若望說「神化的結合」，或譯為「轉化的結合」（transforming union），這是從人而神的過程，達到結合的人，他的理智、意志和記憶相似天主，所以也稱為「相似的結合」。大德蘭的第七重住所，達到神婚的結合，是與天主不再分離，她標示的是聖保祿宗徒說的，「**你們已經死了，你們的生命已與基督一同藏在天主內了**」（《哥羅森書》三章3節）。即使大德蘭比喻神婚為雨水落入江河，但這並非泛神的結合，而是成為「**在基督耶穌內活於天主的人**」（《羅馬書》六章11節）。

現代文化經過理性主義和科技的洗禮，對於承認天主或神好像有些困難，因為在驗證上

這是榮格的「個體化過程圖」㉑

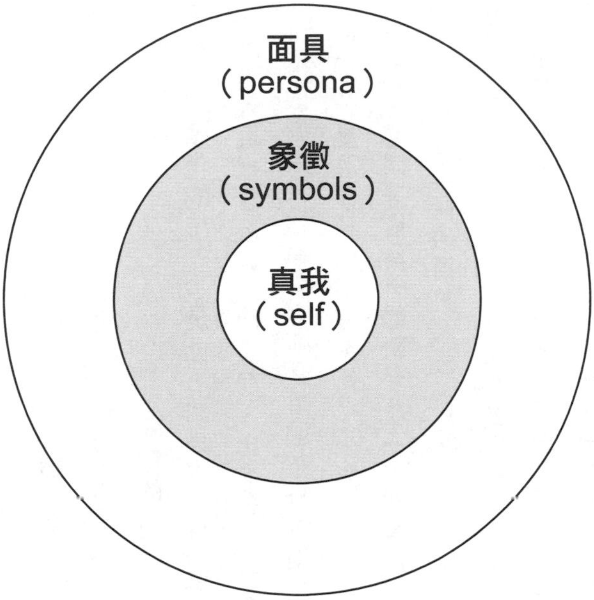

無法實物處理，現象學者採取明智的研究態度，知之為知之，不知為不知，不能確定的部分，放在括號內，不強加判斷，至少承認其存在。在如此的背景下，關於靈修之路，心理學勢必要有不同的語言來表達，榮格說的個體化的過程，和傳統的靈修之路，有非常相似之處。傳統的靈修，直接說天主，現代人不能直說天主，那要說什麼呢？就說真我，這下子「我」就得分成好幾個，真我、假我（面具的我），意識的我，淺意識的我，集體意識的我。如果願意細分，一定可以有更多的我，例如，受傷的我，情緒的我……。在這一點上，大德蘭的水晶城堡，用

21.　參閱《榮格宗教心理學與聖三靈修》，盧德著（光啟，2004，台北）頁 60。

象徵的方式表明：我們的內在是個廣大的地區，每一重住所包含無數的大千世界。大德蘭形容人的內在有無數的房間；留守的房間，相當於存在狀態，這就是無數的我。榮格將之歸納成三重存在狀態：（見上頁上圖）：

「個體化過程，指一個人從無明地被潛意識原型牽著鼻子走，到有意識地體認自己、做自己的一段漸悟過程，亦即使人成為真正的自己的過程㉒」。大德蘭在第一重住所提出「自我認識的房間」（城堡1・2・8），這是關鍵的所在，亦即個體化過程的第一重，要處理「面具」的問題，個體化的第一步是扯下面具，真實面對自己。這和大德蘭說的不謀而合。大德蘭說：「先進入處理自我認識的房間，比飛奔到其他房間還好，這是一條正道」（城堡1・2・9）。植根於自我認識的謙虛必須遍布整個靈修路程，「無論這靈魂已達到何等高境，她絕沒有別的什麼要修行的，甚至她也不能不渴望自我認識」（城堡1・2・8）。

「個體化過程，意謂著成為一個獨一無二、卻又與眾人共通的個體，它包含了我們最內在、最終極，以及無可比擬的獨特人格，就是『成為真實的自己』……榮格指出：『個體化的特點，就是把精神中非自我所能主導的各個方面——如陰影、面具、Anima、Animus等，以及某些在人格中非占主導地位的態度和功能類型等——加以強化、整合，使之成為意識的過程……使它們成為心理上不可分割的整體。』㉓」

人格達到整合，是純真靈修的開始，前三重住所及聖十字若望的主動黑夜，處理的是相同的問題，是主動修行之處。深思細想和祈禱，能使人從純感官的外在事物抽離，覺察己內的世界，「單是進入城堡，他們已做了很多」（城堡1・1・8）。這是第一重住所。

22. 同上，頁60。
23. 同上，頁87。

發現了面具之後的大千世界，如果一再覺察、深思、祈禱，願意扯下面具，追尋真我，會進入榮格指出的意識整合，就是有意識地處理浮現的陰影、面具……。大德蘭述說第二重住所的人，「**專注於自己的娛樂、事業、快樂及世俗的買賣，甚至會跌倒犯罪，又再爬起來。因為這些畜牲這麼毒，牠們的臨在是如此危險和吵鬧，如果我們不失足跌倒，那才怪**」（城堡1·2·2）。大德蘭說「畜牲」，榮格說「陰影、面具、Anima、Animus等，及態度和功能類型」，兩種說法不是很近似嗎？意識整合是一個戰場，各式各樣的修養、修心、修行，大致上是在這個範疇。

經過意識的整合，使人進入真我，榮格說：「**個體化並不是讓自己與世界隔絕，而是收集整個世界成為他自己**」㉔。大德蘭形容第三重住所的人，其特點善於管理生活及家務，長時間收心、善用時間、對近人行愛德、言談和衣著很得體，他們不會為任何事犯罪，甚至連故意的小罪也避免（3·1·5–6）。她讚嘆說，「**的確，這是個令人渴望的境界**」（城堡3·1·5）。

古今中外，人同此心，心同此理，這樣的「人之為人」的靈性修持是非常尊貴的學識，我想起了《四書》中的大學，孔子說：「**大學之道：在明明德，在親民，在止於至善**」。朱熹註解「明明德」：「**明，明之也。明德者，人之所得乎天，而虛靈不昧，以具眾理而應萬事者也；但為氣稟所拘，人欲所蔽，則有時而昏；然其本體之明，則有未嘗息者，故學者當因其所發而遂明之，以復其初也**」。可以這麼說，明，明之也，覺察面具之下的寶貝，即得之於天、虛靈不昧的「明德」，雖然「氣稟所拘，人欲所蔽」（即面具），但其「本體之明」，恆常存在，所以要扯下面具，「以復其初」。至於「本體之明，則有未嘗息者」這個

24. 同上，頁88。
25. 同上，頁108。
26. 同上，頁122。

說法，和大德蘭比喻的水晶城堡完全一致。

「榮格的個體化過程，乃是朝向一個終極目標而行動的過程㉕。」「榮格甚至指出：天主的概念，有如自然道德律，是我們靈魂內不可抹滅的本質；天主和吾人的宗教意向，是所有人類最強烈、最根本、最原始的『靈能』（spiritual capacities）㉖。」即使榮格有此明確的肯定，個體化過程終究是主動的、本性的、有意識的修行，在大德蘭水晶城堡的七重住所中，對應的只是前三重住所，因為從第四重住所起，是超性的修持，對大德蘭而言，這不只是個觀念、信念、理論而已，而是真實的心靈經驗，超自然的能力介入。

三、大德蘭神恩的特點

從聖女大德蘭創立革新修會歷程，進而綜觀《靈心城堡》的內涵，顯然，她領受的豐盈神恩具有以下的特點：

革新修會的會母

在《愛的活焰》中，聖十字若望註解「啊！歡愉傷口！」時，描述愛品天使刺傷靈魂，造成的傷口使靈魂感到無比的歡愉，這靈魂彷彿被化為無限的愛火。接著，插入一段話：「很少人達到如此崇高的境界。可是有些人已經達到了；尤其是將把德行和精神留傳給後代弟子的那些人。因為天主按照將有多少弟子獲得他們的教導和靈修，賜給創會者——修會精神的初果——富源與勇氣」（活焰2．12）。聖十字若望的這段話，為大德蘭獲得的豐富神恩作了完美的詮釋。

天主親自預備大德蘭成為創會的會母，賜以種種特殊的神恩，她不只得到，也知道所得的恩惠，且能詳加解說和教導。她的教導具有真實的權威，能夠幫助所有行走祈禱之路的靈魂，因為祈禱是加爾默羅會神恩的根源和焦點。

基督的宗徒

大德蘭跪倒在遍體鱗傷的基督聖像前，痛哭不已，這是她徹底悔改的神祕經驗。從一開始，她的靈修始終是以基督為中心，她的祈禱方式，離不開耶穌基督的至聖人性。無論在哪一個住所，重要的是對基督的認識和愛，缺少此一關鍵重點，再大的神恩都令人置疑。

聖保祿宗徒論及神恩說：「天主在教會內所設立的，第一是宗徒，第二是先知，第三是教師，其次是行異能的，再次是有治病奇恩的，救助人的，治理人的，說各種語言的」（《格林多前書》十二章28節）。我們可以確定，大德蘭那被愛品天使刺透的心，是一顆熱血沸騰的宗徒心。她要以對天主純潔的愛保護基督，建立教會，她誓發的第四願是愛天主。她「渴望擁有一千個生命，好能完全用來為天主效命，渴望塵世的萬有都化為唇舌，幫她讚美天主」（城堡6．4．15）。《靈心城堡》的最後一頁，她作此聲明：「我完全順服神聖羅馬天主教會的主張，在此教會內，我生活、堅決聲明並允諾生死於其中」（城堡 跋．4）。大德蘭臨終前，喃喃不絕說著：「我是教會的女兒！」

不朽的傳承

熱愛教會的宗徒心，是德蘭加爾默羅會㉗的精神遺產，因聖神的帶領，始於會母聖女大德蘭。近五百年來，秉承會母宗徒熱火的會士，最著名的模範會士，首推傳教主保聖女小德蘭。她願成為教會的心，充滿熱烈的愛火，使這顆心不停地跳動，傳送熱血達及全教會的各肢體。還有，真福聖三麗莎㉘在劇烈病苦中，不禁呼喊：「啊！愛！愛！祢知道我是否愛祢，是否渴望祢！祢也知道我是否受苦……不管怎樣，如果祢願意再三十年、四十年，我已準備好了，為祢的光榮，擠出我的一切存有，願它為祢的教會滴滴傾流㉙！」安地斯聖女德蘭曾在日記中寫道：「我要和耶穌一同居住在我的靈魂深處，我要保護祂免受敵人的攻擊㉚。」時至今日，大德蘭革新的加爾默羅聖衣會隱修院遍布全球，約有七百多座隱修院，萬餘名隱修女，繼續她的使命，以退隱和充滿使徒熱火的默觀生活服務聖教會。

結語

翻譯本書及整理這篇文章的前前後後，我不斷祈求天主聖父，派遣祂的聖神，帶動我筆，指引我心，使字字句句中悅耶穌聖心，忠實呈現會母的艱辛創會，及此書蘊含的寶貴教導，幫助讀者深入理解，進而獲益。我祈求會母大德蘭幫幫忙，甚至請求神長和朋友轉禱。的確，如果沒有天主的大力助祐，我認為，單憑一己的理智，根本無法透視本書涉及的神祕恩惠，每個恩惠，無論大小，全是天主聖愛的仁慈印痕。「如果一個人在尋找天主，他的心

27.　「德蘭加爾默羅會」是加爾默羅會的另一名稱，英文是 Teresian Carmel，參閱《全德之路》，頁 243。
28.　真福聖三麗莎的列聖品案已通過，現在等著教會公布列聖的日期。
29.　*Your Presence is My Joy! ~ Life and Message of Bl. Elizabeth of the Trinity,* Conrad de Meester OCD, trans and printed at Darlington Carmel, p.80.
30.　《天主，我生命中的喜悅》，麥克・格利芬神父著，林淑玲譯（芎林加爾默羅聖衣會，2004，新竹縣）頁 229。

愛主更是在尋找他」（活焰3．28）。天主渴望給予，但問題卻出在我們身上，或是不懂，或是不慷慨，大德蘭不斷鼓勵我們要慷慨給出自己，天主必會把祂自己完全給我們；她極力解釋天主在我們內的工作，深怕我們因不懂而失之交臂。真的，我已經盡力為之，套用會母常說的話：若有什麼好的，都是天主的恩賜，不好的部分全歸於我。

本書主要根據的是：1）Santa Teresa Obras Completas, séptima edición, preparada por Tomas Alvares（Burgos, Monte Carmelo, 1994）；2）*The Collected Works of St. Teresa of Avila.* Translated by Kieran Kavanaugh & Otilio Rodriguez（Washington, D.C.：ICS, 1980）Vol.II.。這是目前使用最廣的西文版及英文版，在某些難解的地方，也參照過去的英譯本：*The Complete Works of Saint Teresa of Jesus.* Translated by E. Allison Peers（New York, Sheed & Ward, 1946）Vol. II。

深深感謝美國華盛頓特區加爾默羅靈修出版中心（Washington Province of Discalced Carmelites ICS Publications 2131 Lincoin Road, N.E. Washington DC 20002－1199 U.S.A. www. Icspublications.org）的慷慨授權。

本書的多篇推薦序來自神長及好友：總會長神父（Fr. Saverio Cannistrà, OCD）、何瑞臣教授（Professor Richard P. Hardy）、房志榮神父、曾慶導神父、黃敏正神父、李秀華教授、林順明神父OCD，衷心感謝他們的推薦。感謝惠賜封面影像的名攝影家范毅舜，即使遠在天邊——美國東岸，也擋不住他的熱情協助。多年來，房志榮神父的認真校稿，一直是我的依靠，他的豐富學識，極度謙虛，給予我的幫助是不可言喻的。另一位西班牙籍的耶穌會士湯德山神父，為我解答西班牙文的疑難，在此向他誠摯致謝。感謝關永中教授撰文，為讀者指出會父會母靈修的精髓。還有許多關心我的朋友，他們以愛和祈禱鼓勵我，在隱院深處，我以靜默的感謝回報他們。最後，深深感謝修會的長上及姊妹，她們慈愛寬容，提供我安心翻譯和寫作的環境，在我眼中，她們真是天主的忠僕，也是我的最大支持者。

一九八二年，聖女大德蘭逝世四百週年，教宗若望保祿二世在閉幕彌撒中說，「聖女耶穌德蘭超群絕倫，是受天主上智深愛的女兒，她是涓涓溪流，流入源頭，她是燦爛光輝，導向光明。她的光明是基督，基督是智慧的導師，是她學習真理的生命書；基督是天上的光明，她祈求這位真理之神，願能奉祂的名講話，也願祂導引她的筆㉛。」「聖女耶穌德蘭仍然活著，今日的教會內，依然迴響著她的聲音㉜。」二〇〇九年，加爾默羅總會頒布一道文件，為預備慶祝會母大德蘭誕生五百週年（一五一五－二〇一五），文件名為 *Born for You*，這句話取自大德蘭寫的一首詩：〈在天主的手裡〉，現在，我們以這首詩結束全文。會母聖女大德蘭，為我等祈！

我是祢的，我為祢而生，祢要命令我什麼？

至高無上的至尊陛下，永恆的智慧，寬仁善待我的靈魂；崇高卓絕、獨一無二、仁厚善良的天主，請看至極卑劣的這位，向祢詠唱她的愛：祢要命令我什麼？

31. 參閱教宗若望保祿二世，1982 年 11 月 1 日，亞味拉，聖女大德蘭逝世四百週年閉幕彌撒道理。
32. 同上。

那麼，請給我智慧，或者為了愛，給我無知，給我富饒的歲月，或給我饑餓或缺乏的年月，給我黑暗或晴天，隨祢要我這裡或那裡：祢要命令我什麼？

如果祢願意我休息，為了愛，我也願意；如果祢命令我辛勞工作，我操勞至死。請說，什麼地方？怎麼做？什麼時候？請說，甜蜜的愛，請說：祢要命令我什麼？

請給我加耳瓦略，或大博爾，沙漠或豐美之地，成為痛苦中的約伯，或作憩息主懷的若望；成為果實盈盈的葡萄園，或是貧瘠不毛，如果祢要這樣：祢要命令我什麼？

或成為戴上鐐銬的若瑟，或作埃及的宰相，或受苦的梅瑟，或興高采烈的梅瑟，或被海水淹沒的約納，或得到自由的約納：祢要命令我什麼？

靜默或說話，滿結果實或一無收穫，律法顯露我的潰傷，歡躍於溫和的福音，痛苦或歡欣，只有祢生活在我內：祢要命令我什麼？

我是祢的，我為祢而生，祢要命令我什麼？

† † †

我是祢的，因為祢造生了我，我是祢的，因為祢救贖了我，我是祢的，因為祢忍受了我，我是祢的，因為祢召喚了我，我是祢的，因為祢等待了我，我是祢的，因為我沒有喪亡：祢要命令我什麼？

那麼，良善的上主，祢要命令什麼？這麼卑劣的受造物要做什麼？給這位罪奴做的是什麼工作？看著我，我甜蜜的愛，甜蜜的愛，請看著我：祢要命令我什麼？

祢看，我把我的心、我的身體、我的生命和靈魂，我的五內和愛情，放在祢的手掌上，甜蜜的淨配和救贖主，我奉獻自己給祢：祢要命令我什麼？

請給我死亡，給我生命，給我健康或患病，給我光榮或羞辱，給我戰爭或深邃的平安，軟弱或充分的強壯，對這一切，我都說好：祢要命令我什麼？

請給我財富或貧乏，給我安慰或無慰，給我快樂或悲傷，給我地獄，或給我天堂，甜蜜的生命，沒有遮掩的太陽，那麼，我獻給祢一切：祢要命令我什麼？

如果祢願意，請給我祈禱，如不然，就給我乾枯乏味，給我豐盈和虔敬，如不然，就給我荒蕪不毛，至高無上的至尊陛下，惟有從祢，我找到我的平安：祢要命令我什麼？

愛主更是在尋找他」（活焰3・28）。天主渴望給予，但問題卻出在我們身上，或是不懂，或是不慷慨，大德蘭不斷鼓勵我們要慷慨給出自己，天主必會把祂自己完全給我們；她極力解釋天主在我們內的工作，深怕我們因不懂而失之交臂。真的，我已經盡力為之，套用會母常說的話：若有什麼好的，都是天主的恩賜，不好的部分全歸於我。

本書主要根據的是：1）Santa Teresa Obras Completas, séptima edición, preparada por Tomas Alvares（Burgos, Monte Carmelo, 1994）；2）*The Collected Works of St. Teresa of Avila*. Translated by Kieran Kavanaugh & Otilio Rodriguez（Washington, D.C.：ICS, 1980）Vol.II.。這是目前使用最廣的西文版及英文版，在某些難解的地方，也參照過去的英譯本：*The Complete Works of Saint Teresa of Jesus*. Translated by E. Allison Peers（New York, Sheed & Ward, 1946）Vol. II。

深深感謝美國華盛頓特區加爾默羅靈修出版中心（Washington Province of Discalced Carmelites ICS Publications 2131 Lincoin Road, N.E. Washington DC 20002－1199 U.S.A. www. Icspublications.org）的慷慨授權。

本書的多篇推薦序來自神長及好友：總會長神父（Fr. Saverio Cannistrà, OCD）、何瑞臣教授（Professor Richard P. Hardy）、房志榮神父、曾慶導神父、黃敏正神父、李秀華教授、林順明神父OCD，衷心感謝他們的推薦。感謝惠賜封面影像的名攝影家范毅舜，即使遠在天邊——美國東岸，也擋不住他的熱情協助。多年來，房志榮神父的認真校稿，一直是我的依靠，他的豐富學識，極度謙虛，給予我的幫助是不可言喻的。另一位西班牙籍的耶穌會士馮德山神父，為我解答西班牙文的疑難，在此向他誠摯致謝。感謝關永中教授撰文，為讀者指出會父會母靈修的精髓。還有許多關心我的朋友，他們以愛和祈禱鼓勵我，在隱院深處，我以靜默的感謝回報他們。最後，深深感謝修會的長上及姊妹，她們慈愛寬容，提供我安心翻譯和寫作的環境，在我眼中，她們真是天主的忠僕，也是我的最大支持者。

一九八二年，聖女大德蘭逝世四百週年，教宗若望保祿二世在閉幕彌撒中說，「聖女耶穌德蘭超群絕倫，是受天主上智深愛的女兒，她是涓涓溪流，流入源頭，她是燦爛光輝，導向光明。她的光明是基督，基督是智慧的導師，是她學習真理的生命書；基督是天上的光明，她祈求這位真理之神，願能奉祂的名講話，也願祂導引她的筆㉛。」「聖女耶穌德蘭仍然活著，今日的教會內，依然迴響著她的聲音㉜。」二〇〇九年，加爾默羅總會頒布一道文件，為預備慶祝會母大德蘭誕生五百週年（一五一五—二〇一五），文件名為*Born for You*，這句話取自大德蘭寫的一首詩：〈在天主的手裡〉，現在，我們以這首詩結束全文。會母聖女大德蘭，為我等祈！

我是祢的，我為祢而生，祢要命令我什麼？

至高無上的至尊陛下，永恆的智慧，寬仁善待我的靈魂；崇高卓絕、獨一無二、仁厚善良的天主，請看至極卑劣的這位，向祢詠唱她的愛：祢要命令我什麼？

31. 參閱教宗若望保祿二世，1982 年 11 月 1 日，亞味拉，聖女大德蘭逝世四百週年閉幕彌撒道理。
32. 同上。

參考書目

1. *Santa Teresa Obras Completas,* séptima edición, preparada por Tomas Alvares（Burgos, Monte Carmelo, 1994）.
2. *The Collected Works of St. Teresa of Avila.* Translated by Kieran Kavanaugh & Otilio Rodriguez（Washington, D.C. : ICS, 1980）Vol. II.
3. *The Collected Works of St. Teresa of Avila.* Translated by Kieran Kavanaugh & Otilio Rodriguez（Washington, D.C. : ICS, 1985）Vol. III.
4. *The Complete Works of Saint Teresa of Jesus.* Translated by E. Allison Peers（New York, Sheed & Ward, 1946）Vol. II.
5. *Saint Teresa of Avila.* Marcelle Auclair, Trans. Kathleen Pond（Pantheon, New York, 1953）.
6. *Saint Teresa of Avila,* William Thomas Walsh（Bruce, Milwaukee,1943）.
7. *St. Teresa of Avila* Giorgio Papasogli, Trans. G.Anzilotti（Society of St. Paul, New York, 1959）.
8. *The Life of Saint Teresa.* Carmelite Monastery, Jaro, Iloilo, Philippines, 1951.
9. Handbook to the Life and Times of St. Teresa and St. John of the Cross, E. Allison Peers,（Burns Oates, London, 1954）.
10. *Your Presence is My Joy! ~ Life and Message of Bl. Elizabeth of the Trinity,* Conrad de

Meester OCD, trans and printed at Darlington Carmel.

11. 《攀登加爾默羅山》，聖十字若望著，加爾默羅聖衣會譯（星火文化，2012，台北）。

12. 《愛的活焰》，聖十字若望著，台灣加爾默羅隱修會譯（上智，2000，台北）。

13. 《靈歌》，聖十字若望著，台灣加爾默羅隱修會譯（上智，2001，台北）。

14. 《（兩種）心靈的黑夜》，聖十字若望著，加爾默羅聖衣會譯（星火文化，2010，台北）。

15. 《聖女大德蘭的全德之路》，聖女大德蘭著，加爾默羅聖衣會譯（星火文化，2011，台北）。

16. 《聖女大德蘭自傳》，聖女大德蘭著，加爾默羅聖衣會譯（星火文化，2010，台北）。

17. 《榮格宗教心理學與聖三靈修》，盧德著（光啟，2004，台北）。

18. 《新譯四書讀本》，謝冰瑩等編譯，（三民，民59，台北）。

19. 《天主，我生命中的喜悅》，麥克・格利芬神父著，林淑玲譯（芎林加爾默羅聖衣會，2004，新竹縣）。

靈心城堡

本論述，名為《靈心城堡》，係耶穌·德蘭（Teresa of Jesus）所寫，她是加爾默羅會隱修女，寫給她的姊妹和女兒們，即赤足加爾默羅會隱修女①。

JHS

序言②

❶ 服從命令我做的事，很少有像這次命令我寫祈禱的事這麼困難的。其一，我不認為上主給了我做這事的精神和渴望；其二，三個月以來，我的頭嗡嗡作響，虛弱不堪，即使是不得不寫的事務，都令我提筆維艱③。不過，我知道，服從的力量，往往使看似不可能的事順利可行，我甘心樂意地決心著手工作，雖然我的本性覺得苦惱極了；因為上主並沒有給我

1. 抄本上，聖女大德蘭寫的標題和題詞之後，緊接的是李貝納神父的有趣註解：「本書中會母所寫的，多次被刪改，在邊緣處增加別的話，附上註解，通常這些是不好的刪改，原先所寫的，反而更好……。因為我極其仔細認真地閱讀，且看過全書，我想勸告每一位讀者，要閱讀會母所寫的，因為她所理解和述說的比較好，完全不要理會增訂或刪改的字句，除非是會母親筆修改的，但那是很少有的。我以愛德請求，凡閱讀本書的人，要尊敬其中的話語和文字，係出自這麼聖的手筆，也要盡力深入理解，你就會明白，無須做任何修改。即使你不瞭解，要相信寫這書的人知道得更清楚，如果沒有完全明瞭書內的涵意，則無法加以妥善的修改。如果沒有把握其中的涵意，那些所謂非常得體的說詞，也會很不得體，像這樣，就是摧毀和喪失那些書。」

這麼多的德行，置身於不斷生病、繁務重重的掙扎中，我不能不對此工作感到很大的抗拒。但願那在其他更困難的事上，以仁慈助祐我的上主，同樣在這事上恩待我，我信賴祂的慈悲。

❷ 我確信，對於他們命令我寫的，我不會說得比曾在其他的事上說得更多④，反而，我怕所說的幾乎全都一樣；因為這就好像學說話的鸚鵡，牠們會說的，不會多於所教和所聽到的，而且不斷重覆，我全然如此，依樣畫葫蘆。如果上主願意我說些新的事理，至尊陛下會提供給我，或者，祂會樂於喚起我記得在別的時候曾說過的，即使是這樣，我也會很高興，因為我的記憶很差，要是能重覆，也會令我很愉悅，萬一記不得我曾說過的，可以再好好地述說⑤。如果上主不給我這個（恩惠），即使我所說的沒有多大益處，為了服從，我接受疲憊和更劇烈的頭痛，仍是一種收穫。

❸ 所以，今天我要開始履行命令，時為一五七七年，至聖榮福聖三節日，於我的所在地，托利多聖若瑟加爾默羅會隱院⑥。凡我所說的一切，皆順服命令我寫書者的意見，他們是博學之士⑦，如果我說了些什麼話，不合乎神聖羅馬天主教會的主張，係出於無知，而非惡意⑧。如此則能確實無誤，且由於天主的慈善，我一直是，將來也是順服於教會⑨。願祂永受讚美和光榮，阿們！

❹ 命令我寫書的人⑩告訴我，這些加爾默羅山聖母隱修院中的修女，需要有人回答她們祈禱方面的疑難，他認為，她們會比較了解女人家之間的話語，由於她們對我的愛，會更看重我對她們說的話。為此之故，他認為更重要的是，如果我能向她們清楚解釋一些事，為此，我所寫的就是在對她們說話，也因為，如果認為我能對別人有些用處，這是很荒謬的想

2. 原文沒有這個標題，英譯本為幫助讀者而附上的。
3. 以上這段話暗示兩件事：第一，這個命令出自古嵐清神父和貝拉斯克斯神父（Dr. Velázquez），因為原文「*han mandado*」是複數。第二，從二月開始，舊病復發。參閱一五七七年十月二日寫給她的弟弟勞倫（Lorenzo）的信。
4. 意指她的《自傳》和《全德之路》。
5. 這裡特別指她所寫的《自傳》。聖女的親筆抄本於一五七五年呈交宗教法庭，被存放在檔案室中，直到一五八八年。
6. 時為一五七七年六月二日。聖女大德蘭寫到第五重住所時中斷，參閱《城堡》5・4・1，之後於同年十一月二十九日寫完全書（參閱跋・5）。

法。我們的上主會賜給我豐富的恩惠，如果她們中有人獲得益處，而更多一點讚美祂。至尊陛下很清楚，我沒有對別的事懷有意圖，而如果我在任何事上說得好，顯然地，不是從我而來的，因為我是做不到的。如果不是上主的仁慈惠賜，她們之無法理解，就好像我對此事的無能為力。

7. 「他們」指的是古嵐清和聖女的告解神師 Dr. Alonso Velázques：後者是未來 Osma 的主教，以後成為 Santiago de Compostela 的總主教。
8. Santa Iglesia Católica Romana「神聖羅馬天主教會」：Santa Católica Romana 這三個字是後來補寫上去，聖女大德蘭親自在字裡行間加上去的。如同本書的跋，她也做了同樣的處理。
9. 在《全德之路》的首頁和《建院記》的序言，都可看到類似的聲明。
10. 這人是指古嵐清神父。

第一重住所

第一章

談論靈魂的美麗和尊貴。提出一個比喻，使之明瞭易懂，並述說了解與知道我們得自天主的恩惠，所帶來的益處，及何以祈禱是這座城堡的門。

❶ 今天，我懇求我們的上主對我說話，因為我找不到可說的事，也不知如何著手這個服從，我的腦海出現了現在我要說的，做為開始的一個基礎：亦即，設想我們的靈魂如同一座城堡，完全由鑽石、或非常明亮的水晶造成的，其中有許多房間，就像天堂上有許多的住所⑪。修女們，仔細地思量這事，義人的靈魂是一座樂園，如同上主所說的，祂在其中得到愉悅⑫。這麼威能、這麼智慧、這麼純潔、這麼充滿一切美善的一位君王，在那裡賞心愉悅，那麼，妳們想那居所會是怎樣的呢？一個靈魂的至極美麗，及其深奧的包容力，我找不到什麼可以比擬的；實在的，無論人的理智多麼靈敏，也幾乎無法理解這事，就像無法理解天主一般。不過，天主親自說，祂以自己的肖像和模樣造生我們⑬。

那麼，如果真是這樣，我們就沒有必要勞累自己，想要理解這座城堡的美。因為這城堡

11. 引述《若望福音》十四章2節：「在我父的家裏，有許多住處。」大德蘭使用三個非常近似的字：*moradas*（住宅或寓所）、*aposentos*（房間）、*piezas*（房間），意思是指城堡內的房間或住所。由於引用《若望福音》之故，先前的福音英譯本譯為 mansions（大廈或大宅），現今大部分的人以為 mansions 指的是莊嚴堂皇的大廈，而非大德蘭所說的 *moradas*。新的英文聖經改譯為「in my Father's house there are many dwelling places」。這個譯名「dwelling places」（住所），比先前的「mansion」更準確地表達了大德蘭的觀點，也更具有聖經和神學的格調。為此，中譯本譯為「住所」。

是受造物，它和天主之間的差異，相當於造物主與受造物之間的不同，至尊陛下說是按祂的肖像造成的，因此，我們幾乎無法了解靈魂的至極尊貴和美麗。

❷ 如果由於我們的過失，我們不了解自己，也不知道自己是誰，這不是個小小的悲哀和羞愧。我的女兒們，如果問某人他是誰，他卻不認識自己，也不知道他的父親和母親是誰，不知道自己從哪裡來的，這豈不是愚昧至極嗎？那麼，如果這是愚笨極了，那我們更是無比地愚蠢，我們不努力知道自己是誰，而只局限於粗心地思量身體，因為我們曾聽說過，也因為信德如此告訴我們，我們知道自己有靈魂。至於這個靈魂內有什麼珍寶，或誰居住在這個靈魂內，或靈魂的珍貴價值，我們很少深思細想；所以，我們不太費力於細心保持靈魂的美麗：我們注意的全在於鑽石的鑲嵌，或城堡的圍牆，亦即我們的身體。

❸ 所以，我們來細想一下，如我說過的⑭，這個城堡內有許多住所：有的在上，有的在下，有的在旁邊；在中央及當中的是最主要的住所，天主與靈魂間非常隱密的交往，即發生在此。

妳們必須熟知這個比喻，或許天主樂於我用它來解釋，向妳們說明天主欣然惠賜靈魂的恩惠，及這些恩惠之間的不同。我將按照所能了解的給予解釋。不可能會有人完全了解，因為有這麼多的恩惠；更何況如我這般卑劣的人。因為當上主將之賜給妳們時，知道這是可能的，對妳們是很大的安慰；至於沒有得到的人，則可讚美祂的至極慈善。這就好像存想天堂的事物，或天堂上聖人的享福，不會使我們受害，反而使我們歡欣鼓舞，努力去獲得他們享有的福樂。為此，看到在此流放之地，這麼偉大的天主，有可能和這充滿惡臭的微蟲往來，並不會讓我們受害；反而會去愛這麼慈惠的美善，和這麼無限無量的慈悲。我確實認為，誰

12. 《箴言》八章 31 節。
13. 《創世紀》一章 26 — 27 節。
14. 見《城堡》1．1．1。

若因為獲知天主可能賜予這個恩惠，給在此流放之地的人，因之而受害，他必定非常缺乏謙虛，也不愛近人。不然的話，天主賜予兄弟姊妹這些恩惠，我們怎能不高興呢？祂這麼做，並不妨礙祂施惠於我們，至尊陛下能顯示祂的崇偉，給凡祂願意給的人。有時，祂這麼做，只是為了彰顯祂的光榮，正如祂說過的，那個祂治好的瞎子，當時祂的門徒問祂，這人眼瞎是因他這個人的罪，或因他父母的罪⑮。所以，祂賜予恩惠，並非受惠者比沒有蒙恩者更聖，而是為使人認識祂的崇偉，如同我們在聖保祿和瑪麗德蓮⑯身上所看見的，為使我們在祂的受造物上讚美祂。

❹可能有人會說，這些事看來好似不可能，且最好不要讓軟弱的人跌倒。的確，他們不相信，並沒有損失什麼；那些得到恩惠的人，卻會因之而愉悅和覺醒，且更愛賜予這麼多恩惠的天主，感受到祂的權能和尊威如此之浩大。再者，我知道，我是對著那些沒有這危險的人說話，因為她們知道，也相信天主甚至顯示出更大的愛。我知道，不相信的人，不會有親身的經驗。天主不喜歡人在祂的工作上設限。為此，修女們，上主沒有帶領妳們走這條路的人，總不要對祂的工作設限。

❺再回到我們這座美麗又愉悅的城堡，我們必須明白如何進入其內。

我好像在說些蠢話，如果這城堡是靈魂，我們顯然無須進入，因為就已經在我們內了；叫人進去他已在裡面的房間，聽起來多麼愚蠢。不過，妳們必須了解，置身於城堡內，會有許多不同的方式。有許多靈魂就處身於城堡的環城路上，這是守衛駐紮之地，他們毫不在意進入裡面，也不知道在那麼珍貴的地方裡有些什麼，或誰住在裡面，甚至連裡面有多少房間都不知道。在某些論祈禱的書上，妳們曾聽說過，勸告靈魂進入自己內⑰；我的意思正是這

15. 《若望福音》九章 2 － 3 節。
16. 聖保祿和瑪麗德蓮：這兩個皈化與神祕經驗的範例，屢次出現在本書中。聖保祿－《城堡》6．9．10；7．1．5；7．2．5；7．3．9；7．4．5。瑪麗德蓮－ 6．7．4；6．11．13；7．2．7。
17. 這裡說的論祈禱的書，有可能是指奧思納（Francisco de Osuna）的《*Tercer Abecedario*》，及拉雷多（Bernadio de Laredo）的《攀登熙雍山》。參見（自傳 4．7；23．12）。

樣。

❻ 不久前，有位博學者告訴我，不修行祈禱的靈魂，如同癱瘓或殘廢的身體，即使手腳俱全，卻不能命令它們⑱。像這樣，就是那生了病，習慣於忙碌外在事務的靈魂，她們⑲是無可救藥的，也看不出來她們能進入自己內。因為她們已經很習慣，常常和城堡周邊圍牆的爬蟲和走獸打交道，幾乎已經和牠們很相似。儘管她們擁有這麼豐富的本性，竟能與天主交談，卻也無濟於事。如果這些靈魂不努力去了解，並治療她們的大不幸，她們會成為鹽巴立像，無法回頭反顧自身，就像羅特的妻子，因回頭觀看，立即變成鹽柱⑳。

❼ 就我所能了解的，進入這座城堡的門是祈禱和深思細想。我不是說心禱優於口禱，因為只要是祈禱，必有思想相隨。因為，如果祈禱時，一個人沒有留意他正在和誰說話，他祈求什麼，他所祈求的是誰，及他對著誰祈求，我不說這是祈禱，無論人祈禱時嘴唇擺動多少。不過有時會這樣，雖然沒有留意這事，但他在別的時候已先想過了。雖然如此，凡習慣在天主尊威台前說話，如同對著一個奴隸，也不看看他說的是否妥當，無論腦袋冒出來什麼，或之前有時聽說而學來的什麼，開口就講，我不認為這是祈禱。天主保祐㉑，但願沒有基督徒的祈禱是這樣子的；修女們，在妳們當中，我寄望於至尊陛下，妳們不會這麼祈禱，因為妳們擁有專注內在事物的習慣，這是非常好的，免得陷於禽獸的作風。

❽ 然而，我們並非對這些殘廢的靈魂說話，因為，如果上主沒有親自命令她們起來——如同祂對待水池邊等了三十年的那個人㉒——她們會非常不幸，且處在很大的危險之中。不過，我們是對其他的靈魂說話，她們終究是會進入城堡的。因為即使她們非常投入世界，她們懷有非常良好的渴望，而且有時，雖然只有一下子的時間，她們託付自己於上主，

18. 對此真理，她也曾得到一個理智的神見，參見 *Spiritual Testimonies* 20。
19. 她們：指「那些靈魂」，即 *las almas*，原文是陰性名詞，本書中，大德蘭受命不許透露自己的身分，為使全書連貫，本書中，除有明顯的情況，舉凡靈魂或人（persona）都譯為「她」。K.K. 英譯為「it」，A.P. 譯為「she」。
20. 《創世紀》十九章26節。
21. 天主保祐，原文是 *plega al Dios*，直譯是「願祢喜歡」或「願祢容許」，是類似口頭禪的話。
22. 古嵐清神父把 30 年改成 38 年，以符合《若望福音》五章 5 節。

並且細想自己是誰，雖然是草草率率地想。在一個月當中，有時她們會祈禱，祈禱時，腦子裡裝滿無數的事務，平常幾乎都在想著這些事，因為她們對這些事非常執著，人的財寶在哪裡，心也在哪裡㉓。有時，她們真的放開這些事，重要的是，她們得到自我認識，也看見，為了進入城堡的這個門，她們走得不夠好。終於她們進入了最底下、最前面的房間，但是，卻有這麼多的爬蟲跟著她們進來，使她們看不到城堡的美麗，也無法靜息；單是進入城堡，她們已經做了很多。

❾ 女兒們，妳們可能會想，這和妳們沒有關係，因為賴天主的慈善，妳們不在這些人當中，妳們必須忍耐，因為如果不這樣，我不知如何說明一些祈禱上的內在事理，甚至於，願上主容許，使我能好好地說這些事情，因為我想對妳們解釋的事，沒有經驗的人會很難理解。如果妳們有這經驗，會看得出來，涉及一些和我們無關的事是難免的，天主保祐，賴祂的仁慈，我們不會觸及那些事。

第二章

談論靈魂陷於大罪時是何等醜陋，及天主多麼願意讓人了解這事。同時，也談論關於自我認識的事。本章很有助益，因為含括一些應留意的重點。說明如何明瞭這些住所。

23. 《瑪竇福音》六章21節。

❶繼續談論之前，我願意說，妳們要深思細想，這座城堡輝煌燦爛，美麗絕倫，是東方明珠，種在生命活水旁的生命樹㉔（亦即種在天主內），若陷入大罪中，看起來會怎樣呢？再沒有比這更黑的黑暗，也沒有什麼比這更晦暗的烏黑。妳們只要知道一件事：雖然賦予這麼輝煌和美麗的太陽，仍在靈魂的中心，靈魂好似不在那裡分享太陽的光照，雖然她有能力享有至尊陛下，如同水晶之能夠反射太陽的光輝。這樣的靈魂得不到什麼益處；也因此，由於陷於大罪中，所有可能做的善工，對於獲得光榮都是毫無果實的，因為都不是來自那個本源，亦即天主，由於祂是使德行成為真正德行的主因，而離開了祂，就無法取悅祂的眼目。總之，凡存心犯大罪的人，就是討好魔鬼，牠是黑暗本身，而非天主，所以，可憐的靈魂也成了黑暗本身。

❷我認得一個人㉕，我們的上主願意顯示給她，一個陷於大罪的靈魂有怎樣的下場。那人說，她認為，如果人們明白這事，就不可能犯罪，即使為了逃避這樣的機會，必須忍受能想像的最大煎熬。因此，上主給她一個強烈的渴望，願眾人都明瞭這事，女兒們，願祂賜給妳們這個渴望，為那些陷於此一境地的人，多多懇求天主，他們完全是黑暗的，他們的工作亦然。因為就好像，從晶瑩清澈的水泉流出的每條小溪，也同樣晶瑩透徹，處在恩寵中的靈魂亦然，在此，她們的工作多麼取悅天主和世人的眼目，係因源自生命的水泉，靈魂在此如同種植於水旁的樹。如果靈魂不是根源於此，則既不繁茂，也沒有果實。因為有水泉支持她，才能使她不枯竭，並結出好果子；因此，如果靈魂因自己的過失，離開這水泉，移植到其他非常黑暗與惡臭的水中，從中流出的全都是同樣的不幸和汙穢。

❸在此宜深思細想，這水泉和輝耀的太陽，在靈魂的中心，並沒有失去其光輝和美

24. 《聖詠》一篇 3 節。
25. 這人就是聖女大德蘭本人。參見 *Spiritual Testimonies* 20。

麗，總是在靈魂內，什麼也除不掉它們的美。如果把太陽下的水晶蓋上很黑的布，顯然地，雖然太陽照射，陽光在水晶上卻起不了作用㉖。

❹ 被耶穌基督寶血救贖的靈魂哪！你們要了解，也要可憐你們自己！一旦明白了這事，卻不努力除掉這個水晶上的瀝青，這怎麼可能呢？看哪！如果你們的生命告終，就再也不能享有這光。耶穌啊！看見一個靈魂離開這光，是多麼悲哀的事！在城堡內，這些不幸的房間是何等光景啊！感官，就是指住在那些房間內的人，是多麼混亂哪！至於官能，就是那些守衛、總管、領班，是多麼盲目哪！管理得多麼糟糕！總之，既是一顆種植於魔鬼的樹，又能生出什麼果子呢？

❺ 有一次，我曾聽一位神修人說，一個陷於大罪的人，讓人感到驚奇的，不是他做了什麼，而是他不做什麼。願天主因祂的仁慈，解救我們免於這麼大的惡事，當我們活著時，除了大罪，沒有別的堪當冠以「惡事」的名稱，因為那樣的罪招致永無終窮的永遠凶惡。女兒們，這是我們必須處處戒慎恐懼的，在我們的祈禱中，必須向天主懇求的。因為，若不是祂防守城堡㉗，我們的辛勤是徒勞的，因為我們本身即是虛無。

我所提的那個人㉘說，從天主賜給她的恩惠中，她學到兩件事：第一，極其害怕冒犯祂，看到這麼可怕的危險，她不斷地祈求天主，不要讓她跌倒；第二，得到一面謙虛的鏡子，從中看見，我們的善行沒有一個根源於自己，而是來自種植我們靈魂之樹的水泉，及賦予我們工作熱力的太陽。她說，這事如此清楚地呈現給她，在她做些什麼好事，或看到善舉告成時，她注意的是這個根源，也明白，如果沒有這個助祐，我們什麼也做不到。於是，她立刻就讚美天主，在所做的任何事上，她通常不會想到自己。

26. 類似的比喻參見《自傳》40・5；*Spiritual Testimonies* 52。
27. 《聖詠》一二六篇 1 － 2 節。
28. 見《城堡》1・2・2。

❻ 修女們，如果我們得到上述的兩個恩惠，那麼，無論妳們閱讀，或我寫書，都不會是浪費時間。博學者及明達之士熟知這些事，不過由於我們女人家的笨拙，凡事都是必須的；也許是這樣，上主要我們知道這些類似的比喻。願天主保祐，賜給我們恩寵，獲益於這些比喻。

❼ 這些內在的事，理解起來如此晦暗不明，對一個像我這樣無知的人，必會說許多廢話，甚至蠢話，好能說對一些正確的話。凡讀本書的人必須忍耐，因為我必須寫的是些我不知道的事。有幾次，拿起紙來，活像個傻瓜，因為我不知道要怎麼說，也不知道如何開始下筆。我很明白：盡我所能地，為妳們講解這些內在的事是很重要的。我們常聽說，祈禱是多麼好，而且《會憲》也要求我們這麼多小時修行祈禱[29]。然而，我們所得到的解釋，只有祈禱時我們自己能做的部分；上主在靈魂內的工作，則解釋得很少，我說的是超性的[30]。藉著談論這座內在的天上建築，以許多方式來講解與深思，我們會得到許多安慰。人們很少明瞭這事，即使許多人通過這座城堡。雖然在我曾寫過的其他事上，上主賜給我一些了解[31]，我知道有些我不明白的事，不像現在所懂得的，尤其是那些更難的事。如我所說的，麻煩就在於談論它們之前，我必須說許多耳熟能詳的事，由於我的笨拙無才，事情就不能不這樣。

❽ 那麼，現在，再回到天主那有許多房間的城堡。妳們不要這麼想，認為這些住所是一排接著一排的，把眼睛轉向中心，那裡是君王居住的房間或皇宮，而要想如同一顆巴美多[32]，環繞著許多葉片，把能吃的美味覆蓋起來，這裡也是這樣，許多房間環繞中心的住所，其上亦然。因為關於靈魂的事，常要視之為豐富、寬闊、高大；這麼想，一點也不誇張。靈魂的容納量之大，遠超過我們的想像，居於皇宮當中的太陽，遍照靈魂內所有的部

29. 《會憲》2・7。
30. 大德蘭靈修的語詞中，超性的（supernatural ／ *sobrenatural*）也就是神祕的（mystical ／ *místico*）。大德蘭親自定義說：「超性的，我用這個語詞表示無法靠努力或辛勞謀求的，無論一個人多麼盡力，雖然人能力求此事，也會得到許多協助（*Spiritual Testimonies* 59・3）。」大德蘭感嘆詳解深度「超性祈禱」的書很少，超性祈禱指的就是「神祕祈禱」。下章的第一節，她提到談克修的書有很多。所以，她為本書擬定的目標針對的是神祕祈禱。

分。對於任何一個修行祈禱的靈魂而言，這是很重要的，無論或多或少，不要退步，也不要留守在一個角落。她要走遍這些住所，上面、下面和旁邊的，因為天主已賜給她這麼大的尊貴，不要勉強她長久地獨留在一個房間內。啊！要是留在自我認識的房間就好了！這個房間多麼重要！——瞧，妳們懂得我——即使是對已被天主帶進祂居所的人，也很重要。無論這靈魂已達到何等境界，她絕沒有別的什麼要修行的，甚至她也不能不渴望自我認識。因為謙虛常在工作，如同蜜蜂在蜂巢內釀蜜，沒有謙虛，一切都會失去。不過，我們要想想看，蜜蜂並沒有就此不飛出去採蜜；靈魂在自我認識的房間內也是這樣；請相信我，靈魂有時也要飛出去，深思天主的崇高和尊威。在此，她會比（只）想自己更認清自己的卑微[33]，且更得到釋放，避開進到第一重住所——即自我認識的房間——的爬蟲。因為，如我說的，雖然由於天主的大慈大悲，得以修行自我認識，如俗話說，在大事上怎樣，在小事上亦然。請相信我，藉著天主的助祐，比緊緊地自縛於我們的境地，我們會修得更好的德行。

❾ 我不知道是否好好地解說了這事，因為自我認識是這麼重要，所以我不願在這事上稍稍鬆弛，儘管妳們已登上高天。因為我們尚在世上時，沒有比謙虛為我們更要緊的。所以，我再說一遍，這是很好的，真的非常好，先進入處理自我認識的房間，比飛奔到其他房間更好。這是一條正路，如果我們能走在安全平坦的路上，何必想要翅膀去飛翔呢？我們更要致力於在自我認識上進步。我認為，如果我們不力求認識天主，就無法完全認識自我。注視著祂的崇偉，我們會覺察自己的卑微；看著祂的純潔，我們會見到自己的汙穢；深思祂的謙虛，我們會看見自己離謙虛有多遠。

❿ 從中可得到兩個益處：第一，這是很明顯的，把白色的東西，放在黑色物件旁，會

31. 她指的是《自傳》和《全德之路》，表示她的神祕著作有其神性的影響。見《自傳》39．8：「這裡所寫的許多事，不是來自我的腦袋，而是天上的導師告訴我的。」
32. 巴美多（*palmetto*）：這是一種高約一英呎的植物，生長在安大路西亞（Andalucía）和瓦倫西亞（Valencia），很像棕櫚樹，只有當中較柔軟的部分可以吃。
33. 括號內的「只」是譯者加上的，為幫助讀者明白上下文。

顯得更白，反之亦然，黑的會顯得更黑。第二，我們的理智與意志，轉向與天主交往時，也得以更加高貴，且準備好承受一切美善。如果我們不離開自己可憐的泥坑，這是很吃虧的。這樣，如我們說的，那些處在大罪中的人，他們的生命狀態㉞是多麼烏黑和惡臭，這裡就是這樣（雖然不是像那些人，願天主拯救我們，這只是作個比喻）。如果我們常專注於自己的可憐境地，這生命狀態決離不開害怕、怯懦、膽小的汙泥坑：一直在看著，是否有人注意我，或沒有？是否走上這條路，對我更糟？膽敢開始那個工作，是不是驕傲？一個這麼可憐的人，討論像祈禱這樣崇高的事理，好或不好？如果我不隨從眾人的道路，我是否被人看得更好？走極端是不好的，即使在德行上亦然；我是這麼樣的罪人，可能會從更高的地方掉下來；我可能不進步，反而傷害那些好人；一個像我這樣的人，無須標新立異。

⓫ 天主啊！幫助我吧！女兒們，由於魔鬼，多少靈魂在此受到很大的損失！她們認為這一切的害怕是謙虛，我還能說出其他許多的事，其實是來自我們沒有完全認識自己。她們曲解了自我認識，如果我們從不離開自己，我一點也不驚訝，我們會感到害怕及其他更糟的事。所以，我說，女兒們，我們的眼睛要專注於基督、我們的美善，及祂的諸聖身上，在此，我們會學到真謙虛，理智因而更高貴，如我所說㉟，自我認識不致於使人卑賤和膽怯。即使這是在最初的住所，還是非常豐富，且極其寶貴，如果靈魂逃脫其中的爬蟲，必會向前邁進。令人恐怖的是魔鬼使用的詭計和騙局，使得靈魂認不得自己，也不曉得該走的道路。

⓬ 至於這些第一重住所，我可以從經驗中列舉一些很好的明證，為此我說，不要以為其中的房間很少，而是有百萬之多㊱；因為靈魂進到這裡有許多方式，全都懷有好的意向。然而，由於魔鬼常常懷著這麼壞的惡意，在每個房間內，必有成群結隊的魔鬼，為的是和靈

34. 生命狀態：原文為「*corriente*」，直譯為水流或氣流，在此引申為生命的狀態。
35. 見《城堡》1·2·10。
36. 見《城堡》1·2·8。在聖女大德蘭的筆下，這些住所並不是排列整齊，編上號碼的房間，而是呈現出奧妙的深度，及內涵豐富的多重房間。

魂作戰，不許她們從一個房間過到另一房間。由於可憐的靈魂不知道這事，魔鬼上千次地欺騙我們。對於比較靠近君王居所的人，魔鬼無法這麼得逞。不過在這裡，靈魂仍全神貫注於世界，並且專心一意地尋求她們的滿足和虛榮、她們的光榮和虛偽，她們靈魂的容器（亦即感官和官能），尚未具有天主原先賜給人的本性力量。這些靈魂很容易被打敗，雖然她們可能常懷有渴望，不願冒犯天主，也實行善工。凡看見自己處於此境的人，必須盡可能地親近至尊陛下。她們要奉榮福聖母及諸聖為代禱者，依靠這些代禱者幫她們作戰，因為靈魂的容器還沒有力量來防衛自己。真實的，在所有的境界中，都必須有來自天主的力量賦予我們。願至尊陛下，因祂的慈悲，將之賜給我們，阿們。

⓭ 我們的生命多麼可憐！因為在別處我已說了許多，論及沒有清楚明瞭謙虛和自我認識所受的損害㊲。在此，我不對妳們多說什麼，雖然，這個自我認識對我們是最重要的。願天主容許，現在我可以說些為妳們有益的事。

⓮ 妳們必須注意，幾乎沒有來自國王皇宮的光達到這些第一重住所，因為，雖然她們並非如同處於大罪中的靈魂，那麼的晦暗和黝黑，卻有某種方式的黑暗，使得靈魂見不到光。這並不是房間有什麼毛病所致——我自己也不曉得要如何解釋——而是因為有這麼多的壞東西，例如蛇、毒蛇、毒物，隨著靈魂一起進來，不讓她覺察出這光。就好像，如果一個人進到陽光普照之處，他的眼睛內滿是泥巴，幾乎都張不開眼，這個房間是光明的，但是他無法享有光明，由於障礙，就是指這些猛獸和牲畜，使他閉上眼睛，除了看這些獸畜，什麼都不看。我認為，這就是靈魂的境況，雖然不在敗壞的處境中，她卻熱衷於世俗的事物，被財務、名譽和事業所支配，如我已說過的㊳，事實上，雖然她願意看和享有其中的美麗，那

37. 見《全德》39・5；《自傳》13・14。
38. 見《城堡》1・1・8。

些東西卻不容許她如願以償，也看不出來她能逃脫這麼多的障礙。非常適當的是，為了要進入第二重住所，得致力於輕視不必要的事物和事業，每個人行事要配合自己的身分。為了要達到主要的住所，這是如此重要的事，如果不開始這麼做，我認為那是不可能的。若是她留在原地，認為不會有危險，那更是不可能，即使她已經進入城堡內，由於置身於那麼毒的東西當中，時而不被牠們咬到，也是不可能的。

⓯ 那麼，女兒們，如果有些人已經避開了障礙，就像我們，也更深地進入城堡內其他祕密的住所，倘若由於我們的過錯，再度返回這些吵雜當中，事情會怎樣呢？由於我們的罪，有許多蒙受天主恩惠的人，因著他們的過錯，再陷入這個可憐的境況中。在這裡，我們免除了外在的事，至於內在方面，願上主保祐，我們也得到自由，願祂釋放我們。我的女兒們，妳們要看守自己，避免操心外務。要記得，在城堡內，魔鬼不引發戰爭的住所是很少有的。真的，在有些房間內，守衛（我相信已說過，就是指那些官能）39仍有作戰的力量，不過，非常重要的是，我們不要疏於看穿魔鬼的詭計，不要讓牠假冒光明的天使來欺騙我們40，牠能做出很多的事情為害我們，牠逐漸地潛入，直到我們受了害，才會識破牠。

⓰ 我已在別處對妳們說過41，魔鬼就像一把無聲的挫刀，我們必須從一開始就識破牠。我想要說些別的事，為妳們好好解說這些事理。

牠給某位修女做補贖的一些衝勁，因為那位修女認為，除了折磨自己，她不得安息。這在開始時可能是好的，不過，如果院長出了命令，沒有許可誰也不得擅自做補贖，魔鬼則使她以為，在這麼好之又好的事上，她可以大膽犯規，於是偷偷摸摸地過著補贖的生活，致使健康受損，竟至連會規所要求的都守不了。妳們會看得出來，這件好事的下場是怎麼回事。

39. 見《城堡》1．2．4、8。
40. 《格林多後書》十一章14節，後來在第五重住所一章1節（5．1．1）會再提及。
41. 見《全德》38．2；39。

魔鬼慫恿另一位修女，使她懷有極大的神火追求成全。這是很好的，然而，可能會演變成，無論修女們違犯什麼微小的過失，都會被她看成嚴重的違規，並且小心翼翼地監視她們有否犯規，立刻報告院長；由於對隱院紀律的滿懷熱心，竟至有時視而不見自己的過失。然而，其他的修女並不明白她內心的底蘊，只見到她提防別人犯規矩，恐怕別人也很難好好地接受她的熱心神火。

⓱ 魔鬼在此圖謀的並非小事，牠使愛德和彼此相愛冷卻下來，這會造成嚴重的傷害。我的女兒們，我們要明白，真正的成全在於愛天主和愛近人，愈成全遵守這二條誡命，也會愈成全。我們的全部《會規》和《會憲》，無非是幫助我們更成全地遵守這誡命。我們要拋開不明智的熱心，這些（不明智）能加給我們許多的損傷，每個人都要看著自己。關於這事，我已在別處㊷說得夠多了，所以就不多講什麼。

⓲ 彼此相愛是如此重要，我絕不要妳們忘記這事！因為到處察看別人的芝麻瑣事，有時所見到的事，實在算不上是什麼毛病，況且，既然我們所知不多，或許看到的是比較不好的部分，這個靈魂會失去平安，甚至擾亂別人的平安。瞧，這樣的成全付出的代價多麼昂貴！而且，魔鬼也能同樣地誘惑院長㊸，如此一來，危險更多，為此，必須要有很多的審慎明辨。若遇有違犯《會規》和《會憲》的事，不必老是加以袒護，反而要勸告院長，如果她沒有改善，就要報告高級神長㊹。此乃愛德。如遇有修女違犯重大過失時亦然；如果害怕這是個誘惑，因而完全置之不理，其本身就是個誘惑。不過，應該要非常小心（不使魔鬼欺騙我們），彼此之間不要談論這些事，否則魔鬼能從中獲取大利，開始養成講別人閒話的習慣，而是要和能獲得益處的人商談，如我已說過的，光榮歸於天主，在這裡，沒有太多的機會，因為遵守的是這麼持續不斷的靜默；不過，我們小心戒備是很好的。

42. 《自傳》13・8、10；《全德》4；*Method for the Visitation of Monasteries* 17・20・21。
43. 院長（*Priora*）：指加爾默羅會隱修院的院長。
44. 高級神長（*Prelado*）：指的是修會的省會長或教區的主教，各隱修院的法治地位不同，屬修會管轄者，其法定長上為省會長，若屬教區則為教區主教。

第二重住所

第一章

談論若要達到最後的住所，恆心堅持是很重要的；魔鬼引發的大戰爭；從一開始就不要走錯路，這是多麼合宜；為了對症下藥，提出一個已得到證實、且非常有效的方法。

❶ 現在我們要來談談，進入第二重住所的是什麼樣的靈魂，及在其中她們做些什麼。我只想略談一下，因為關於這事，我已在別處詳細談論過㊺，要避免多次重覆述說是不可能的，因為我記不得已說過的事；而如果我懂得用不同的方式來敘述，我很明白，妳們就不會感到不悅，就像對於談論這些事的書，雖然這樣的書有很多，我們總不覺厭倦。

❷ 此處屬於那些已經開始修行祈禱的人，他們已經明白，不停留在第一重住所是何等重要。不過，他們還沒有下定決心，常常留守其中㊻，因為他們沒有避開犯罪的機會，這是非常危險的。足夠幸運的是，有時他們會謀求逃避毒蛇和其他毒物，並懂得避開牠們是好事。

這些住所，多多少少，比第一重住所更為艱難，雖然並沒有那麼危險，因為靈魂現在好

45. 見《自傳》11 － 13 及《全德》全書各處。
46. 「其中」：根據西文版的註解，可解為「在祈禱中」，或「在此第二重住所中」。

似已知道這些危險，且有很大的希望進入城堡的深處。我說他們更為艱難，因為第一重住所的人彷彿是聽不見的啞巴，不講話對他們還容易些，不像聽得見又不能說話那麼困難。但不是因此叫人渴望聽不見，畢竟聽得懂對我們說的話是件大事。所以，這些人聽得到主對他們的召喚，因為他們更靠近至尊陛下的居所。祂是非常好的鄰居，祂的仁慈與良善如此豐富，然而我們卻專注於自己的娛樂、事業、快樂及世俗的買賣，甚至會跌倒犯罪，又再爬起來（因為這些畜牲這麼毒，牠們的隨行既危險又吵鬧，碰到牠們很難不失足跌倒的），儘管如此，我們的主這麼渴望，要我們愛祂，尋求我們做祂的伴侶，祂始終不會放棄召喚我們靠近祂。祂的聲音這麼甜蜜，可憐的靈魂，因為沒有立刻實行祂的命令而憂慮不安。為此，如我說的，這比沒有聽見祂的聲音更加艱難。

❸ 我不是說，這些聲音和召喚如同後來我要說的㊼，而是指從善人或道理聽來的話語，或是從好書中讀到的，或藉所聽見及天主感召的許多事，或由於生病及磨難，或者也透過祈禱時，於片刻間天主教導的真理。無論這些片刻時間如何零散，天主極其珍視。修女們，妳們不要小看這些初步的恩惠，如果沒有即刻答覆上主，也不要憂傷，至尊陛下深知如何等待許多天、許多年，尤其當祂看到有恆心和善願時。在此，恆心堅持最為需要，因為有恆者必會大有所獲。然而在這重住所中，魔鬼以成千的方式施加的戰爭是很可怕的，且比前一重住所更讓靈魂痛苦。因為在前面的住所中，靈魂又聾又啞，至少她聽到的非常少，抗拒也很少，就像那多少已失去勝利希望的人。但在這裡，理智比較靈活，官能更加靈敏，這樣的衝擊炮轟，靈魂不能不聽到。因為展示世物的迷蛇，呈現世上美物的快樂，簡直就是永恆不朽的；提醒她在這世上所受的重視，她的朋友和親人；當她做補贖時，想起她的健康（因為進

47. 見《城堡》6・3。

入此一住所的靈魂，常會開始渴望做些補贖），及其他成千的阻礙。

❹耶穌啊！魔鬼在此造成的是何等的吵雜喧嚣！惹得這可憐的靈魂受到何等的憂苦，她不知是要前進，或退到第一重住所的房間！另一方面，理智指示靈魂，這些世物和所追求的比起來，毫無價值，這些是騙局。信德教導她什麼事物使她滿足；記憶呈現給她萬物的終結，和盤托出沉浸於享受世樂者的死亡；她看到，有的人如何突然死了，多麼快就被人們遺忘。她曾經認識的一些飛黃騰達的人，已長埋地下，任人踐踏，多次經過這些墳墓，她想著那些屍體已爬滿了蛆蟲，也想到其他許多的事。在那看得到的無數愛情標記的事物上，意志傾向於愛，也想要還報些什麼，尤其是，她記得很清楚，這位真正的心愛主從未離開她，一直陪伴她，賜給她生命和存有。理智隨即幫助她明瞭，她無法獲得更好的朋友，即使她還會活許多年，整個世界充滿了虛偽，魔鬼擺出來的這些快樂亦然，充滿了困苦、操心和矛盾。理智告訴她，這是確實的，在這個城堡之外，找不到安全和平安，她不要到陌生的房屋去，因為，如果她願意享受，在她自己內充滿了這麼多美好的恩惠。理智會問這是誰，在她自己的房子內找到了一切所需，尤其是，還有一位，能使她支配所有美物的客人，如果她願意的話，得避免像浪子那樣誤入歧途，吃豬吃的食物㊽。

❺這些是克勝魔鬼的理由，但是，我的主天主啊！在所有虛榮的事上，形成的是何等的風俗，看到全世界崇尚這個風俗，使一切都敗壞了。由於信德這麼死氣沉沉，我們更渴望所看見的，而非渴望信德告訴我們的。而真實的，在那些追逐可見事物者當中，我們看見的無非是許多的不幸。然而，這些不幸係由於我們與這些毒物交往，就像一個人，如果被毒蛇咬了，腫脹起來，全身都中了毒。如果我們沒有看守好自己，也會是這樣的。顯然，為了痊

48.　《路加福音》十五章16節。

癒，必須得到許多的醫治；如果我們沒有因中毒而死，天主會賜給我們許多恩惠。的確，靈魂在此忍受很大的磨難；尤其是，如果魔鬼獲知在她的處境和習慣上，已有了更向前邁進的周全準備時，牠會聯合整個地獄，前來迫使靈魂回頭出去外面。

❻ 我的主啊！祢的助祐在此是必須的，沒有祢的幫助，人什麼也做不了[49]。因祢的仁慈，不要同意讓這個靈魂上當，因而放棄那已開始的一切。請光照她，使她看清，在這城堡內，怎樣地存有她的一切美善，使她離開壞同伴。和已進入城堡內的人交往是極其重要的事；要接近的不只是那看來在她近旁房間的人，而是那她知道已經更靠近中心居所的人；因為對她必會大有助益，她能和他們暢談，他們會帶領她一同進入更深的住所。靈魂要經常留意這個警告，不要被克勝！因為，如果魔鬼看見她懷有強烈的決心，寧願失去生命、休息及所有奉獻的一切，不要退回原先的房間，魔鬼會更快地放開她。靈魂要具有男子氣概，不要像打仗前跪下飲水的戰士，（我不記得是和誰）[50]，而要決心和所有的魔鬼作戰，這沒有比十字架更好的武器。

❼ 雖然我已在別的時候多次說過這事[51]，這是如此重要，這裡我又要再說：在此起步的階段，不要惦念著神慰，因為若要興建這寶貴又宏偉的建築，這是個拙劣的方式。奠基在沙土上，整個建築物都會坍塌於地；她們的不滿足和誘惑也會沒完沒了。因為這裡不是沛降瑪納的住所，那樣的住所還在更深入的地方，到了那裡，靈魂會在瑪納中嘗到一切的美味[52]，因為她只要天主要的。這是個可笑的事，我們還有著成千的阻礙和不成全時，德行幾乎尚未成長——天主保祐，已經開始修德了——對於尋求祈禱中的滿足，及抱怨枯燥乏味，竟能不覺羞慚嗎？但願這事永遠不會發生在妳們身上；要擁抱妳們的淨配所背負的十字架，也要明

49. 《若望福音》十五章 5 節。
50. （我不記得是和誰）：古嵐清神父刪掉這句不確定的話，在頁緣處加上（在《民長紀》，和基德紅）。
51. 見《自傳》4．2；11．10 － 15；《全德》20．2；21．2；23；36；41。
52. 參閱《出谷紀》十六章 4 － 35 節；《智慧篇》十六章 20 節。

白，這必須是妳們的事業。願那更能受苦的人，為祂忍受更多的苦；那人也會得到更多的回報。至於其餘的，有如附屬品，如果上主賜給妳們，要非常感謝祂。

❽ 妳們可能認為，如果天主賜給妳們內在的恩惠，妳們會好好下決心，承受外在的磨難。至尊陛下最知道什麼適合我們，無須勸祂該要賜給我們什麼，祂能正確地告訴我們：**你們不知道你們所求的是什麼**[53]。凡開始修行祈禱的人，其全部的志向——妳們不要忘記這事，這是非常重要的——必須是盡力勤勉地工作、下決心、備妥自己，使意志能翕合天主的旨意。要非常確定這事，如我後來要說的[54]，在神修的道路上，能達到的至高成全，完全在於翕合天主的旨意，凡更成全翕合主旨者，也會得到更多上主的恩惠，且在此路上前進更多。妳們不要以為，成全乃在於更多聽不懂的阿拉伯話，或在於不知道和不明白的事。成全地翕合主旨之中，含括我們的所有美善。那麼，如果我們從一開始就弄錯，要上主立即隨我們的意願行事，按照我們所想像的來帶領我們，這個建築物的堅固性會怎樣呢？我們要盡力做自己能做的，防衛這些有毒的小爬蟲；許多時候，上主願意我們受到壞思想的糾纏而苦惱，無法將之逐出，還有乾枯也是這樣。有時祂甚至容許我們被咬傷，為使我們後來更知道加以防衛，也證實我們是否因為冒犯祂而極其憂苦。

❾ 為此，如果有時候跌倒了，妳們不要沮喪失望，而不再力求上進。即使從這個失足中，天主也會取出善來，就像賣解毒藥的人，為了證實良好的藥效，先喝一點點毒藥。當我們無法在別的事上看到自己的可憐，這個浪費生命的大損失時所經歷的爭戰，反而帶我們回到收心斂神，足矣！有什麼比在自己家裡發現的惡事更糟的嗎？如果我們無法在自己內找到安息，還能有什麼希望在別的事上找到呢？然而，有這麼了不起和真正的朋友與親人，即

53. 《瑪竇福音》廿章 22 節。
54. 《城堡》9・3・3 — 12。

使我們不願，也得常常和他們生活在一起（就是指我們的官能），這些官能好似在和我們作戰，因為這是我們的罪惡加給它們的。我的修女們，主說：「**平安！平安！**」而且許多次對祂的宗徒們說[55]。不過，請相信我，如果在我們自己的家裡沒有，也找不到平安，我們也無法在外頭找得到。讓這個戰爭結束吧！藉著祂為我們傾流的寶血，我請求那些尚未開始進入自己內的人，要開始這麼做；至於已進入的人，不要讓戰爭使他後退。他們要明白，故態復萌比失足更不好；他們已看到自己的喪亡。他們要信賴天主的仁慈，完全不仗恃自己，他們就會看見，至尊陛下帶領他們從一重到另一重的住所，帶他們進入（預許的福）地[56]。在那裡，猛獸碰觸不到他們，也不能使他們疲累，他們反而會征服這些猛獸，並加以嘲笑。他們會享有超多的福祐，超過人所能想像的，我是說，甚至在今世就能享有。

❿ 由於如我在開始時所說的[57]，我已寫給妳們，在這些魔鬼擺布的騷擾中，妳們應如何自持，及何以不能強迫，而要以溫和來開始收斂心神。如果收心不斷持續，在此我不說什麼，只說，非常要緊的是向有經驗的人討教；因為在那些必須做的事上，妳們會以為有很大的風險。要是我們不放棄，即使找不到能教導我們的人，上主也會為我們的益處著想，引導我們。至於放棄祈禱這件惡事，如果不回頭再開始修行祈禱，是無可救藥的，靈魂會天天逐步喪亡，天主保祐，讓她會了解這事。

⓫ 或許有人認為，如果回頭是這麼糟糕的事，還不如都不要開始，乾脆留在城堡外頭。打從一開始，我就告訴妳們了，上主也親自這麼說，**愛危險的人，必死於危險之中**[58]。而進入這個城堡的門是祈禱。那麼，若認為我們要進入天堂，而不必進入自己內，認識自己，深思自己的可憐及對天主的虧欠，這是荒謬愚蠢的。我們的主親自說：「**除非經過我，**

55. 《若望福音》廿章 19 － 21 節。
56. （預許的福）地：括號內的字是古嵐清神父在手稿邊緣加上的註明，原手稿只用一個 land ／ *tierra* 意思是土地，表示某個地方。
57. 《城堡》2．1．1。
58. 《德訓篇》三章 20 節。

誰也不能到父那裡去[59]」；我不知道祂是否這樣說，我相信是這樣說的；又說：「**誰看見了我，就是看見了父**[60]」。如果我們從不看看祂，也不思量對祂的虧欠，及祂為了我們而經歷的死亡，我不懂，我們怎能認識祂，或做出任何事奉祂的事呢？沒有像這樣的善工，信德何益之有？而除非所行的工作結合耶穌基督——我們的美善——的功勞，又有什麼價值呢？誰能喚醒我們去愛這位上主呢？

願至尊陛下保祐，賜我們了悟：祂為我們付出多大的代價，又何以沒有僕人勝過主人[61]，還有，為了享有祂的光榮，我們必須工作。我們必須為此祈禱，免得經常陷於誘惑[62]。

59. 《若望福音》十四章 6 節。
60. 《若望福音》十四章 9 節。
61. 《瑪竇福音》十章 24 節。
62. 《瑪竇福音》廿六章 41 節。

第三重住所

第一章

談論在此流放之地，即使處在崇高的境界，我們能有的安全不多，又我們該如何懷著敬畏行走。本章有些很好的重點。

❶對於那些因天主的仁慈，打了這些勝仗、恆心不懈、進入第三重住所的人，除了說：**凡敬畏上主的人，真是有福**[63]！我們還對他們說什麼呢？至尊陛下現在賜我明瞭這句聖詠西班牙文的蘊涵，祂所做的並非一件小事，因為我對這事是無知的。確實，我們理當稱這人為有福，要是他不轉身後退，按我所能了解的，他就是走在得救的安全道路上[64]。修女們，在此妳們會看到，打勝先前的仗是多麼重要，因為我確定，天主必會賜給他良心的安全，這不是一個小恩惠。我說「安全」，我說得不好，因為在今世是沒有安全的；為此，要常曉得我是說，「如果他沒有再放棄已開始走的道路」。

❷我們必須度的生活，好似敵人就在自家門口的人，真是好大的不幸，或吃或睡都要全副武裝，常常驚慌不安，恐怕城堡的什麼地方被人破牆而入。啊！我的上主，我的美善

63. 《聖詠》一一二篇 1 節。。

64. 大德蘭委託古嵐清神父審閱她的作品，古嵐清神父十分嚴謹，在手稿上處處批改修正。例如本節中，他刪掉安全（secure ／ *seguridad*），改成正直（right ／ *derecho*）。事實上，本章到處可見他的批改，因為他很怕大德蘭肯定恩寵境界的確實性，及個人得救的安全性，以免違背特利騰大公會議的教導，或相似某些光照派者（Alumbrados）的理論。很幸運的，古嵐清神父的塗改仍維持完整的原稿，而得以清晰地辨識。耶穌會士李貝納神父反過來修正他的批改，在邊緣附註：「**會母寫的完全不必刪除！**」本章中第 8 節，有個修

啊！為什麼祢願意我們渴望這麼不幸的生命？不盼望和請求祢解脫我們的生命是不可能的，除非有希望為祢犧牲生命，或真的為了服事祢而耗盡生命，最重要的是明瞭祢的旨意是什麼。如果是祢的聖意，我的天主，讓我們和祢一起死，如同聖多默說的[65]；因為活著而沒有祢，及懷著可能永遠失去祢的害怕，這無非是許多次的死亡。為此我說，女兒們，我們必須請求的福分，是要和真福們同處在已經安全之中；因為懷著這些恐懼，完全以取悅天主為滿足的人，如何能滿足呢？細想一下，為數不少的聖人，他們曾陷於大罪；而我們並不確定，天主也會伸出援手，救我們脫免這些罪，並且為罪做補贖（要明白，這是指特別的助祐）[66]。

❸ 確實的，我的女兒們，寫這事時，我多麼害怕，當我一想起來，不知怎麼寫，也不知如何生活，常常都是這樣的。我的女兒們，懇求祂吧！願至尊陛下經常住在我內。因為，如果祂不住在我內，像我這樣錯擲光陰的生命，能有什麼安全呢？不過，獲知如我這般生命時，請妳們不要難過，如同有幾次當我告訴妳們時所見到的，妳們還是要繼續地祈願我度非常聖善的生活，妳們是對的！然而，如果因自己的過錯，我失去了聖德，我能怎麼辦呢？我必定不會抱怨天主，祂給了我足夠的助祐，以實現我的渴望。說這話時，我不能不流淚，不能不深自羞愧，看到我是在寫給那些能教導我的人。這麼做是個嚴酷的服從！願上主保祐，既然是為祂做的，但願能稍稍有助於妳們，因為妳們請求祂寬恕我這個大膽的可憐人。不過，至尊陛下很明白，我只能誇耀祂的仁慈，而由於我只能依然故我，我沒有別的補救良方，除了投靠祂的仁慈，並信賴祂的聖子，及其童貞母親的功勞，我這麼不堪當地身穿她的聖衣，妳們也穿著聖母的聖衣。我的女兒們，讚美祂吧！因為妳們真的屬於聖母，這樣，妳

改的地方，再次受到李貝納神父的嚴責。「……祂服事我們……」，古嵐清神父將之改為「祂為我們而死」，且把這話以下的部分刪除。李貝納神父再次附註：「什麼都不必刪除，聖女說得非常好。」凡此種種，促使李貝納神父在手稿的首頁寫下他的忠告，請參閱本書首頁標題及題辭之後的註解。

65. 《若望福音》十一章16節。

66. 括號內的字是聖女在手稿的邊緣附加的，曾被古嵐清神父刪掉，李貝納神父另加附註：「不宜刪除這話」。

們就不會因我的卑劣而羞愧，因為妳們有這麼好的一位母親。要效法她，且要細想聖母的偉大，及有她作妳們主保的益處，因為我的罪及如斯之我，尚不足以稍損這神聖修會的聲譽。

❹ 但我要勸告妳們一件事：不要因為有這樣的母親和主保，妳們就感到安全了，因為達味是很聖的，妳們也知道撒羅滿的結局。不要仗恃生活中有禁地和補贖，也不要因常與天主交談、修行不斷祈禱、如此遠避世物，及妳們對擁有世物覺得可憎，就自覺安全。這一切都是好的，然而，如我說過的⑥⑦，還不足以使我們不害怕。所以，要不斷誦念這句聖詠，並且常常牢記於心：**凡敬畏上主的人，真是有福**⑥⑧。

❺ 我不知說到哪裡去了，已深深沉醉於此⑥⑨，但一想到自己，就覺得像隻折斷翅膀的小鳥，說不出什麼好事來，那麼，我現在且把這事擱下。

言歸正傳，再來談開始時對妳們說的⑦⓪，那些已經進入第三重住所的靈魂，因為上主賜予她們的，並非小小的恩惠，而是極大的，讓她們越過最初的困難。由於天主的良善，我相信，世上有許多這樣的靈魂：她們非常渴望不開罪至尊陛下，甚至避免犯小罪、愛做補贖、長時間收心、善用時間、對近人行愛德，並且其言談、衣著和管理家務都非常得體——這些人樣樣都有。的確，這是個令人渴望的境界，看來她們沒有理由不進到最後的住所，如果她們渴望，上主不會拒絕，這是個美好的預備，使人獲取所有的恩惠。

❻ 耶穌啊！對一個這麼大的恩惠，誰會說他不想要呢？尤其在艱辛備嘗之後。沒有，沒有人會這麼說的，我們全都會說「要」的。然而，為了使靈魂完全擁有上主，還需要更多，光說「要」，是不夠的，就像當上主對那少年說，如果你願意是成全的，那少年（的「想要」）是不夠的⑦①。自從我開始談論這些住所時，我就把這位少年擺在面前，我們完全

67. 《城堡》3·1·2。
68. 《聖詠》一一二篇 1 節。
69. 意即沉醉在聖母的主題，及她的勸告和自省。
70. 《城堡》3·1·1。
71. 《瑪竇福音》十九章 16 － 22 節。福音中的富少年憂悶地離開了耶穌，因為他擁有許多產業。括號中的字是譯者加上的，為使上下文清楚易懂。

像他；往往祈禱中的大乾枯由此而來，雖然也有其他的原因。我且擱下不談內在的磨難，此乃許多好靈魂會有的，是令人難以忍受的磨難，而且根本不是她們的過錯，天主經常從中釋放她們，並帶給她們許多益處；也要提及那些患有憂鬱症的人。總之，凡事我們要讓天主做審判者。關於我所說的事⑫，我個人認為是很平常的，因為這些靈魂知道，她們不會為任何事情犯罪，許多人甚至連故意的小罪也避免，而且善於管理生活及家務，要是進入我們國王居所的門對她們關閉，她們會忍受不了，因為她們自視為國王的臣屬。然而，今世的國王縱然有許多的封臣，也不是個個進入他的內室。進去吧！我的女兒們，進入靈心的內室；超越妳們的小小工作，單憑妳們是基督徒，妳們就得做這一切，甚至更多的事，作為國王的臣屬，這為妳們就足夠了；妳們不要渴望這麼多，結果一無所得。看看進入國王內室的聖人們，妳們會看到他們與我們之間的不同。妳們不該祈求自己不配得到的，也不該讓「我們堪受此恩」的想法侵入，無論我們曾經服事多少，因為我們都曾得罪過天主。

❼ 啊！謙虛！謙虛！在這事上，我不知自己有的是什麼誘惑，我不能不認為，凡是把這些乾枯當作嚴重問題的人，即是在謙虛上有欠缺的。我曾說且不提我說的那些內在的大磨難⑬，因為那些磨難遠超過只缺少熱心。讓我們考驗自己吧！我的修女們！或者讓上主來證實我們，因為祂很知道要如何行事，雖然我們往往不渴望明瞭這事。現在我們來談談那些如此中規中矩的靈魂，我們要看出來她們為天主做什麼，當天主告訴我們，必須怎樣做成全的人時，如果我們像福音中的少年，悲傷地轉身走了⑭，妳們還能要天主做什麼嗎？祂必會賜予賞報，相稱於我們對祂的愛。至於這個愛，女兒們，必須不是以想像捏造出來的，而是以我們的行實來印證的。妳們不要想祂需要我們的工作，祂要的是我們的決心。

72. 指福音中的富貴少年，及尋求達到第七重住所的慷慨的靈魂。
73. 《城堡》3·1·6。
74. 《瑪竇福音》十九章22節。

❽ 我們似乎以為，當我們穿上了修會的會衣，為祂捨棄所有的世物，及所有的一切——雖然所給出的，就如同聖伯多祿的魚網[75]，他自認為給出了所有即是給得過多——我們就是什麼都做了。這個捨棄是非常好的準備，如果能在其中恆心堅持，不再返回第一重住所，和那些小爬蟲廝混；即使只懷有這樣的想望（也不要有[76]）。無疑地，如果在此赤裸和超脫一切中，恆心堅忍，必會得到所追求的。不過，這必須是有條件的，請留意我要勸告妳們的這件事，即妳們要自視為無用的僕人，如聖保祿或基督說的[77]，且要相信，妳們不要把責任推給我們的上主，要祂賜予這些相似的恩惠；反之，一個人領受的愈多，負債也愈多[78]，我們能為這麼慷慨的天主做什麼呢？祂為我們而死、造生我們、賜給我們存有，若我們能稍稍彌補對祂的欠債，豈不是應該自視為幸運嗎？至於祂對我們的服事（我非常不願說這句話，然而事實如此，當祂活在世上時，所做的事無非是服事我們），並非我們向祂要求的新恩惠和禮物[79]。

❾ 女兒們，這裡指出的一些事，雖然雜亂無章，但請細心留意，因為我不知要如何方能解釋得更清楚，上主會賜給妳們有所了解，從乾枯中獲取謙虛，而不致焦躁不安，魔鬼企望的乃是這個不安。要相信，凡真有謙虛之處，即使天主從不賜予禮物[80]，天主仍會給予平安與和諧，使之更滿足地行走，勝過其他享有禮物的人；正如妳們讀過的[81]，至尊天主往往將之賜給較軟弱的靈魂；雖然我相信，她們寧願享有禮物，而不肯用來換取乾枯中的剛毅。我們是「滿足[82]」的愛好者，而非「十字架」的愛好者。上主！祢知道真理，請考驗我們，使我們認識自己。

75. 《瑪竇福音》十九章27節。
76. 括號內的字是譯者附加的。
77. 大德蘭在這裡先寫「聖保祿說的」，然後在字行間加上「或基督」。古嵐清神父把它們刪掉，改成「聖路加說的，在第十七章」，《路加福音》十七章10節。
78. 《路加福音》十二章48節。
79. 讀者請注意，K.K. 譯本在此和原文稍有出入。
80. 禮物（regalos）：同時含有愉悅和享受的意思。

第二章

繼續相同的主題，談論祈禱中的乾枯，及按她的看法，在此階段可能發生什麼，何以我們必須受考驗，及上主考驗處於這一重住所的人。

❶ 我認識一些靈魂，我覺得，甚至能說是好多靈魂，她們已經達到這個境界，多年度著正直的生活，維持其靈魂與身體都保持中規中矩，按所能知道的，經過多年後，當她們自認為是世界的主人時，至少她們清楚地覺悟到這點，這時，至尊陛下會用一些小事來考驗她們，而她們竟會陷於如此的焦躁不安，備受內心的折磨，致使我困惑不解，甚至十分害怕。勸告她們是毫無用處的，因為她們已修行了這麼多德行，自視能夠教導他人，且感受到那樣的不安和折磨是應該的。

❷ 總之，我找不到補救的良方，也安慰不了像這樣的人，只能對她們的痛苦深表同情（看到她們屈服於這麼多的困苦，真令人同情），又不得糾正她們的理智；因為在她們的思想中，這一切都是為天主忍受的，這樣，她們無法了解這是不成全；對這麼有程度的人而言，這是個弊端。對於她們體驗的感受，我們無須驚奇；雖然我認為，這一類的事情惹起的感受會很快過去。因為天主常願意祂所揀選的人覺察她們的可憐，稍稍取回祂的恩惠；不必多需要什麼，我敢打賭，我們會很快地認清自己。馬上會明瞭這個考驗的情況，因為她們非

81. 這裡指的是團體唸的書，可能指《全德》17・2、7，也可能是當時的靈修書。
82. 滿足（contento）：含有滿意又高興的意思。

於我們的過錯時，上主是正義的⑱，至尊陛下在此路上沒有賜給妳們的，在別條路上會賜給妳們，至尊陛下知道何以如此，因為祂的祕密是非常隱祕的⑲；至少，祂所做的全是為我們最好的，這是毫無疑問的。

⓬對於那些因天主的慈惠而達到這個境界的人（因為，如我已說過⑳，祂以不小的仁慈恩待她們），我認為非常有益的是，多多學習快速靈敏的服從。即使她們不是修會的會士，重要的是──如同許多人所做的──她們要有能向之討教的人，為的是不在任何事上一意孤行，這通常有害於我們。她們不要尋找投合自己性格和才能的人，如俗話說的，即一個凡事都放不開的人，而要找那能識破世物騙局的人。向那已認透世物的人討教，很有助於我們認識自己，因為在有些事上，我們認為不可能的，別人卻不然，他們多麼輕易地能做得到，我們會受到很大的鼓舞，好似看到他們展翅高飛，我們也敢飛翔，就像雛鳥學飛一般，雖然不會馬上凌空高飛，不過，慢慢地，牠們會模仿鳥爸爸和鳥媽媽。這是一個很有助益的方法，我知道。

無論這些人如何下決心不冒犯上主，她們不要再置身於開罪祂的機會中，這是對的，因為她們仍然很靠近第一重住所，很容易再返回那裡，她們的剛毅尚未奠定在穩固的地基上，如那些在痛苦中鍛鍊過的人，因為這些人已認清了世俗的風暴，也明白沒有必要那麼怕它們，或渴望世俗的滿足，而如果再返回這些滿足中，則可能是陷於很大的迫害中。魔鬼很會陰謀擺布，陷害我們，使我們熱心滾滾，盼望別人避免犯罪，自己卻無法抗拒因之而來的考驗。

⓭我們要看自己的過錯，對別人的過失則不要予以理會，那些生活十分中規中矩的人

90. 見《城堡》3・1・5、8。

們，凡事都很容易引起他們驚嚇；或許從那驚嚇我們的人身上，我們反而能學到最重要的教訓。我們外在的儀表舉止可能優於她們，這雖然好，並非因此就是最重要的，也沒有理由為此之故，要人人馬上跟著我們的路走，或對某人指示靈修的道路，她很可能還不明白這是怎麼回事。修女們，懷著天主賜給我們的這些渴望，為了靈魂的益處著想，我們能夠犯下許多的錯誤。所以，我們最好奉行《會規》上說的：**努力經常生活於靜默與希望中**[91]，因為上主照顧著她們的靈魂[92]。只要我們不疏於懇求至尊陛下這麼做，因著祂的恩惠，我們會更有益於她們。願天主永受讚美！

91. **努力經常生活於靜默與希望中**：這段引文取自加爾默羅會《聖雅爾伯會規》（*The Rule of St. Albert*），乃引用聖經：《依撒意亞》卅章 15 節。原文與思高譯文略有出入，為使上下文連貫，在此按原文直譯。
92. 參閱《伯多祿前書》五章 7 節：**將你們的一切掛慮都託給祂，因為祂必關照你們。**

第四重住所

第一章

談論祈禱中的滿足愉悅或甜蜜溫柔，和享受神味之間的不同⑬。並述說了解思想與理智的不同，帶給她的喜悅。凡祈禱時常常分心的人，本章很有助益。

❶ 為了開始述說第四重住所，我真的必須如過去所做的，交託自我於聖神，祈求祂代我說話，從現在開始，以一種她們能了解的方式，說些有關其餘住所的事；因為超性的⑭經驗始於此處，這也是極難解釋清楚的，如果至尊陛下不幫我解說，如同那時，大約是在十四年前，我按所了解而寫的，在那裡所說的⑮。雖然現在，對於上主賜給某些靈魂的恩惠，我有了多一點的光照，這與知道如何述說仍有所不同。如果這麼做會帶來一些益處，願至尊陛下加以助祐，如不然，則不必勞駕。

❷ 由於這些住所更靠近國王的居所，其美麗更勝一籌，其中所看見和所了解的事物，如此巧妙細緻，理智無法解說，即使述說了些優詞雅句，對於沒有經驗的人而言，仍然免不了是完全的隱晦；然而，凡有經驗的人，會清楚地了解，尤其是經驗豐富的人。

tentos）或甜蜜溫柔（*ternura*），和享受神味（*gustos*）：*contentos* 是滿足、喜樂，*gustos* 是享興，本章中，這兩個語詞具有特殊涵義，聖女大德蘭用來解釋從主動到被動的祈禱，極為細受。

upernatural）：這是大德蘭靈修學派的用語，「超性的」，即是「灌注的」（infused ／ *infuso*），也是「神ystical ／ *mistico*）。靈魂開始辨識出灌注的恩惠，亦即寧靜或甜蜜的祈禱，於是開始了神祕的第所。實際上，聖女大德蘭以第四重住所做為過渡階段，是本性與超性並存，或說自我的修行與天主恩惠並立的階段，其界線不是很清楚。

為了達到這些住所，好像必須在其他的住所留守許多時間；雖然一般而言，是必須停留在剛說過的那些房間，但卻沒有固定不變的規則，一如妳們常常聽說的。因為上主在祂願意的時候，按祂的意願而賜予，且賜予祂願意給的人，由於這些恩惠全是祂的，祂沒有委曲任何人[96]。

❸在這些住所中，毒蟲猛獸進來的很少，如果牠們進來也不能加害，反而造成獲利。我認為，在此祈禱的境界中，牠們進來並引發戰爭是更好的。因為魔鬼能夠欺騙，轉變天主賜予的享受神味，如果人沒有遭受誘惑，則會導致許多的損害，超過在有誘惑時，靈魂就不會得到那麼多的收穫，至少所有立功勞的事全都失去，她會留在普通的專注[97]中。當靈魂處於一成不變中，我不認為這是安全的，我也不認為，在此流放之地，上主的神有可能使靈魂處於一成不變之中[98]。

❹至於我曾說的，要到這裡才談的事，亦即祈禱中滿足愉悅與享受神味的不同，我認為，凡是經由我們的默想及對上主的懇禱，因自我修行而得來的感受，能稱之為滿足愉悅，此乃來自我們的本性，雖然終究有賴於天主的助祐；每當我這麼說時，要理解為：沒有祂，我們什麼也不能[99]。不過，來自我們修德行善的滿足愉悅，好似我們以自己的努力賺得的，由於致力於這樣的善工，我們理當得到滿足愉悅。然而，如果我們加以深思，在這世上，許多臨於我們的事情中，我們也有同樣的滿足愉悅；就好像：某人突然得到一大筆產業；或突然間看見一位我們深愛的人；或完成一項既重要又偉大的事業，人人都讚賞稱好；或是有人告訴妳，妳的先生、某個兄弟或孩子死了，之後，又再見到他活著。我曾經看見過喜極而泣、淚流如注的場面，甚至有幾次發生在我身上。我認為，像這樣的滿足愉悅是本性的，那

95. 「那裡」：指的是《自傳》，意指專論恩寵與神祕境界的那些篇章，見 14 － 32 章及 37 － 40 章。
「我按所了解而寫」：指聖女所體驗和了解的神祕經驗，當她寫《自傳》時，尚未十分完整；因為大德蘭到了一五七二年才達到「神婚」的超界，亦即她在第七重住所描寫的；《自傳》中提及的第四種水（18 － 22 章），及神祕的猛烈衝動（23 － 32 章），及最後幾章的大恩惠（37 － 40 章），相當於第六重住所；《自傳》中沒有相稱於第七重住所的敘述，所以她在此指出，她有了更深入或更完整的了解，甚於《自傳》中所寫的，參閱《城堡》1．2．7；4．2．4。
「大約是在十四年前」：聖女於一五六二年寫完《自傳》的初版，《靈心城堡》則完成於一五七七年。

些天主的事物帶給我們的滿足愉悅亦然，都屬於同一性質，但比較高貴；雖然另一種滿足愉悅也不錯。總之，祈禱中的滿足愉悅始於我們的本性，終止於天主。

享受神味則始於天主，本性得以感受，神味的享受這麼多，享有如我說過的那麼多，甚至更多。耶穌啊！我多麼渴望知道如何解釋這事！因為，我覺得自己明瞭兩者間非常不同，卻不知如何解說明白。願上主親自代勞！

❺ 現在我想起唸晨經（*Prime*）時的詩句，即最後一段聖詠的最後一句：「**祢舒展了我的心靈**」[100]。凡對富有經驗的人，這個詩句足以指明兩者間的不同；若沒有經驗，就得多費唇舌。所謂的「滿足愉悅」並不會舒展內心，一般說來，反而好似稍稍壓緊內心，雖然看見天主的所作所為時，感到滿足愉悅；不過，也會流出一些憂傷的淚水，好似有點來自激情。關於靈魂的這些激情，我知道得不多——若是多明瞭些，或許能使我解釋得清楚些，我也不懂這些激情是來自感性，或從我們的本性來的，因為我非常的愚拙。要是我對所經歷的多些了解，或許會解說得更加清楚。知識和學問對一切事都很有助益。

❻ 在此境界中，我的經驗，就是說，默想的愉快和滿足愉悅，這是指，如果我開始為基督的苦難流淚，除非到了頭痛至極，我是不會停止的；如果是為我的罪而流淚，情況亦然。這是我們的主賜給我的大恩惠，然而，現在我不想檢視兩者中哪一個更好，我只想知道如何說明兩者的不同。為了這些緣故，有時候這些眼淚傾流，渴望湧現，係來自人的本性，及所做的準備；總之，如我所說的[101]，最後會終止於天主，雖然是始於本性。如果有謙虛，足以了解並非因此就是更好，則要珍視這些本性的經驗；因為無法知道它們全都是愛的效果，如果真是愛的效果，則是天主的恩賜。

96. 「在祂願意的時候……賜予祂願意給的人」：這是聖女大德蘭（及聖十字若望）使用的語句，表明天主賜予其神祕恩寵時，有其絕對的自由，白白地賜給祂願意給的人，在祂願意的時候，以祂願意的方式。
97. 普通的專注（*embebecimiento ordinario* ／ habitual absorption）：意思是停留在一種陶醉狀態下，長時間地專注於某種沉醉。大德蘭認為一直停留在享受神味中，並非好事，因為第四重住所的心醉神迷距離結合還很遠。
98. 參見《城堡》6・2・4。
99. 《若望福音》十五章5節。

居住在前面住所的靈魂，多半都有這些虔誠的熱心，因為她們幾乎不斷地以理智工作，運用理智推理並做默想，她們做得很好，因為尚未得到更多的恩賜；雖然如此，如果她們用點時間做些動作，諸如：讚美天主、歡躍於祂的慈善及祂是誰、渴望祂的榮耀和光榮，她們做得很對。這些動作應盡可能地去做，因為很能喚醒意志。這些靈魂要極其細心謹慎，當天主賜給她們這些動作時，不要為了要做完例行的默想而不予理會。

❼ 因為我已在別處[102]敘述了這事，所以就不在此贅述。我只願妳們留意，為了在此路上有長足的進步，及登上我們想望的那些住所，重要的不是想得多，而是愛得多[103]；凡是最能喚起妳們去愛的，妳們要這麼做。或許我們不知道愛是什麼，我不會感到非常驚奇的，因為愛不在於濃厚的歡愉，卻在於懷著強烈的決心，渴望凡事悅樂天主，盡我們的全力，不要得罪天主，祈求祂，願祂聖子的榮耀和光榮永世長存，天主的教會廣揚。這些是愛的標記，妳們可不要以為愛是在於不想別的事，或以為如果稍有分心，什麼都會失掉。

❽ 有時，思想上的混亂狀態曾使我相當苦惱，大約四年多以前，我從經驗得知，思想（或說想像，因為這麼說會比較容易懂）並非理智。我請教一位博學者，他告訴我，正是這樣，他的回答給我不小的喜悅[104]。因為，正如理智是靈魂的一個官能，有時這麼的反覆無常，對我來說，這是很艱苦的事，通常思想快速地飛馳，只有天主綁得住它，當我們與天主如此緊密地結合時，好似我們已相當地與身體分離。我曾體驗過，我認為，我靈魂的官能專注於天主，且收心斂神地與祂在一起，另一方面，思想卻喧嘩不已，令我傻眼[105]。

❾ 上主啊！請祢留意，由於缺乏知識，在這條路上，我們遭受的那許多的事！糟糕的是，我們以為除了想祢以外，不必知道得更多，我們甚至不知道向懂得的人討教，也不明瞭

100. 《聖詠》一一九篇32節：我必奔赴祢誡命的路程，因為祢舒展了我的心靈。晨經（*Prime*）：過去的日課，在晨禱（*Lauds*）前還有晨經（*Prime*），現已取消。「最後一段聖詠」：日課中，通常要誦念三段特選的聖詠，這是指日課中的最後一段。
101. 《城堡》4．1．4。
102. 《自傳》13．22；《全德》16．20；26－29。
103. 此乃聖女大德蘭的名言：「靈魂的進步不在於想得多，而在於愛得多」（建院記5．2）

為何必須請教人；由於不了解自己，因而遭到可怕的磨難，這並非壞事，而是好事，因為我們視之為嚴重的過失。為此之故，導致許多修行祈禱的人憂心苦惱，抱怨那些內在的折磨，至少那些沒有學識的人、憂鬱症和失去健康的人多半會抱怨，甚至會完全放棄祈禱。因為她們沒有細想，在今世，我們內有個內在的世界，正如我們不能阻止天上的行動，它們以快速的行動運作，我們也擋不住自己的思想，靈魂的全部官能隨即與思想同行，我們認為自己什麼都完了，在天主面前徒然浪費時間。然而，靈魂可能在非常靠近中心的那些住所中，完全與天主結合一起，思想卻在城堡郊外，遭受毒蛇猛獸的折磨，也因受苦而立功勞；因此，我們不該驚惶不安，也不該放棄祈禱，要不然就會中了魔鬼的下懷。所有的不安和磨難多半來自我們不了解自己。

❿ 走筆至此，我正想著，我的頭是怎麼搞的，劇烈地嗡嗡作響，我在開始時已說過[106]，使得我幾乎不可能下筆寫人家命令我寫的。我的腦袋裡彷彿有許多洶湧的江河，這些水正急速地傾瀉直下；許多小鳥和嘶叫聲，不是在耳朵裡，而是在頭的頂端，人們說，那裡是靈魂的頂端。而我處在此情況中已有很長的時間，好似心靈的強勢動作快速地向上衝。天主保祐，在後來談論的住所中，我會記得說明這事的原因，因為這裡不是說明的合宜之處。若說上主願意給我這個頭痛，是為了使我更明瞭這事，我一點也不會覺得驚奇；因為我腦袋裡的一切騷擾，並不阻止祈禱，也不妨礙我正在說的話，靈魂反而十分沉浸在寧靜、愛、渴望和清楚的認知中。

⓫ 那麼，如果靈魂的頂端就是在腦袋的頂端，為什麼靈魂不會受干擾[107]。這個我不知道，不過，我知道我所說的是真的。祈禱沒有伴隨（官能的）休止[108]時，會有痛苦，官能休

104. 我們無法確知誰是這位博學者，有人認為很可能是聖十字若望，因為他於 1572 － 75 年擔任聖女的神師。不過，聖女大德蘭對於想像（或說思想）和理智間的不同，並非完全的無知，參見《自傳》17・5。本章中，大德蘭說的思想即是想像。

105. 許多年來，思想的遊蕩使聖女大德蘭深覺困擾，見《自傳》17・7；《全德》31・8。本書中，她對這事已達到教義上的明確洞見，肯定其根源係來自原罪，參見本章第 11 節，及《建院記》5・2。

106. 《城堡》序・1。

止時，不會有絲毫的痛苦，除非休止結束。然而，如果為了這個障礙，我什麼都放棄，這是很不好的。為了某些思想而使我們擾亂不安，或使我們患得患失，這樣也不好。如果是來自魔鬼，會隨著官能的休止而告終。如果是來自亞當原罪的許多遺害之一，我們要忍耐，為了天主的愛而受苦，就像我們必須吃飯睡覺，無法避免一樣，這些是相當麻煩的事。

⓬我們要認識自己的可憐，渴望到那「沒有人輕視我們」的地方；有時我會想起《雅歌》中新娘說的這些話⑩⑨。確實是這樣，生活中不論什麼事，我找不到能比這說得更正確的；因為生命中能有的所有輕視和煎熬，我不認為能比得上這些內在的戰鬥。若能在我們生活的地方尋獲平安，如我已經說過的⑪⓪，任何的騷擾和戰爭都可以忍受得了。然而，我們渴望獲得休息，免受世上成千的磨難，上主也願意為我們準備這個憩息，在我們內卻有著阻礙，我們不能不感到痛苦，而且幾乎是忍無可忍。為此，上主，請帶領我們到不受這些困苦輕視的地方，這些困苦有時好似在嘲弄靈魂。

即使在今世，當靈魂達到最後的住所時，上主會予以釋放，如我們後來要說的，如果天主願意的話⑪⑪。

⓭這些苦難不會帶給每個人這樣的痛苦，也非同樣地襲擊人，如同因我的卑劣，多年來所遭受的，好像我在自己報復自己一般。由於這事對我是這麼痛苦，我想或許對妳們亦然，因此我以各種方式予以說明，以期使妳們了悟這是多麼必要的事，妳們不要因之擾亂不安，憂心愁苦，不如讓磨粉機嘩剝旋轉⑪⑫，輾磨我們的麵粉，不要放棄理智和意志的工作。

⓮按照每人的健康和年齡，這個障礙有多有少。可憐的靈魂遭受這阻礙，雖然她在這事上沒有過錯；但我們卻有其他的過失，為此，我們修行忍耐是理所當然的。又因為我們沒

107. 這是當時哲學和醫學的一般理論，可在奧思納（Osuna）的 *Tercer Abecedario*, tratado 17,c.4 中，看到這個理論。
108. 休止（*suspensión*）：意指官能和感官的活動停止，也就是神魂超拔。
109. 《雅歌》八章 1 節。
110. 《城堡》2・9。
111. 見《城堡》7・2・11。

有足夠的閱讀和聽道理，意即，沒有學到不要注意這些思想，對於這些事，我們知道得很少；在這事上，用時間多加解釋並安慰妳們，我不認為是在浪費時間。不過，除非等到上主願意光照我們，所得的益處很少。但這是必須的，至尊陛下願意我們運用方法，了解自己；不要為了來自軟弱的想像，或來自本性及魔鬼的一切，而責備靈魂。

第二章

繼續相同的主題，用一個比喻說明享受神味是什麼，及何以必須不要力求。

1 天主啊！幫助我正在進行的工作吧！我已忘記講到哪裡了，因為繁務纏身，健康欠佳，迫使我在最好的時候擱下這個工作；由於我的記憶不太好，所寫的一切都呈現混亂狀態，因為我無法重讀所寫的。而且甚至連其他我所說的一切，也是雜亂無章，至少我是這麼覺得。

我想我已經述說了所謂的神慰（*consuelos espirituales*）[113]，這些安慰有時和我們的激情糾纏不清，導致嗚咽啜泣的擾亂，我甚至曾聽某些人說，她們感到胸口抽緊，連身體的外在動作都無法自主，劇烈到使她們流鼻血，及類似的痛苦。關於這事，我不知道要說什麼，因為我毫無經驗，不過其中必有安慰；因為，如我說的[114]，這一切止於渴望悅樂天主，並享有

112. 磨粉機嗶剝旋轉：意指想像，聖女稱之為「家裡的瘋子」。
113. 見《城堡》4・1・4－6。
114. 見《城堡》4・1・5。

至尊陛下。

❷ 那些我所說的「享受天主的神味」（*gustos de Dios*），在另一處，我曾稱之為「寧靜的祈禱」（*oración de quietud*）[115]。這是非常另類的經驗，正如妳們明白的，由於天主的仁慈，妳們已經證實的那些經驗。為了更清楚地闡明，我們來仔細想想，有二個水源，各有其灌滿水的石槽。為了說明一些靈修經驗，我找不到比水更合適的東西；這是因為我孤陋寡聞，又沒有幫得上忙的聰明，而我是這麼喜愛這個元素，致使我更留神地加以觀察，超過觀察別的事物。在這麼偉大又有智慧的天主所創造的萬物中，必然充滿著能惠益我們的祕密，凡領悟的人也必定受惠，雖然如此，我相信，天主創造的每個微小東西中，蘊含著許多我們尚未明瞭的祕密，即使是一隻螞蟻亦然。

❸ 這兩個水槽以不同的方式裝滿了水：其一是來自遠方，經由許多水管和技巧；另一則位於水源地，無聲無息地灌滿了水，如果水大量湧流，如同我們正提及的這個水源，大水槽的水滿了之後，會滿溢出一條大溪流，無須技巧也不必興建水管，水源處卻會經常冒出水來。

其間的不同，我認為，來自水管的水是「滿足愉悅」[116]，即我所說的以默想得到的；因為在默想和勞累理智中，賴受造物的幫助，我們以一些思想取得「滿足愉悅」；終究是我們以勤奮得來的，當「滿足愉悅」必須在靈魂內導致一些恩惠時，會發出聲響，如前說過的[117]。

❹ 至於另一個水源，水來自其本身，亦即天主，正如至尊陛下願意，在祂喜歡時賜下超性的恩惠，祂在我們內極深處導致極大的平安、寧靜和溫柔。我不知這是從何而來，或是

115. 另一處：意指《自傳》和《全德》。參閱《自傳》14 — 15；《全德》31。
116. 見《城堡》3．2．9 — 10；4．1．4 — 7。
117. 見《城堡》4．1．5、6、10。

妳們會問我，這樣的話，不努力尋求，如何獲得呢？我的回答是，沒有比我說的更好的，亦即，不要去力求，其理由如下：第一，因為最重要的是，我們應該愛天主，而不圖謀私利；第二，因為單憑我們可憐兮兮的服事，就認為應該得到那麼大的恩惠，這是有點兒缺少謙虛；第三，因為得到這些恩惠的真正準備，在於渴望受苦和師法主基督[126]，而不在於享受神味，畢竟我們都曾冒犯了祂；第四，因為至尊陛下並不是非給我們不可——如同我們遵守祂的誡命，祂要賜給我們光榮那樣，沒有這些恩惠，我們仍能得救，祂比我們更知道什麼適合我們，也知道我們中誰更愛祂。事情確實是這樣，我知道。我認得某些人，他們行走在愛的道路上，視為理當如此，他們只是為了服事被釘的基督；他們不只不向祂尋求享受神味，也不渴望，甚至祈求祂不要在今世賜給這些恩惠。這是真實的。第五是，我們會徒勞無功，因為這水的到來，不必經過水管，如同前面的水那樣，如果水源不願冒出水來，我們的辛勞也得不到什麼。我想說的是，儘管我們修行更多的默想，更猛力地擠壓自己，且流出眼淚，這水也不會因此而來到，這水只給予天主願意給的人，而且往往是在靈魂最沒有想到的時候。

❿ 女兒們，我們是祂的；讓祂在我們身上成就祂所願意的，帶領我們到祂願意的地方。我確信，凡真正謙卑自下和超脫的人（我說「真正」，因為不可只在我們的思想裡，這多次欺騙我們，而是要全然超脫），上主不會不賜予這個恩惠，及其他我們不會想望的許多恩惠。願祂永受稱揚和讚美，阿們。

126. 原文在此只有 *Señor*，即上主，譯為「主基督」更加清楚易懂。

第三章

談論收心的祈禱，進入上述的祈禱之前，上主賜給大多半的人收心的祈禱。述說其效果，及前一章所談的上主賞賜的享受神味。

❶這個祈禱有許多的效果，我要述說其中的幾個，首先，往往在這個祈禱開始之前，幾乎都會有另一個祈禱方式，由於我已在其他地方說過[127]，在此只約略談談。這個收心，我也認為是超性的，因為不是在黑暗中，也沒有閉上眼睛，不在於外在的事物，無須人事先渴望這麼做，就會閉上雙眼，並渴望獨處；不必造作什麼，好似經由前述的收心祈禱，這個建築已然竣工[128]。感官和外在的事物似乎已喪失了它們的掌控，因為靈魂已收復她所失去的權利。

❷人們說「靈魂進入自己內」，有時則說「超升到自己之上[129]」。對於這樣的說法，我一點也不知道要解釋什麼，我認為這是很糟糕的：以為我知道怎麼說的事，妳們全都會明瞭，而或許到頭來只有我一人懂得自己。我們來設想一下，這些感官和官能（我已經說過了，這些是城堡的人[130]，是我用來解釋的比喻）已到外界去，多年來和外人往來，就是和敵對城堡幸福的仇人交往。它們看到自己的沉淪，已經開始接近城堡，雖然它們沒有要完全留在城堡內——因為這樣的例子是很難得的——不過，它們已經不是叛徒，也行走在城堡的四

127. 大德蘭在不同的地方談及「收心祈禱」：《自傳》14 － 15 章；《全德》26 － 29 章；*Spiritual Testimonies* 59．3。不過，她對這個語詞的解釋並非完全一致。在《全德》中，她說收心並非灌注的；《自傳》中，收心則是灌注的，她把收心和「寧靜」放在一起，表示初級的灌注祈禱；在 *Spiritual Testimonies* 中，只是神祕祈禱的第一個昏迷經驗，預備靈魂走上寧靜祈禱的道路。參見本章第 8 節。

128. 意思是，這個收心祈禱預備靈魂達到寧靜祈禱；不必造作什麼：意指不使用個人的力氣，就是說，這是被動的，或經由灌注而來的。所說的「建築已然竣工」，意指大水槽和水管。

周。居住在城堡中央的大君王，看到了它們（譯按，指感官）的善願，由於祂的大慈大悲，祂渴望帶它們歸來，如同一個好牧人，發出這麼溫柔的呼聲，甚至連它們都幾乎覺察不出。祂使它們認出祂的聲音，而不致沉淪墮落，能再返回它們的住所。牧人的呼聲這麼有力，使得它們放棄那遠離祂的外在事物，且進入城堡內。

❸ 我認為自己從未像現在這麼清晰地說明這事，因為，為了在內裡尋找天主（這比在受造物中尋找更好，也更有益，如同聖奧斯定在許多地方尋找祂之後說的[131]），當天主賜予這恩惠時，是個很大的幫助。妳們不要以為，這個收心，是以運用理智在自己內窮思力索天主而得來的，也不是經由想像，在自己內想像祂。這麼做很好，也是卓越的默想方式，因為是建立在真理上，亦即，天主就在我們內——但收心卻非如此——因為這是每個人可以做得到的（賴天主的助祐，但願妳們完全了解）。然而，我說的收心，卻是不同的祈禱方式，往往在還沒有想天主以前，這些人[132]已在城堡內了，我不知道它們是從什麼地方，或怎樣聽見牧人的呼聲。聲音不是經過耳朵傳來的，因為什麼也沒聽到，卻感到一份向內的溫柔收斂，凡有此經驗的人會明瞭，我不知道要如何說得更清楚。我覺得，我曾經說過，這就好比刺蝟蜷縮，或烏龜縮進自己內，寫這事的人必定清楚明白這個經驗[133]。然而，這些動物可自行隨意收縮；我們則不然，除非天主願意賜予這個恩惠，我們不能隨心自如。對我而言，當天主賜予時，祂賜給那已經開始輕視世物的人。我不說已結婚的人也要這麼做，因為他們辦不到，只能心存渴望；為此，祂特別召叫一些人，使他們專務內修。因此，我相信，如果我們願意給至尊陛下空間，祂不只賜予這個恩惠，凡蒙祂開始召喚邁向更深處的靈魂，祂賜予的更多。

129. 她說的是奧思納的《*Tercer Abecedario*》9・7、拉雷多的《攀登熙雍山》（*Ascent of Mt. Sion*）3・41。參見《自傳》12・1、4、5、7；22・13、18。
130. 見《城堡》1・2・4、12、15。
131. 《懺悔錄》10・27。也可能來自一五一五年在瓦亞多利（Valladolid）以卡斯提語編輯的 *Soliloquio* 31。參見《自傳》40・6；《全德》28・2。
132. 「這些人」，是指前面說的感官和官能。
133. 奧思納的《*Tercer Abecedario*》6・4。

❹凡親身體驗這事的人，要極力讚美天主，因為認識這個恩惠，又感恩稱謝，是很理所當然的，這麼做，預備人得蒙其他更大的恩惠。這也預備人能聆聽，如同有些書上的勸告[134]。他們不會力求窮思推理，反而傾心留神，觀看上主在靈魂內的作為。若非至尊陛下先使我們著迷，我不明白，我們怎能停止思想，而這麼不思不想，又怎不會導致更多的損害，而非獲益，雖然這一直是神修人士之間沒完沒了的論題。在我方面，我坦承自己缺乏謙虛，那些受惠於不思不想的人，總無法使我悅服他們所說的。他們中有一人想說服我，拿來一本書，是聖伯鐸．亞爾剛大拉會士（Fray Pedro de Alcántara）寫的，我相信他確實是聖人，對他，我是誠服的，因為我知道他深明此事。於是我們一起閱讀這本書，他所說的和我的不謀而合，雖然我們的措詞不同[135]。他所說的很明白，亦即愛必然已經覺醒。我也可能不對，不過我持有以下的理由：

❺第一，在此心靈的修行上，想得少，及不想多做什麼的人，反而修行得更好；我們必須做的是，如同有急需的窮人，在偉大又富裕的帝王面前懇求，雙目垂視，謙虛地等待。透過祕密的途徑，好似我們知道祂俯聽了我們，那時持守靜默是很好的，因為祂容許我們留在祂的近旁；這時我們不使勁運用理智並非壞事，我是說，如果我們還能運用理智時。然而，如果我們仍不知道，這位君王是否聽見或看見我們時，我們不要留守那裡做傻瓜，只要理智還能運作，靈魂仍有許多要做的事，如果她什麼都不做，會陷入更深的乾枯，由於使勁地不去想任何事，想像或許會更加擾亂不安。然而，天主要的是我們祈求祂，深思我們就在祂面前，祂知道什麼合適我們。我無法說服自己，在那看似至尊陛下已經設立界限的事上，用人的勤勉奮力來求取，我願把這事留給天主。其他還有許多事，天主並沒有保留給祂自

134. 拉雷多的《攀登熙雍山》3．27。
135.《論祈禱與默想》（*Tratada de Oración y Meditación*）8，這本書其實是革拉納達（Granada）著作的，當時的人都以為是聖伯鐸．亞爾剛大拉寫的。

己，亦即，在我們可憐的本性範圍內，依靠天主的助祐，我們能夠修行的，諸如補贖、善工和祈禱。

❻ 第二個理由是，這個內在的工作是全然的溫柔和平安，而吃力地做出動作，反而有害，而非獲益。我們對自己使勁用力，我稱之為「吃力」，就像要抑止呼吸是很吃力的。靈魂要把自己交在天主的手中，讓祂隨心所欲地對待靈魂，盡所能地對自己的利益漠不關心，極力順服天主的旨意。

第三是，用力「什麼都不要想」，這種掛心可能激起腦袋更多的想像。

第四是，最真實且悅樂天主的，在於我們念念不忘祂的榮耀與光榮，忘掉自己，及自己的利益、舒適和愉悅。忘記自我是怎麼一回事呢？如果她非常掛念著，連動都不敢，也不容她的理智和渴望激發渴慕天主的更大光榮，又不安息於她已擁有的，怎麼會忘記自我呢？當至尊陛下願意停止理智，祂會以另一種方式佔有它，在她的認知中賜予一種光明，這麼超越我們所能獲致的，使之處於全神貫注之中，那時，不知是怎麼回事，理智深受啟迪，遠勝過我們使盡全力不運用理智。既然天主賜給我們官能，讓我們用理智來工作，從中得到工作的報酬，我們沒有理由剝奪其權利，卻要讓理智善盡職務，一直到天主把它安置在其他更好的情況中。

❼ 按我所了解的，上主願意帶進這個住所的靈魂，最適宜的修持，即是我已說過的[136]，絲毫不使勁用力，也不吵吵鬧鬧攔截理智的推論，而是，不吊銷理智，也不休止思想，最好是存想自己在天主面前，念及天主是誰。如果她內在所感受的，使她沉醉，好極了；但不要企圖明瞭這是什麼，因為這是賜給意志的；讓她留在享受陶醉中，除了說些愛的話語，不要

136. 《城堡》4・3・4－6；4・2・9。
137. 大德蘭指的可能是與此類似的章節：《全德》31・3、7；《自傳》3・11－22。

使勁費力，即使在此我們不刻意休止思想，思想還是常會休止，雖然為時非常短暫。

❽ 然而，如同我在別處說的[137]，為什麼這種祈禱（我說的是這個住所開始時的祈禱，我把它放進收心祈禱中，這本是我應該先說的。這個收心祈禱遠比不上我所說的享受天主的神味，但這是進入另一祈禱的開始；因為在收心的祈禱中，可以不必放開默想或理智的工作）[138]……這個滿溢的水泉，不經過導水管，無論理智是自我約束，或被約束，顯然它不知道自己想要什麼；因此從這端飄到另一端，好像傻瓜，安定不下來。意志深深地安息於天主，理智的吵鬧使她難受極了，為此，不要去留意這個騷擾，這麼做會使意志喪失許多它正享受的，而是要放開理智，整個人交付於愛的雙臂中，因為至尊陛下會教導靈魂，在那時，她必須做什麼。這幾乎全在於覺察自己不堪這麼美好的幸福，且專心一意地感恩稱謝。

❾ 為了談論收心祈禱，我暫緩談論在此寧靜祈禱中，天主，我們的上主賜給靈魂的效果和記號。這樣就會清楚明白靈魂內的舒展和擴大，就好像從水源滿溢的水不是流水，水源本身就是像這樣的設備，水流溢得愈多，這個設備的建築也愈大，就彷彿在這個祈禱中，天主在靈魂內施行的其他許多的神工妙化，天主賦予靈魂能力，備妥她，使她能在自己內貯存一切。因此，這個內在的溫柔和舒展會顯露出來，使得靈魂在事奉天主的事上，不像先前那樣拘束，而是更加自由自在。為此，由於不受縛於害怕下地獄（因為，雖然她更怕冒犯天主，但在此，她已失去奴隸似的害怕），靈魂更充滿信賴地享有天主。過去靈魂常害怕做補贖，怕損及健康，現在則認為，在天主內她能做一切事[139]，且比先前更渴望做補贖。過去常害怕遭受困苦患難，現在已大大減少；因為她的信德更加活潑，也明白，如果為天主忍受患難，至尊陛下會賜給她恩寵，使她耐心地承受痛苦，有時，她甚至渴望受苦，因為她還存有

138. 第四重住所的重點，可以整理如下：a）滿足愉悅和享受神味之間的不同（第一章）；b）滿足愉悅的祈禱：非灌注祈禱的最終境界（第二章 1 － 5）；c）灌注的收心祈禱（第三章 1 － 7）；d）寧靜的祈禱（第二章 2、6 － 10）；寧靜祈禱的效果（第三章 9 － 14）。

139. 參照《斐理伯書》四章13節：「我賴加強我力量的那位，能應付一切。」參閱《自傳》13・3；*Spiritual Testimonies* 58・2。

強烈的意願，要為天主做些什麼事。由於更加認識天主的崇高偉大，她看自己也愈形卑微可憐；由於已經品嘗過天主的神味，她看世上的享樂如同糞土，也覺察出自己漸漸遠離它們，這麼做使她更能做自己的主人。總之，所有的德行都有所改善，而且會持續地增長，如果他不轉身後退，開罪天主，因為若是這樣，一切都會喪失殆盡，無論一個靈魂處在多麼高的山頂上。也不要誤解，以為如果天主一兩次賜給靈魂這個恩惠，就會造成這一切的好效果。靈魂必須恆心堅持地領受這些恩惠，因為在此堅忍不拔中，存有我們的一切美善。

⑩ 凡自知已處在此境界的人，我要給她一個嚴重的警告，她要非常細心地看守自己，避免置身於冒犯天主的機會中；因為靈魂在此尚未成長，而是如同吃奶的嬰兒，如果她離開母親的乳房，除了死掉，還能有什麼希望呢？我非常害怕，凡蒙天主賜予這個恩惠，卻又離棄祈禱的人，必會如此，除非她這麼做是為了極特殊的理由，要是她沒有很快地回來祈禱，她是會每況愈下的。我知道，在這事上有許多要害怕的，我認識一些人，對她們感到相當惋惜，也親眼目睹我所說的，因為她們所離開的這一位，祂懷著這麼多的愛，希望成為她們的朋友，且以行動予以證實。我鄭重地勸告她們，不要置身於犯罪的機會中，因為對於處於此境的靈魂，魔鬼設置更多的陷阱，遠超過許許多多上主沒有賜予這些恩惠的人。因為這樣的靈魂能加給魔鬼慘重的損害，帶領別人跟隨她，也可能帶給天主的教會極大的益處。即使魔鬼沒有其他的理由，單是看到至尊陛下對某人顯露特別的愛，就足以使魔鬼深感不安，而竭力破壞，置靈魂於喪亡之地。所以，這些靈魂遭受許多的戰鬥，如果她們喪亡了，她們會比別人更加無可救藥。

修女們，妳們得免於這些我們能知道的危險。願天主解救妳們免於驕傲和虛榮；如果魔鬼想要偽造這些恩惠，總生不出這些好效果，產生的是完全相反的效果，我們可以從中辨識出來。

⓫ 有個危險，我想要警告妳們，雖然我已在別處對妳們說過[140]，在這個危險中，我曾親眼看見祈禱的人跌倒了，尤其是女人家，由於我們比較脆弱，在我將要述說的事上，有更多跌倒的機會。事情是這樣的，有些婦女，由於行了許多補贖、祈禱和守夜，甚至沒行這些神工，她們的體質是虛弱的；獲得了一些恩惠之後，她們的本性就屈服了，感受到一點內在的滿足愉悅，及外在的無力和一份虛弱，這時，她們自以為有了所謂的心靈的睡眠，其實，也不過比我說的寧靜祈禱稍稍強烈了些[141]，她們因此而沉迷於其中，她們愈存留在那裡，則愈著迷，因為她們的本性相當虛弱，她們的腦袋自以為是「神魂超拔」，我則稱之為「糊裡糊塗」[142]，因為這無非是在浪費時間，耗損健康罷了。

⓬（有一個人，八個小時之久陷於如此的境況）她的感官毫無感受，也沒有領會絲毫有關天主的事。靠著睡覺、吃飯、不做那麼多的補贖，這人才得以解脫，因為有個懂得她的人。她騙過了她的告解神師，也騙了其他的人和她自己；然而，她並非存心欺騙。我實在相信，魔鬼會奮力去獲取利益，且已開始得到不少利益。

⓭ 應該知道，真的從天主來的經驗，雖然會有外在和內在的無力，在靈魂內，則沒有這樣的情況，因為靈魂深深地感受出來，看見自己這麼靠近天主，這個體驗並非延長很久，而是非常短暫，的確，靈魂會再沉醉。在這樣的祈禱中，如果不是像我所說的，來自虛弱[143]，身體也就不會這麼毀損，也不會有什麼外在的感情用事。為此，她們要接受勸告，當她們在自己身上有此體驗時，要報告院長，也要盡其所能地分散注意力。院長要命令她們放

140.《建院記》第六章；到了《城堡》6・7・13，大德蘭會再堅持這一點。
141. 見《自傳》16 － 17，大德蘭在那裡詳談官能的睡眠，視之為神祕祈禱等級中的一個特別階段。
142. 大德蘭在此說了一對西班牙文的雙關語：*arrobamiento*（神魂超拔／出神）及 *abobamiento*（糊裡糊塗）。
143.《城堡》4・3・11 － 12。

棄這麼多小時的祈禱，只做少少的祈禱即可，設法讓她們好好睡覺和吃飯，直到體力恢復——如果她們的虛弱是來自缺乏食物和睡眠。如果有位修女，天生的體質這麼虛弱，這樣還不夠，她要相信我，天主要她修行的無非是活動的生活，這也是隱院內必須有的修行。要讓她忙於各種的職務，經常留意，不使她有太多的獨處，因為有可能她的健康會完全毀損。這對她而言，是很大的克苦；不過在此，上主願意證實靈魂對祂的愛，看靈魂如何忍受祂的不在。不久之後，上主會欣然恢復她的體力。若非如此，透過口禱，她會有所收穫，且經由服從，使她堪受另一種祈禱應得的益處，或許還會穫得更多。

⓮ 還會有一些人，如果他們的腦袋和想像力這麼脆弱——如我認識的一些人——凡她們想到的，都以為是看到的，這是非常危險的。因為可能後來會談論此事⑭，我不在此贅言。我已非常詳盡地述說了這個住所，因為，我認為，有更多的靈魂進入這個住所。由於在這裡，本性和超性摻雜一起，魔鬼能招惹更大的損害。但願在那些將要談論的住所中，上主不要許給魔鬼這麼大的餘地。願至尊陛下永遠受讚美，阿們！

144. 見第六重住所的第三章。

第五重住所

第一章

開始談論在祈禱中靈魂與天主是怎樣結合的。說明如何辨識自己沒有受騙。

❶ 修女們哪！我怎能對妳們述說，在第五重住所內蘊含的富裕、寶藏和愉悅呢？我認為，對於後面的住所，最好是緘口不言，因為根本不知道要怎麼說，理智無法理解，比喻也派不上用場，因為世物非常卑微，無法闡明這事。

我的上主，請遣發天上的神光，使我能稍微光照祢的這些僕人，因為祢樂意的是，使她們中有些人經常不斷享有這些愉悅，由於她們的全部意願都在於渴望悅樂祢，願她們不要上當，遭受化為光明天使的魔鬼愚弄[145]。

❷ 雖然我說「有些人」，實則只有很少的人，沒有進入我現在要說的這個住所。結合的程度有的深、有的淺，為此之故，我說大部分的人進入其中。至於這裡我說的，在這個房間內的一些事件，我確實相信是很少有的；然而，雖然靈魂只不過抵達門口，已是天主對她們的大慈大悲了；因為，被召的人多，被選的人少[146]。為此，現在我說，我們身穿加爾默羅

145. 《格林多後書》十一章 14 節。
146. 《瑪竇福音》廿二章 14 節。

會神聖會衣的每一位，全都蒙召投身於祈禱和默觀。因為這是我們的根源，我們是加爾默羅山聖父們的後代，他們在如此至極的孤獨中，這麼輕視世俗，他們尋找的寶藏，即是我們說的那顆寶貴的珍珠；為使上主顯示給我們，我們中準備妥當的人很少。因為，為了達到需要的準備，外表上的事，我們做得很好；然而在修德行方面，為了達到這個地步，我們還需要許多、許多的準備，無論大事或小事，我們都不可掉以輕心。為此，我的修女們，要常常向上主祈求，因為在此塵世，我們能以某種方式享有天上的福樂，求祂賜給我們祂的恩惠，不致因為我們的過錯而失掉什麼，求祂顯示給我們這條道路，賜給靈魂力量，使她能持續地挖掘，直到尋獲這隱藏的寶藏[147]。真真實實的，這寶貝就在我們內，這正是我想要說明的，如果上主助我一臂之力，使我知道怎麼解說。

❸ 我說「賜給靈魂力量」，因為妳們知道，凡未蒙天主、我們的上主賜予的人，他們的身體並沒有缺少力量；人人都能買祂的富裕；如果人人給出他的所有，天主就滿足了。願這麼偉大的天主受讚美！不過，女兒們，請看，為了享有我們說的這些恩惠，天主願意妳們無所保留；無論是多是少，祂願意妳們全給祂；按照妳們自己所知道已經給予的，妳們會得到較多或較少的恩惠。為辨識我們的祈禱是否已達到結合，沒有比這更好的憑證。

妳們不要以為結合祈禱像是在作夢一般，如同前面所說的[148]。我說「作夢一般」，因為這樣看起來，靈魂如同在睡覺，她無法確實認為自己在睡覺，也不覺得自己是清醒的。在這裡，一切都睡著了，真的沉睡於所有的世物和自己，因為，事實上，在結合的短暫彌留中，既沒有知覺，也無法思想，即使願意想也不成。在此無須運用技巧來吊銷思想。

❹[149]至於愛，如果她愛，她不知道怎麼愛，也不知愛的是什麼，或要的是什麼；總之，

147. 《瑪竇福音》十三章44節。
148. 指《城堡》4．3．11。
149. 與英譯本有不同的分節，原文 3 和 4 節合併成一節，只在當中標示第 4 節。

就像一個人完全死於世界，為能更活於天主。而像這樣就是一個令人愉悅的死亡，一種連根拔出，把靈魂從身體的所有官能中拔出；極其愉悅，因為真實的，為了更存留在天主內，好似靈魂這麼地和身體分離，我甚至不知道，靈魂是否還有足夠的生命呼吸（現在我正想著這事，我認為是沒有的，至少，如果她呼吸，她也不知道自己在呼吸），她的整個理智想要去理解一些所感受到的，由於沒有能力辦到，她是這麼驚慌失措，即使她的意識沒有完全喪失，沒有一隻手或腳會動，如同我們以下要說的，一個人處在這麼昏迷的情況下，我們以為她已死了。

啊！天主的祕密！只要我認為自己多少能做得到，我一點也不嫌過分盡力去使妳們了解；這樣，我會說出成千的蠢話，要是有某一次說對了，為此之故，我們也要大大地讚美上主。

❺ 我說這結合並非像在「作夢一般」[150]，因為在剛才說的住所中，即使有豐富的經驗，靈魂仍會懷疑那是什麼：是她一時的空想嗎？或是她在睡覺？是天主賜予的嗎？或是魔鬼裝成光明的天使[151]？滿腹成千的疑慮，而有這些懷疑是很好的，因為，如我已說過[152]，在那裡，即使是我們的本性，有時也能欺騙我們；因為雖然沒有這麼多的餘地，可以讓毒蟲進來，一些小壁虎真的會爬進來，由於牠們很柔軟，到處都能鑽進去；雖然如此，牠們為害不大，尤其是，如果不去注意牠們，如我所說的[153]，因為牠們是來自想像的小思想，也來自我所說的原因，總是纏擾不休。在這裡，無論這些小壁虎多麼柔軟，牠們無法進入這第五重住所；因為想像、記憶和理智都不能阻礙這個美善。而且我敢肯定地說，如果真的是與天主結合。魔鬼不能進來，也無法絲毫為害，因為至尊陛下與靈魂的實質（*esencia*／essence）這

150. 見本章第 3 節。
151. 《格林多前書》十一章 14 節。
152. 《城堡》4．3．11 － 14。
153. 《城堡》4．1．8 － 12。

麼地連合和結合一起，致使魔鬼不敢靠近，甚至也不可能知道這個祕密。這是很明顯的，人們說，魔鬼看不透我們的心思意念，更不用說要獲知這麼祕密的事，因為天主甚至沒有將之交託給我們的思想。啊！好極了！在這境界，該死的魔鬼不能加害我們！為此，靈魂得到這麼大的益處，因為天主在靈魂內工作，沒有人能妨礙祂，連我們也不行。若一個人那麼喜愛給予，又能給出天主要的一切，那麼，天主會有什麼不賜給她嗎？

❻ 好像我使得妳們覺得混亂，說：「如果是與天主結合」，以及還有其他的結合。真是這樣的，有其他的結合！即使是在無益事物上的結合，當人非常愛之不捨時，魔鬼也能用這些事物叫人出神，但是牠不能以天主那樣的方式讓人出神，也不能使靈魂有愉悅和滿足，平安和享受也沒有。那是超乎世上所有的享受，超乎所有的愉悅，超乎所有人的滿足，而且有過之而無不及。這些滿足和來自世上的滿足，兩者間毫無關係，兩者的感受非常不一樣，妳們會從經驗明白這事。有一次我曾說過[154]，其不同，就像肉身上的脂肪與身體內的骨髓，這樣說真是恰當，因為，我不知道要怎樣說得更得體。

❼ 我覺得妳們仍然不滿足，因為妳們認為可能會自欺，而且這些內在的事很難檢視；雖然如此，對任何有此結合經驗的人而言，我所說的已足夠了，但因為這結合與先前的經驗大不相同，我願對妳們說一個明顯的記號，藉此使妳們不會自我欺騙，也不懷疑是否來自天主，至尊陛下今天將之帶進我的記憶，我認為這是確實的記號。往往在困難的事上，雖然我認為自己明白，而且我說的是真的，我會用「我認為」（*me parece*）這個語句來表達；因為如果我犯了過錯，我已準備得很好，要信從博學者的說辭；即使他對這些事沒有經驗，非常博學的人會有一種「我不知是什麼」的神恩，由於天主使他們光照祂的教會，每遇有真理

154. 大德蘭在《全德》31 章 10 節曾有類似的說法。

時，天主會光照他們，使他們宣認這個真理。若他們沒有虛擲生命，且真是天主的僕人，對天主的奇工妙化，他們從不會感到震驚，他們深深明瞭，天主能行的奇事多之又多。總之，雖然有些事並非這麼清楚地說明，這些博學者會在書本中找到其他的解釋，從中可能看出來，這些事是能夠發生的。

❽對於這些博學者，我極有經驗；對那些一知半解、大驚小怪的人，我同樣也有經驗，因為他們使我付出很大的代價⑮⑸。至少我相信，凡不信天主能行多之又多的奇工妙化，也不信天主認為，且一直認為，有時通傳恩惠給祂的受造物是很好的，這些人實在關閉了蒙受恩惠的大門。因此，修女們，總不要讓這事發生在妳們身上，而要更加相信天主⑮⑹，也不要緊盯著看那蒙恩的人是好是壞，至尊陛下知道這事，如我曾告訴過妳們的⑮⑺，我們不必干預，而要懷著單純的心和謙虛事奉至尊陛下，讚美祂的奇工妙化。

❾好吧！言歸正傳，重拾前面我說的真實記號⑮⑻。妳們已經看出來，天主使這個靈魂如同呆子，對所有的事物痴呆，好能將真智慧刻印給她，結合時，她看不見，聽不到，也不明白，時間常是很短促，靈魂甚至覺得，比實際的時間還短，天主親自置身於那個靈魂的內在深處，當靈魂返回己身時，她絕不會懷疑她在天主內，天主在她內。這個真理這麼確定無疑地存留在她內，即使經過多年，天主沒有再賜予那恩惠，這靈魂既不會忘記，也不會懷疑她在天主內，天主也在她內。雖然後來我會談及這個祈禱的效果⑮⑼；這個確信是很重要的。

❿那麼，妳們會問我：如果靈魂看不見，也不明白，又怎能見到真理，或明白真理呢？我沒有說她在當時看見真理，而是後來她清楚地看見真理；不是因為這是個神見，而是因為存留在靈魂內的一份確信，這是只有天主能放入其內的。我認識一個人，她本來不曉得

155. 見《自傳》5·3；13·19；25·22。《自傳》5·3：「一知半解的神師，使我的靈魂遭到極大的損害」。
156. 這句也可譯為「而要相信天主能恩上加恩，愈給愈多」。
157. 見《城堡》4·1·2；4·2·9。
158. 見前面第 7 節。
159. 亦即，下一章 7 — 14 節。

天主是以祂的臨在、能力和本質存在於萬有內，藉著天主賜給她一個這類的恩惠，使得她相信這事。然而請教了一位一知半解的人⑯：天主是如何在我們內的？（如同天主尚未賜她明白這事之前那樣，那人對這事知道得很少）那人對她說，天主只藉著恩寵存在我們內，但她對這個真理已經這麼確信，她無法相信他，於是再去請教其他的人，他們告訴她這個真理，她從中得到許多安慰。

⑪ 妳們不要誤以為，這個確實性具有肉體的形式，像我們的主耶穌基督的聖身存在至聖聖體內，雖然我們看不見祂；但在這裡，卻不是這麼一回事，這全然是神性的。那麼，何以我們所看不見的，卻給了我們這個確信呢？我不知道，這是祂的工作；但我知道，我說的是實話，誰若沒有懷有這個確信，我不會說這是靈魂與天主的完全結合，而是部分官能的結合，或是天主賜給靈魂的其他多種的恩惠。對於這一切事，我們必須不去尋找理由，來明瞭這是怎麼回事，因為我們的理智無法了解這事，為什麼我們要去釋疑呢？看到施行這事的祂是全能的，這就夠了，而且無論我們多麼努力謀求，我們一點參與的份都沒有，而是天主，是祂行了這事，我們不要想望能夠了解這種結合。

⑫ 現在我想起來，關於我說的「沒有參與的份」，妳們聽過新娘在《雅歌》中說：**君王帶我進入酒室**（或說「**把我安置在那裡**」）⑯，她沒有說她自己走進去。又說**她環城巡行，尋覓她心愛的**⑯。按我所了解的，這個結合即是酒室，上主願意把我們安置在那裡，在祂願意的時候，也隨祂的心意；不過，無論我們如何全力以赴，我們無法進入其內。至尊陛下必須把我們放進那裡，祂自己親自進入我們靈魂的中心，為了更明顯地顯示祂的奇工妙化，祂不願我們的意志在這事上有任何參與的份，因為意志已全然順服於

160. 見本章第 8 節。
161. 《雅歌》二章 4 節。
162. 《雅歌》三章 2 節。

祂，祂也不願官能和感官的門是打開的，因為它們全都睡著了。然而，當祂進入靈魂的中心時，卻不必經過什麼門，就像祂進入宗徒們所在的地方，那時祂說：*Pax vobis*！（願你們平安！）⑯³又如同祂從墳墓出來時，沒有挪開石頭。後來妳們會看到，在最後的住所中，至尊陛下多麼渴望靈魂在其中心享有祂，甚至遠超過在此所享有的。

⓭ 啊！女兒們，如果我們不多看自己的卑微和可憐，也明白，我們不配做這麼一位偉大上主的僕人，祂的奇工妙化是我們無法領悟的，那麼，我們將會看到的是何其之多，願祂永遠受讚美！阿們！

第二章

繼續談論相同的主題，藉一個巧妙的比喻說明結合的祈禱，述說靈魂所得的效果，本章非常重要。

❶ 妳們以為在這個住所內所看見的都已說盡了，其實還漏掉許多，因為，如我說過的，結合的程度有的深、有的淺[164]。關於結合是什麼，我不認為自己還會說得更多；不過，當天主把這些恩惠賜給靈魂，以準備她們時，上主在她們內的工作，就有許多可以說的。我將說些這方面的事，及靈魂在其中的處境。為了更詳細地說明這事，我想用一個適當的比

163. 《若望福音》廿章 19 節。
164. 《城堡》5・1・2。

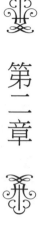

喻，讓我們看出來，雖然在上主所做的工作上，我們什麼也做不了，不過，為了使至尊陛下賜給我們這個恩惠，我們能做許多的準備。

❷ 妳們必定聽說過，絲綢之由來的神奇美妙，只有天主能發明像這類的事，據說是來自像胡椒子那麼小的種子（我從未見過這事，只聽說而已，所以若有什麼曲解之處，則不是我的過錯）。當天氣變得暖和，桑樹開始冒出綠葉，這個種子也開始活起來；尚未有此維生的食物之前，牠們是死的。得到桑葉的養育，到了長大成蟲之後，停留在細枝上，在那裡用小嘴吐絲，做成非常緊密的小繭，把自己封閉於其中；這隻既大又醜的蠶死了，從繭裡出來一隻白色的蝴蝶，非常優美。然而，如果沒見過，只聽人說，好像是發生在別的時代，誰能相信呢？又有什麼道理叫我們相信這麼不合理的事呢？一隻蟲子或蜜蜂，竟然能為我們的利益如此勤奮地工作，且這麼有技能，這隻小蟲子為此而失去生命。修女們！這事足夠妳們默想一陣子，即使我不對妳們多說什麼，妳們可以從中細思我們天主的神妙和上智。那麼，要是我們知曉萬物的性質，又當如何呢？專心深思這些偉大的事跡，且歡躍於身為如此智慧和大能之君王的淨配，對我們是極其有益的。

❸ 讓我們言歸正傳。這時，由於聖神的熱力，這隻蠶開始活起來，開始受益於普通助祐⑯⁵，即天主賜給我們眾人的助祐，受惠於天主留給其教會的良藥，例如經常辦告解、看聖書及聽道理，這些是良藥，醫治因冷淡、罪過且置身於犯罪機會而死去的靈魂，她可以善用這些良藥。這樣，她開始活起來，依靠這些方法及好的默想來培育自己，直到長大成人，這才是我認為最合適的，其餘的則無關緊要。

❹ 那麼，一旦這隻蠶長大了——開始時，我已提到牠的成長⑯⁶——牠開始吐絲，蓋好

165. 普通助祐（*auxilio general*）是相對於特殊助祐（*auxilio particula*）而說的，《城堡》3・1・2。普通助祐是指天主賜給所有人的恩寵，特殊助祐則指賜給某些人，或在某些情況中賜予的特殊恩惠。
166. 指第一到第四重住所。

屋子，牠則必須死在其中。我願在此說明，這屋子就是基督。我好似在某處曾讀過，或聽過，我們的生命隱藏在天主內，或在基督內，兩者都是一樣的，或說我們的生命是基督⑯⑦。無論這個引言是否正確，我認為沒什麼關係。

❺那麼，女兒們，妳們看，在這裡靠天主的助祐，我們能做的：至尊陛下親自成為我們的住所，就像在結合的祈禱中那樣，這是我們為自己建造的住所。好似我要說的是，我們能取消，也能安頓在天主內，因為我說祂是住所，而我們能建造這住所，讓自己進入其中。確實如此，我們能！但並非我們取消，也非我們安頓，而是我們取消和安頓自己，就像這些小小的蠶所做的。在所有我們能做的事上，我們是做不完的，這個算不了什麼的小小工作，與天主的宏偉一結合，被賦予這麼高的價值，上主親自成為這個工作的代價。為此，由於祂親自付出最高的代價，所以，至尊陛下願意以祂忍受的大磨難，結合我們小小的辛勞，好使這一切合而為一。

❻為此，我的女兒們！鼓起勇氣！快快地做這個勞苦工作，編織這個小繭，清除我們的私愛、我們的意志、不多繫戀任何世物，修行補贖、祈禱、克苦、服從及其餘妳們知道的一切。因此，我們來修行那已經知道的，及我們受教必須做的！死去吧！這隻蠶死去吧！如蠶一般地死去，達成其受造的目的！妳們就會明白，我們怎樣看見天主，我們會看見自己怎樣置身於祂的宏偉之中，就像這隻小蠶在牠的繭內。注意我所說的「看見天主」，如我已經說過的⑯⑧，關於在這種結合中所感受到的。

❼那麼，我們要來看這隻蠶做些什麼，因為正是為此，我說了其餘的一切，當靈魂在這個祈禱中時，她真的死於這個世界，出來了一隻白色的小蝴蝶。啊！天主的偉大！靈魂是

167. 《哥羅森書》三章3－4節。
168. 《城堡》5・1・10－11。

怎樣從中出來的，從逐漸地封閉在天主的偉大中，而且如此地和天主結合；我認為這時間從未超過半個小時！我告訴妳們，的確，這個靈魂認不出自己了！因為，妳們看那醜陋的蟲子與白色小蝴蝶之間的差別，在這裡亦然。靈魂不知道如何堪當這麼多的幸福——這是從哪來的？我想說的是，她清楚知道自己不配得到，她看到自己內懷有讚美上主的渴望，她願銷毀自己，為祂死一千次。她很快就開始感到，除了渴望忍受千辛萬苦，她不能做別的。她極其渴望做補贖、獨居及一切能認識天主的事；在此，當她看到天主被冒犯時，她感到極其痛苦。我將在下一住所中特別詳談此事[169]，因為，雖然這個住所與下一住所幾乎完全一樣，其效果的強度則非常不同；因為如我已說過的[170]，要是天主帶領一個靈魂達到這裡之後，她發奮努力，向前邁進，就會看見大事。

❽ 那麼，看啊！這隻小蝴蝶的騷亂不安，及在她的生命中，從未更安靜和寧靜過，這是一件令人讚美天主的事！她不知要棲息在何方，安歇在何處，由於她已有這樣的體驗，世上所見的一切都不能使她滿意，尤其是，當天主許多次給她這個酒[171]時，幾乎每一次都會得到新的益處。對於她身為小蟲子時做的工作，她已什麼都不看重了，那工作就是一點一點地吐絲結繭；現在她已長出翅膀，她已能飛了，若要再一步步地行走，她怎能滿足呢？由於她的渴望，凡能為天主做的一切，她都認為算不了什麼。對聖人們忍受的痛苦，她也不視之為了不起，因為她已從經驗中得知，天主怎樣幫助和轉化一個靈魂，使之不再像她自己，連她的模樣也不像。先前她總認為做補贖會使身體虛弱，現在她已得到力量。她對親戚、朋友和財富的執迷（這些無論是行動，或決心，或當下發現自己過於迷戀想要放棄，都不能放開），現在連對這方面，為了不冒犯天主，應盡的本分也感到難過。事事物物都令她難受，

169. 《城堡》6・6・1；6・11 等等。
170. 《城堡》5・1・2、3、13。
171. 參見前章 12 節，「酒」，意指天主賜給靈魂結合的恩惠。

因為她已體驗到，受造物不能給她真正的安息。

❾ 我好像把話拉長了，其實我能說的還多得很，凡蒙天主賜予這個恩惠的人會明白，我說的仍嫌不足。為此，不要感到驚奇，這隻小蝴蝶尋找新的棲身處，因為她對世物感受到的是陌生。那麼，這可憐的小東西要到哪裡去呢？她不能回到原來的地方，如所說的[172]，這不在我們手中，即使我們做了許多，而是要等到天主樂於再賜給我們這個恩惠。上主啊！這個靈魂開始承受何等的新磨難！蒙受了這麼崇高的恩惠之後，誰能訴說這事呢？總之，這麼說或那麼說，我們的生活中都必須有十字架，而若有人說，當她達到這裡之後，經常享有休息和愉悅，我會說，她從未到達這裡，可能是她體驗到一些甜蜜，如果她進入前一個住所，由於虛弱本性的助長，甚至可能來自魔鬼，給予她平安，為的是後來引發更大的戰爭來反擊她。

❿ 我的意思不是說，達到這裡的人沒有平安，她們有平安，而且是很深的平安；因為磨難本身這麼有價值，也具有很好的基礎，雖然是非常大的磨難，卻能帶給她們平安和歡喜。從這些世物而來的不愉悅，導致這麼痛苦的渴望，想要離開這世界，如果能有所釋懷，乃在於想到天主願意她活在此流放之地，甚至這樣還不夠，因為，雖然有這一切的益處，靈魂尚未完全屈服於天主的旨意，正如我們後來會看到的[173]，雖然靈魂並非沒有順從；不過她是以很大的情感順服，也以許多的眼淚，她不能做得更多，因為沒有多給她什麼。每一次祈禱，她都有這痛苦。在某方面，這個至極的痛苦來自看見天主被冒犯，且在世上不受敬重，許多的靈魂喪亡，如異教徒及伊斯蘭教徒；最使她傷痛的是基督徒，儘管她看見天主大慈大悲，無論他們的生活如何惡劣，仍能回頭改過與得救；她害怕的是許多人會下地獄。

172.《城堡》5·1·12；4·2·9。
173. 見《城堡》6·10·8；7·3·4。

⓫ 啊！天主的偉大！不多幾年前，甚至幾天前這個靈魂除了自己，什麼都不想，是誰把她放進這麼痛苦的牽掛中呢？即使修行許多年的默想，我們也無法有此感受，如同現在這個靈魂體驗的痛苦。為此，天主啊！幫助我吧！如果許多天、許多年，我努力地默想冒犯天主是很大的惡事，且深思那些下地獄的人，他們是天主的子女，也是我的兄弟姐妹，並細想我們生活中的那些危險，及離開這個不幸的生命，對我們來說是多麼好，這樣還不夠嗎？是的，不夠，女兒們，這裡所感受的痛苦，不是深思默想的痛苦；依靠上主的恩惠，深思默存這些事，我們很能感受到痛苦，但是，這痛苦不會達到肺腑的最深處，如同這裡說的痛苦，彷彿要碾碎靈魂，把她碾成碎片，無須靈魂努力求取，甚至有時也沒有想要這痛苦。那麼，這痛苦是什麼？從何而來的呢？我就要告訴妳們。

⓬ 妳們不是聽過了嗎？在此有一次我說過，有關新娘的事，雖然與目前的主題無關[174]，天主帶她進入內在的酒室，且在那裡賦予愛德[175]。所以，就是這樣，由於靈魂已把自己交付於天主手中，她懷有的大愛如此地使她順服，除了奉行天主要她做的事之外，她不知道，也不想多做什麼（按我的看法，除非天主已使一個靈魂非常屬於祂，否則不會賜予這項恩惠），天主願意的是，當她離開這裡時，蓋上祂的印璽，而靈魂卻不知何以如此。因為，確確實實的，靈魂在這裡所做的，無非是像被蓋上印章的蠟。蠟不能自己蓋上印，只能做好準備，我是說成為柔軟的；而且即使是做好準備，她也不能使自己柔軟，她只能安靜守候和予以同意。啊！天主的溫良慈善！這一切必是祢的聖意，祢要的只是我們的意志，及在這個蠟上沒有障礙。

⓭ 因此，妳們看得出來，修女們，我們的天主在此所做的，是為了使這個靈魂認識自

174. 《城堡》5・1・12。
175. 《雅歌》二章 4 節（思高聖經）：「他引我進入酒室，他插在我身上的旗幟是愛情。」

己是屬於祂的；祂給出祂所有的，即祂的聖子在今世所有的，祂不能給我們比這更大的恩惠。誰能比祂的聖子更渴望離開此世呢？為此，至尊陛下在最後晚餐中說：「我渴望而又渴望⑰⑥。」

那麼，這是怎麼回事呢？主啊！面對行將忍受的苦難捨命，祢不認為是這麼痛苦和令人驚慌的死亡嗎？「不！我渴望靈魂得救的大愛，無比地超越這些痛苦；我居住人世之後，所經歷和承受的至極痛苦，比起我的渴望根本不算什麼。」

14 真是這樣，我多次深思細想這事，我也知道某個我認識的人⑰⑦，看到我們的主受冒犯，她所遭受和經歷的這個痛苦，是這麼的忍無可忍，她寧可死掉，而不願忍受這痛苦。想想看，如果一個靈魂懷有這麼微小的愛德，和基督的愛比較起來，可以說是幾乎一無所有，她卻感受到這折磨如此的忍無可忍，那麼，我們的主耶穌基督的感受又該怎樣呢？祂必須忍受的生活又是怎樣的呢？因為凡事都呈現在祂面前，祂經常目睹人們嚴重地冒犯祂的天父。我毫無疑問地相信，這些痛苦遠遠超過祂的至聖苦難；因為受難時，祂已看到苦難的終點，除此之外，看到因祂的死亡，我們所得的醫治，及為祂的父備受痛苦時，顯示出祂對父的愛，這一份滿足減輕了祂的痛苦，就像那些活在今世的人，懷著強勁的愛，力行嚴酷的補贖，他們幾乎不覺痛苦，又切願多多益善，所做的一切都嫌太少。那麼，至尊陛下會怎樣呢？看到自己有這麼大好的機會，表現出祂是多麼完全地服從祂的父，及愛祂的近人。啊！至大的喜悅！為了承行父的旨意而忍受痛苦！然而，看到如此持續地有這麼多人冒犯至尊陛下，且有這麼多靈魂走向地獄，我感受的痛苦是這麼激烈，如果人不是超人，那樣的痛苦，只要一天就足以了結許多條命，何況只是一條命！

176. 《路加福音》廿二章15節。
177. 指的是她本人，參見《自傳》39·9；38·18：「當靈魂看到，他怎麼敢，或有誰怎麼敢，冒犯這麼至極的尊威時，使得靈魂極其害怕。」

第三章

續談相同的主題，說明靠天主的恩惠，靈魂能得到另一種結合，及愛近人對此結合是多麼重要。本章非常有用。

❶ 那麼，再回來談我們的小鴿子[178]，看看天主在此住所給了她一些什麼。常常要明白，我們必須在事奉上主和認識自我方面前進；若是接受了這個恩惠，而又什麼都不做，好像事情已經完全安穩妥當，對於生活不再認真小心，竟而轉變方向，偏離上天堂的道路，就是說不遵守天主的誡命，那麼，發生於蠶的事，也會降臨到她身上，亦即，發出種子產生其他的蠶，而就此永遠死去[179]。我說蠶發出種子，因為我認為，天主不願所給的這麼大恩惠徒然無益；而是，如果不是她本人受益，這恩惠也會有益於他人。因為這靈魂已保有前述的這些渴望和德行，這段期間內，靈魂善度良好的生活，常能惠益其他的靈魂，由於她的熱心而傳達給她們熱情；即使她失去了熱心，她仍然懷有希望別人受益的渴望，而且喜歡說明天主賜予的恩惠，即賜給凡愛祂和事奉祂者的恩惠。

❷ 我認識一個人，在她身上發生這事[180]，雖然她已深陷迷途，卻樂於以天主賜給她的恩惠幫助別人，對不明瞭的人指示祈禱的道路，她還行了很多的善舉，真的很多。後來上主再

178. 大德蘭說小鴿子，相當於說小蝴蝶，她交互使用這兩個象徵。參見：《城堡》5·4·1；6·2·1；6·4·1；6·6·1；6·11·1；7·3·1。
179. 按大德蘭當時有限的知識，以為蠶卵是由蠶發出的種子，由於資訊的缺乏，這是無可厚非的誤解，而且，在此她的主要用意是用來做為比喻，不是生物學的研究。
180. 指的是大德蘭本人，見《自傳》7·10。

賜給她光明。事實上，她還沒有上述經驗的效果。不過，必然有很多人，他們蒙上主召叫成為使徒，如猶達斯；也有的蒙召為君王，如撒烏耳，後來都因其過犯而喪亡了！修女們，我們由此可知，如果要愈來愈堪當蒙受恩惠，不像那些人一樣地喪亡，我們的安全在於服從和不偏離天主的法律；我是對蒙受類似這些恩惠的人說的，甚至是對眾人說的。

❸ 對於這個住所所說的，我覺得仍有些隱晦不明。既然進入其中會有如此的豐收，對那些未蒙上主賜予這麼超性恩惠的人，不要讓他們感到敗興與失望是好事；真正的結合實在是能夠獲取的：藉著我們上主的助祐，如果我們努力求取，使我們的意志專注於天主的旨意。啊！我們中有多少人會說：我們是這麼做的，彷彿我們別的什麼都不想要，只願為此真理而死，就如，我相信我已說過的[181]！那麼，我告訴妳們，我也會多次重說這事，如果妳們說的是真的，妳們必然已從上主蒙受這些恩惠，妳們一點也不用掛心所說的其他愉悅的結合，至於在愉悅的結合中，最有價值的係來自我現在說的這個結合；如果這個結合不是很確定地來自順服天主的旨意，那麼，就無法達到我所說的結合。啊！多麼令人渴慕的結合！獲得的靈魂是多麼有福！她會在今世度著安寧的生活，來世亦然；因為世上發生的事，沒有什麼能使她憂愁，除非她發現自己處於失去天主的危險中，或看到天主被冒犯；不是生活，不是貧窮，也不是死亡，除非死去的人是天主教會需要的人；這個靈魂清楚地明白，天主知道做什麼更好，遠超過靈魂所渴望的。

❹ 妳們必定注意到有多種不同的痛苦；因為有些痛苦是突然從本性來的，滿足愉悅亦然，甚至會來自同情近人的愛德，如同我們的主復活拉匝祿時那樣[182]。與天主的旨意結合並不會取消這些經驗，也不會長期地以不安的情緒擾亂靈魂。這些痛苦很快會過去；如我已說

181. 見《城堡》5・2・6－7。
182. 《若望福音》十一章35節。
183. 《城堡》5・1・6，並參閱《城堡》4・1・4－5；2・3－5。
184. 《城堡》5・1・3－4。

過的[183]，有關在祈禱中的享樂，好似尚未達到靈魂的深處，而只達及感官和官能。前面的那些住所中會有這些享樂，卻不會進入尚待解釋的後面住所，為了達到後面的住所，必須有我已說過的官能的休止[184]，上主能經由許多道路致富靈魂，帶領她們達到這些住所，無須經過我所說的捷徑。

❺ 不過，女兒們，妳們要細心留意，這隻蠶必須死去，更要死於妳們的意志；因為，在其中[185]，看到自己的新生命，非常有助於人死亡；在另一個結合中[186]，由於仍生活在今世，我們必須致死這隻蠶。我承認，這個死亡需要費很多或更多的力氣，卻很值得。因此，如果從中獲勝，賞報更大。而這是可能的，不要懷疑這翕合天主旨意的真正結合。這個結合是我畢生所渴望的，是我經常向上主祈求的結合，這也是最清楚和最安全的結合。

❻ 然而，可憐的我們！達到這結合的人多麼少！雖然看管好自己不冒犯上主，且又入會修道的人，自認為她已做了一切！啊！其中卻還留有一些不明的蟲子，直到如同約納的故事中，咬死蓖麻的蟲子[187]，把德行都咬死了，這些蟲子就是自愛、自我重視、判斷近人，即使是在很小的事上，對近人沒有愛德，沒有愛他們如同愛自己；即使為了不犯過，我們拖拖拉拉地盡本分，但這在達到與天主的旨意完全結合上，我們還差得很遠。

❼ 女兒們，妳們想祂的旨意是什麼呢？就是要我們是完全成全的；與祂和祂的父合而為一，如同至尊陛下的祈求[188]，妳們看，為達到這個合一，我們是多麼欠缺！我告訴妳們，當我正在寫這事時，滿懷痛苦地看見自己離得這麼遠，而且全是我的過錯；為了這個結合，上主無須賜給我們崇高的禮物；天主在祂的聖子內給予我們的，就已足夠了，祂會教導我們這條道路。妳們不要以為，這麼地翕合天主的旨意，在於，如果我的父親或兄弟過世，我不

185. 指在愉悅的結合或灌注的祈禱中（*unión regalada u oración infusa*）。在如此愉悅的結合中，死於自我是容易又欣喜的。
186. 指意志翕合天主聖意的結合。 此時，要靠自己的力量死於自我，就是說，要親自下手，殺死自我的意志。
187. 《約納》四章 6 － 7 節。
188. 《若望福音》十七章 22 節；《瑪竇福音》五章 48 節。

會覺得悲傷；或如果有磨難或疾病時，我會歡喜地忍受。這麼做很好，而且往往是明智之舉，因為我們無路可走，因而修行必須的德行。有好多像這樣的事，哲學家們都可以做得到，甚或不是這類的事，而是其他的事，如獲取廣博的學問。這裡，在我們的修道生活中，上主只向我們要求兩件事：愛至尊陛下和我們的近人，這是我們必須努力的工作。成全地履行這兩件事，就是實行祂的旨意，這樣，我們就是與祂結合。不過，如同我說過的，為這麼偉大的天主做這兩件事，我們所做的還差得多麼遠！願至尊陛下保祐，賜給我們恩寵，如果我們願意，使我們能堪當達到這個境界，這是我們能力所及的。

❽ 按我的見解，我們是否履行這兩件事，最確實的標記在於好好地愛近人；因為愛不愛天主，我們不得而知，雖然有大記號讓人懂得我們愛天主；不過，愛近人是能知道的⑱⑨。而且很確定的是，妳們看自己在愛近人上愈進步，在愛天主上也會愈進步；因為至尊陛下對我們的愛這麼大，為了賞報我們對近人的愛，祂會以成千的方式來增加我們對祂的愛。我不能懷疑這事。

❾ 對我們來說，非常重要的是，極其細心地留神，看我們在這事上如何修行，如果很成全地愛近人，那我們就是做了一切；因為，我相信，由於我們的本性不好，如果愛不是來自天主的愛，以之為根基，我們無法達到成全地愛近人。既然這事對我們這麼重要，修女們，我們要設法盡力了解自己，即使是在小事上亦然，而不去看重那些非常大的好事，亦即在祈禱中，有時突然臨於我們，好似為了我們的近人，甚或只為一個靈魂的得救，我們所要做，或將會發生的好事；因為，如果後來我們的行為不相稱這些工作，也就沒有理由相信我們會完成這些善舉。關於謙虛及所有的德行，我也說相同的話。魔鬼的狡猾手段很是高明，

189.《若望壹書》四章20節。

牠會傾注全地獄的力量，讓我們自認為有某個德行，其實並沒有。而牠是對的，因為是很大的傷害，這些虛偽的德行，總是伴隨著虛榮，就是從這個惡根來的；正如來自天主的德行，既沒有虛榮，也沒驕傲。

⓾ 有時看見某些靈魂，令我覺得好笑，當他們祈禱時，自認為願意為了天主而甘受貶抑、公開地受辱，後來，如果能夠的話，她們會隱瞞一個微小的過失；或者，要是沒有犯錯而受人諉過，那時可不得了，天主啊！解救我們吧！所以，凡不能忍受這樣事情的人，要多多注意，不要看重她個人的決心及她的看法；事實上，這不是意志上的決心，因為意志上的決心，是另一回事；這只是一些想像，魔鬼在其中玩弄牠的攻擊和欺詐；對於婦女或沒有學問的人，牠們能多方下手為害，因為我們不知道官能與想像之間的不同，也不懂得內在成千的事。啊！修女們！我們可以多麼清楚地看到，妳們中有些人真是愛近人，也可以看出那些缺乏此成全之愛的人！如果妳們明瞭這個德行對我們是何等重要，妳們就不會想要追求其他什麼了。

⑪ 當我看見靈魂非常勤奮地尋求了解她們的祈禱，在祈禱時，她們愁眉苦臉，好似動也不敢動，連思想也不敢稍有波動，以免失去那一點點的甜蜜和熱心，這使我明白，她們多麼不懂這條達到結合的道路，她們以為事情的關鍵全在於此。不是的，修女們！不是這樣的；上主要的是工作[190]！如果看見一位患病的修女，妳能減輕她的一些病苦，妳要同情她，而不要擔心會失去這個熱心；如果她受苦，妳也要與她感同身受；必須的話，妳要為她守齋，使她有東西可吃，不只是為了她，更是因為妳知道，那是妳的上主所要的。此乃真正的與祂的旨意結合，如果妳看見一個人受讚美，而妳因之欣喜萬分，好像是自己受讚美。真實

190. 參閱《若望福音》二章17節：「我父到現在一直工作，我也應該工作。」到了最後第七重住所，聖女大德蘭再次強調，神婚的目的是從中經常生出工作、工作。《城堡》7·4·6。

的，這是容易做到的，因為如果有謙虛的話，看到自己受讚美，反而會覺得難受。然而，若修女們的德行被顯揚，因之而來的欣喜是極好的事；如果看見她們有些過失，我們要感到如同自己犯過一般，且要為她掩飾過錯。

⓬ 關於這事，我已在別處說了許多⒆，修女們，這是因為我看出來，如果不愛近人，我們都會迷失的。天主保祐，總不要發生這事，若是這樣，我告訴妳們，我所說的，從至尊陛下而來的結合，妳們不會得不到。當妳們見到自己缺乏這份對近人的愛，即使妳們有熱心和愉快的祈禱經驗，使妳們以為已達到這個結合境界，也體驗到寧靜祈禱中，一些小小的感官休止（有的人以為一切都已大功告成），要相信我，妳們尚未達到結合，卻要向我們的主祈求，求祂賜給妳們這份對近人的成全之愛，讓至尊陛下自由行事，祂給妳們的會超過妳們所渴求的，因為妳們努力且盡力之所能善盡這一切事；在一切事上，勉強妳們的意志實行修女們的意願，即使妳們會失去自己的權利；為了她們的緣故，忘掉妳們的好處，無論妳們的本性如何的反抗；遇有機會時，努力承擔勞苦工作，以減輕近人的負擔。妳們不要想，這一切不要代價，就會為妳們完成。妳們看，我們的淨配為了愛我們所付出的代價，為了救我們免於死亡，祂這麼痛苦地死在十字架上。

191. 《全德》7；《建院》5。

第四章

繼續相同的主題，更進一步地說明這個祈禱方式[192]，說明小心地前行是多麼重要，因為魔鬼無所不用其極，企圖使人從開始行走的路上轉身後退。

❶ 我覺得，妳們渴望著看到這隻小鴿子在做些什麼，棲息在什麼地方，如我已解釋的，她安息的地方不在於享受心靈的神味，或世上的滿足愉悅，而在於她飛翔得更高。除非達到最後的住所，我對妳們的渴望是不會滿足的，天主保祐，到時我會記得，或有時間敘述這事；自從開始這個工作到現在，已過了差不多五個月[193]；由於我的頭不舒服，無法重讀所寫的部分，一切都會雜亂無章，或許有些事會重複說兩遍。由於是為我的修女們寫的，這就沒什麼關係了。

❷ 雖然如此，我願深入地對妳們說明，我所認為的這個結合的祈禱是什麼。按我之所能，我要提出一個比喻；後來我們會多談這隻小蝴蝶（雖然她經常給自己和其他的靈魂帶來好處）[194]，因為她一直沒有找到真正的棲息之所。

❸ 妳們已經多次聽說過，天主以屬靈的方式和靈魂成婚。願祂的仁慈受讚美！祂是如此地自甘謙卑！雖然這是個粗略的比喻，但除了婚姻聖事，我找不到別的什麼，更能說明我想說的。兩者是不一樣的，因為我們所謂的神婚，完全是屬靈的（屬血肉的事與之相差甚遠，上主賜予心靈的滿足愉悅和享受神味，與結婚之人必有的享樂，兩者差之千里），因為

192. 即結合的祈禱。
193. 一五七七年六月二日，大德蘭在托利多開始寫這本書，不到一個月的時間，她已寫到第五重住所的第三章。約在七月中旬，她前往亞味拉，很有可能她在那裡寫完第三章．從那時起，暫時擱下，直到十一月初，她於一五七七年十一月二十九日完成這部著作。
194. 括號內的這句話是聖女大德蘭補述的。

純然是愛與愛的結合，其運作是至極純潔的，也是這麼地至極靈巧和溫柔，無法言喻，但上主卻懂得如何使人非常清楚地感受到。

❹ 我認為，這個結合尚未達到神性的境界；不過，就像在今世，當兩個人要訂婚時，他們得商談是不是都同意，彼此是否相愛，甚至要互相會面，好能更加彼此滿意。在此，與天主的結合亦然，雙方已經同意，這個靈魂非常清楚地獲知其淨配是多麼好，並決心在一切事上奉行祂的旨意，且以所有她認為能悅樂天主的方式，承行主旨，而至尊陛下好似深明此事，對這些靈魂很是欣喜，因此賜予一些慈惠，願意靈魂更加認識祂，如同人們說的，使他們相見及結合[195]。我們能說，結合就像這樣，因為很短的時間就過去了，這裡不再有交換禮物，但靈魂以一種祕密的方式，看見這位淨配是誰，及她將要得到的；因為經由感官和官能，她絕不能，也無法以一千年的時間，明瞭她在此極短的時間懂得的事；然而由於這位聖淨配是天主，單單這個相遇，就使得靈魂更加尊貴，堪當人們所謂的互相牽手；因為靈魂存留在這麼深的愛內，在她這方面會盡其所能，不去攪亂這個神性的訂婚。然而，如果這個靈魂漫不經心，把愛情放在天主以外的對象上，她會失去一切的，而這麼至極的損失，也就是失去天主賜給她的那些極大的恩惠，遠超過能有的誇張說詞。

❺ 為此，基督徒的靈魂，上主已經帶領妳們達到這些境界，我請求妳們，為了祂，妳們不要漫不經心，要離開犯罪的機會，即使處在這個境界，靈魂尚未強壯到可以置身於不適宜的場合中，如同得到神性訂婚之後那樣強壯，這神性訂婚是屬於接下來要說的住所；目前的交往，無非是人們所謂的彼此相見，而魔鬼則步步留神，伺機和靈魂交戰，使她偏離這個神性訂婚；後來，當牠看到靈魂全然順服祂的淨配，魔鬼就不敢這麼放肆，因為牠害怕這

195. 在婚姻的比喻中，大德蘭採用當時的風俗習慣：1）年輕的男女雙方相見；2）交換禮物；3）彼此相愛；4）牽手；5）訂婚；6）結婚。

個靈魂，牠從經驗得知，如果有時輕舉妄動，牠會遭受更大的損失，而靈魂則獲得更大的收穫。

❻女兒們，我告訴妳們，我認得一些非常高超的人，且已達到這個境界，由於魔鬼無所不用其極的詭計，克勝他們，使他們轉身後退；因為，魔鬼必會聯合整個地獄來對付他們，如同我多次說過的⑯，要是失去一個這樣的靈魂，不是失去一個，而是一大群。魔鬼在這個事上已有經驗，如果我們看見，天主經由一個靈魂，吸引眾多的靈魂歸向祂；天主應受到極度的讚揚，因為有成千上萬的人，由於殉道者而皈化：如聖吳甦樂（Ursula），這麼一位年輕的女孩！還有，由於聖道明、聖方濟及其他修會的創會者，魔鬼必然已失去許多人，現今，因著創立耶穌會的依納爵神父，也失去許多人！這一切是很明顯的，如同我們所讀到的，所有從天主得到相似恩惠的人皆然。如果他們沒有盡心竭力，不因自己的過錯而失去這麼一個神性訂婚，這一切怎麼可能呢？啊！我的修女們哪！現今如同往昔，這位上主是如何準備賜給我們恩惠，甚至從某方面來說，祂更需要我們渴望接受恩惠，因為今非昔比，如今重視祂榮耀的人很少。我們都深愛自己；為了不失去自己的權利，我們十分慎重。啊！多麼大的騙局！因上主的慈悲寬仁，願祂賜給我們光明，不致陷入類似的黑暗。

❼妳們可能會問我，或懷疑兩件事：第一，如果這靈魂準備得如此妥當，樂意承行主旨，如我所說的⑰，怎麼會上當受騙呢？在一切事上，她豈不是不做自己的私意嗎？第二，經由什麼道路，魔鬼能如此為害地進入，致使妳們喪失靈魂？妳們已經這麼地遠避世俗，這麼親近聖事，而且，我們能說，處在天使群中，由於上主的慈惠，除了在一切事上光榮天主、悅樂祂之外，妳們別無所求；至於置身於世俗凡塵的人，他們陷入迷途是不足為奇的。

196. 《城堡》4·3·9－10。
197. 《城堡》5·4·4。

我說，關於這事，妳們是對的，因為天主賜給我們滿滿的仁慈恩惠；不過，當我看見，如我所說的[198]，猶達斯就是在宗徒的團體當中，常常和天主本人交談，聆聽祂的話語，這使我明白，在這些事上是沒有安全的。

❽回答第一個問題，我說，如果靈魂經常緊守天主的旨意，顯然地，她不會陷入迷途；不過，魔鬼卻會運用一些詭譎的狡計，在行善的藉口下，以芝麻小事令人混淆，且介入一些事件中，魔鬼使靈魂認為那些事並不壞，漸漸地，使靈魂的理智黑暗，意志冷卻，增長她的自愛，直到以這個或那個方式，害她離開天主的聖意，隨從自己的私意。

在此，我們對第二個問題也有所答覆；因為沒有禁地是這麼的封閉，竟至連魔鬼都不得進入，也沒有曠野是這麼的隔絕，使魔鬼到不了的。甚至，我還有別的事要對妳們說，也可能是上主允許這事，為了看看這個靈魂的行事作為，因為上主有意要立她為眾人的光明；如果她是敗壞的，最好一開始就顯露出來，比後來出事還好，不至於為害許多靈魂。

❾至於勤奮努力，我認為比較確實的是（首先，要在祈禱中常常祈求天主，求祂伸手助祐我們，要時時不斷地想著，如果祂放棄我們，我們會立刻掉落深淵，化為烏有，而這是真的，我們絕不可信任自己，因為這麼做是很愚蠢的），我們行走要特別小心和戒備，看我們如何修持德行：某方面，我是不是更好或更壞，尤其是在彼此相愛上、在渴望被看成修女當中最小的一個，也在日常的工作上；因為，如果我們注意這些事，祈求上主光照我們，我們會很快看出所得和所失。妳們不要想，達到如此親近天主的靈魂，天主會這麼快地撒手不顧，也不要以為魔鬼能輕易下手為害，由於靈魂的喪亡會使天主深感難過，祂會用多種方式賜予成千的內在警惕；這樣，損害就不會隱而不見。

198. 《城堡》5・3・2。

❿總之，這事的結論是：我們要不斷地努力前進，如果沒有邁步向前，我們就要恐懼戰兢地行走，因為，無疑地，魔鬼企圖發動一些攻擊來對付我們；然而，一個人達到了如此的地步，卻又停止成長，這是不可能的，因為愛從不偷懶，若是偷懶，這是一個非常糟糕的記號。由於這靈魂努力成為天主的淨配，與至尊陛下親密交往，且已達到我們所說的境界，千萬不可睡覺。

女兒！為使妳們看到，對那已被天主視為淨配的靈魂，天主所行的事，我們要開始述說第六重住所，而妳們會看出來，何以所有我們能服事、受苦及做好準備得蒙這麼崇高恩惠的一切，全都是微不足道的。有可能是我們的主這樣安排，使他們命令我寫，好使我們的雙目注視著（祂的）賞報，看見祂的仁慈多麼無限無量，因為祂肯把自己通傳並顯示給一些微蟲，我們要忘記世上小小的快樂，雙目注視著祂的偉大，我們會奔跑，在祂的愛內燃燒起來。

⓫願祂保祐，我就要說明一些這麼難的事；如果至尊陛下和聖神不帶動我的筆，這是不可能的。而如果我說的為妳們沒有益處，我祈求祂，讓我什麼也說不成；因為至尊陛下知道，我沒有別的渴望，按我對自己所能了解的，我只渴望祂的名受讚美，而且我們努力服事的這一位上主，祂甚至在今世就能這樣地酬報我們。由此，我們能了解，在天堂上祂所要賜給我們的，這些賜予沒有今生狂暴世海的間歇、辛勞和危險。因為，如果不會失去祂，也不會冒犯祂的話，那麼，生命一直活到世界末日，為這麼偉大的天主、上主和淨配操勞，必不是勞累，而是憩息。

願至尊陛下保祐，使我們堪當稍微服事祂，不會有這麼多常犯的過失，即使是在善工上，阿們。

第六重住所

第一章

談論上主開始賜予更大的恩惠時，何以會有更大的磨難。提出一些事，說明已在這個住所內的人，要如何自持。本章對於忍受內在磨難的人很有用。

❶ 賴聖神的助祐，我們要來談談第六重住所，在這裡，靈魂已經由於淨配的愛而受傷，努力尋求更多的時間單獨一人，按照她的情況，除掉所有能阻礙這獨居的一切。那個「彼此相見」[199]留給靈魂如此深的印象，她的全部渴望是再次享有這個相見，我已說過，在這個祈禱中並沒有看見什麼，意即沒有一般所說的看見什麼，也非以想像看見什麼；我說「相見」，係因我所引用的比喻[200]。靈魂已經下好決心，她不要別的配偶；但是聖淨配卻不看靈魂對訂婚的至極渴望，因為祂仍要靈魂更加渴望，且為此訂婚好好地付出代價，這是個極大的恩惠。雖然為了這麼至極的利益，一切都算不了什麼，女兒們，我告訴妳們，靈魂為了忍受這個延期，必須有她已有的訂婚信物或記號。天主啊！幫助我吧！進入第七重住所之前，靈魂要忍受的是何等的內外磨難！

199. 見《城堡》5・4・4。
200. 《城堡》5・1・9－11；5・4・3－4。

❷的確，有時候我深思這事，也擔心如果靈魂事先知道，其本性的脆弱會極難下決心去受苦，也無法決心通過這些苦患，無論呈現在她面前的是何等的美好幸福，除非她已經達到第七重住所，在那裡她不再怕什麼，已徹底地要為天主忍受痛苦[201]。理由在於，她幾乎是經常與至尊陛下這麼親近地連合，因此而有了剛毅。我相信，述說其中的一些磨難是很好的，我知道這是一個人必定會經過的。或許不是所有的靈魂都被帶領走上這條道路，雖說如此，那些有時這麼真實地享有天上事物的靈魂，她們的生活中卻沒有種種的世上磨難，我是相當懷疑的。

❸雖然我沒有意思要談論這事，不過我想，對某些自知置身於其中的靈魂，獲知蒙天主賜予相似的恩惠，會是怎麼一回事，她們會有很大的安慰，因為在受磨難的時候，她們真的認為一切都喪失了。我將不按照所發生的事來陳述，而是按照我腦袋裡冒出來的記憶。我想要從最微小的磨難說起，這是一種叫喊，來自與某人曾有過交往的那些人，甚至也來自未曾相識的人，在她的生活中，她認為這些不相識的人根本不會想到她的，這些喊叫如下：「她自命為聖女」；「她極力欺騙這世界，也使別人敗壞；沒有作這些秀的人，反而是更好的基督徒。」要注意一下，她絲毫沒有作秀，只不過是善盡自己的本分而已，那些她視之為朋友的人，離她而去，而就是這些人狠狠地咬了她，讓她深感痛苦，他們說：「那靈魂已經喪亡了，而且很明顯是騙人的」；「都是魔鬼的事件」；「她必會像這個或那個喪亡的人，而且是德行墮落的誘因」；「她欺騙了告解神師們」。他們還前去找那些告解神師，這麼對他們說，舉例說明一些這樣喪亡之人的下場；成千的嘲笑及如此這般的說詞。

❹我認得一個人[202]，她害怕極了，由於前述的流言蜚語，再沒有人要聽她的告解。而這

201. 見《城堡》7・3・4－5；6・11・11。
202. 她指的是自己，參見《自傳》28・14。

些流言之多，我無須為這些閒話在此贅述耽擱。更糟的是，這些事並沒有很快地過去，反而殃及她的一生，人們彼此走告相傳：小心，不要和類似這樣的人往來。

妳們會對我說，也有說好話的人。啊！女兒們哪！真的相信這些恩惠的人，和那許許多多憎惡的人相比較，何其稀少！再者，說好話比前述的流言，更加令她難受！因為靈魂清楚明白，如果她有什麼好的地方，全是天主所賜，一點也不是她自己的，因為不久前，她看到自己非常可憐，滿是大罪，所以稱讚對她是個忍無可忍的折磨，至少在開始時是這樣的，後來就沒有這麼折磨人，由於幾個理由：第一，因為經驗使靈魂清楚明白，人們說好說壞如此之快，所以無論是說好或說壞，她都不去在意；第二，因為她已蒙上主更多的光照，得知沒有什麼好事是她個人的，而是至尊陛下賜予的，就好像見到在第三者身上所擁有的一般，忘記其中有什麼是她的，轉而讚美天主；第三，如果她見到，有些靈魂受惠於見到天主賜給她的恩惠，她認為是至尊陛下用這個方法，為使那些靈魂得到益處，而使她被人看好，但實非如此；第四，因為她尋求天主的榮耀和光榮，甚於自己的，開始時出現的誘惑——讚美會摧毀她，如同在某些人身上看到的——現在已除去，至於自己丟臉受辱，她並不會拿它當一回事，只要天主因此而多一次受讚美；後來，不管什麼，要來的就來吧！

❺ 這些及其他的理由，減輕了因讚美而來的許多痛苦，雖然如此，有些痛苦幾乎是常常感受到的，除非是當人完全不加以注意時；然而，在看到自己被公然稱好，卻又不堪受此稱讚，這比前述的磨難更無比地令人痛苦；當靈魂達到這個境界，她對於讚美這事不在意，另一方面，對責備更是不放在心上；相反的，她歡躍於其中，好似聽聞非常甜美的音樂。這是極其真實的，責備沒有挫折她的銳氣，反而使她更堅強；因為她已從經驗中得知，經由這

條途徑得到很大的收穫，她認為，那些迫害她的人並非開罪天主，更好說，是至尊陛下為了靈魂的大益處所許可的；由於她清楚地體驗到這事，使她對那些迫害者有一份特別又非常溫柔的愛，認為她們是最好的朋友，比說好話的人更有益於她。

❻ 上主也時常許可她患重病。這是個相當大的折磨，尤其是遇有劇烈的病痛時，就某方面來說，如果這些痛苦是猛烈的，我認為，這是世上最大的折磨——我是說外在的最大折磨，不管有多少其他的痛苦[203]。我說，如果是非常猛烈的痛苦，因為那時使得靈魂內外都受罪，致使她不知如何自持；她真的寧願立刻接受任何一種殉道，而不願有這些劇烈的痛苦；雖然這至極的劇苦並非如此地拖延下去，畢竟，天主給予的，無非是我們能忍受的，至尊陛下先把忍耐賜給我們；不過，其他的大痛苦，及多種的痛苦，則是平常的事。

❼ 我認得一個人，自從上主開始賜給她上述的恩惠，已有四十年，她真的能說，沒有一天不感到疼痛和其他各種的病苦（我是說，由於身體不健康所致），以及其他的大磨難[204]。的確，她一直是非常卑劣的，但比起她該下的地獄，一切苦患都算不了什麼。至於其他的人，他們沒有如此地冒犯我們的主，天主帶領他們走的是別條路；不過，我經常選擇痛苦之路，只是為了效法我們的主耶穌基督，即使得不到別的利益也無妨；更何況，這麼做總會有許多的益處。

❽ 我們從靈魂碰見一位這麼謹慎[205]、經驗又這麼少的告解神父，帶給她的折磨說起，沒有一件事在這位神師看來是安全的：他什麼都害怕，凡事都可疑，因為他見到了不尋常的事；尤其是，如果他看到有不凡經驗者的身上有些不成全，因為，他以為，凡蒙天主賜予這些恩惠的人，必須是天使，但只要他們仍活在肉體內，這是不可能的。凡事立刻就被斷定

203. 參閱《自傳》30．8。
204. 「我認得一個人」：這人指的是大德蘭本人。「上述的恩惠」：指的是結合的祈禱，或說是行將訂婚者的「彼此相見」，此乃第五重住所的祈禱特性。「已有四十年」：指她入會修道後罹患重病，大約是在一五三七年，直到一五七七年寫這本書時。至於這些痛苦和磨難，參見《自傳》4－6；她的首次結合經驗見《自傳》4．7。
205. 這麼謹慎：是一種幽默的說法。

為來自魔鬼或憂鬱症。所以這個世界滿滿都是憂鬱症的人，我一點也不驚奇；現在，在這世上，有這麼多這樣的人。魔鬼經由這條路，做出這麼多的壞事，告解神師對此非常害怕，又小心看守，真的對極了。然而，可憐的靈魂，懷著同樣的害怕行走，前去找她的告解神師，如同去看她的判官，接受判官的斷定，她不能不深受折磨和擾亂。因為此乃這些靈魂忍受的另一種大磨難，尤其是，如果她們曾經度過卑劣的生活，自認為，就是因為她們的罪過，天主許可她們受騙；雖然當至尊陛下賜予她們恩惠時，她們感到安全，也相信這恩惠不是來自別的神靈，而是從天主來的，但恩惠之來，很快就過去，對於罪過的記憶卻經常浮現，靈魂看著自己的過錯——這些總是不會缺少的——那些痛苦折磨立刻又捲土重來。當神師肯定她時，即使痛苦再回來，靈魂仍會平靜下來；然而，當神師助長這些恐懼時，事情就會變得幾乎忍無可忍；尤其是，處在這些情況中，又面臨一些乾枯，那時靈魂認為她再想不起來天主，而且永遠會這樣；當她聽見有人說及至尊陛下時，好像是在聽說一個離得很遠的人。

❾ 這一切，比起想到無法向神師說明，及欺騙了他們，其實是算不了什麼；雖然靈魂深思細想，也明白，她已全盤告訴了神師，連最初的動作也說了，仍然沒有用；靈魂的理智如此黑暗，沒有能力看見真理，反而相信想像呈現給她的事物（現在想像成了她的主人），或魔鬼有意顯現的任何蠢事，我們的主給了魔鬼許可，讓牠來考驗靈魂，甚至使靈魂認為她已被天主棄絕。因為有許多事與她交戰，充滿內在的壓抑，這麼不舒服和忍無可忍，除了比喻成在地獄中忍受的痛苦，我不知能用什麼來做比較；因為在這個風暴之中，不容許有絲毫的慰藉。如果她想要從神師得到安慰，魔鬼好似助長神師，更加折磨靈魂；因此，當神師與一位受過這個折磨後的靈魂談話（由於這麼多的事情都牽扯在一起，靈魂感到這是個危險的

折磨），神師要靈魂在受到折磨時讓他知道，而這些折磨總是這麼惡劣，他於是明白，自己是幫不了什麼忙的[206]。那時，如果這人想看一本西班牙文的書，她本來是很會唸書的人，這時讀起來，不會比目不識丁的人懂得多，因為理智無法理解[207]。

⑩ 總之，在此風暴中是無可救藥的，只能等待天主的仁慈，在一個意想不到的時候，只要一句話，或有某個機會，祂這麼快就平息一切，彷彿在靈魂內連絲毫的烏雲也沒有，因此而充滿陽光及許許多多的安慰；如同一個人從危險的戰爭中脫險，獲得勝利，她讚美我們的主，因為作戰贏得勝利的是上主；她非常清楚地明白，仗不是她打的，因為所有她能用來防禦的武器，好似全在敵人的手中，因此，她清楚地認識自己的可憐，也知道，如果上主捨棄我們，我們能做的少之又少。

⑪ 彷彿為了明瞭這些事，靈魂不必深思細想，因為對這事的親身經歷，她已看到自己完全的無能為力，使她明白我們的一無所有，也明白我們是多麼可憐的東西；因為恩寵是如此地隱藏（雖然如此，靈魂必不是沒有恩寵，即使她有這一切折磨，她既沒有冒犯天主，也不會為了任何世物得罪天主），甚至連一個小小的火花也看不見；因為，如果她曾行過什麼善事，或至尊陛下曾賜給她什麼恩惠，她覺得全是作夢和一時的空想。至於罪過，她確實地看見自己犯了罪。

⑫ 耶穌啊！看到像這樣被拋棄的靈魂，是何等的光景！如我說的[208]，世上的安慰對她一點用處也沒有！因此，修女們，如果有時妳們陷於如此的境況，妳們不要以為，有錢人和自由人面臨這些的時候，他們會比較有辦法避免。不，不會的，我認為，當人們把世上所有的賞心樂事擺在面前時，無異於就像被宣判死刑一般，不足以撫慰他們，反而增加他們的折

206. 這人即是聖女大德蘭，神師是巴達沙・奧瓦雷思（Baltasar Alvarez）。
207. 見《自傳》30・12。
208. 見本章 9 － 10 節。

磨；所以，這折磨是從上而來的，世上的事物在這裡實在起不了什麼作用。這位偉大的天主要我們認出祂是君王，也認透我們的可憐，這對於後來的進步非常重要。

⑬ 那麼，當這個折磨延長許多天時，這可憐的靈魂要怎麼辦？因為，如果她祈禱，她覺得好像沒在祈禱，我是說，她沒有安慰；她不許得到內在的安慰，也不了解自己的祈禱，即使是口禱亦然，而現在絕不是修行心禱的時候，因為官能無法修行，獨居反而會造成更大的損害；對這個靈魂還有別的折磨，就是和人在一起，或人們和她說話。因此，無論她多麼勉強自己，她的外表仍會流露出不快樂及情況很糟糕，且是顯然可見的。

她會知道怎樣述說自己的經驗嗎？真是這樣嗎？這是無法述說的，這些磨難和痛苦是靈性的，她不知道如何稱呼它們。最好的解決辦法——我不是說要把它們除掉，因為除了讓靈魂忍受它們，我找不到任何可行的方法——是專注於愛德的工作及外在的事務，寄望於天主的仁慈，祂絕不會辜負仰望祂的人。願祂永受讚美，阿們。

⑭ 其他來自魔鬼的外在磨難，不會這麼常有，因此沒有理由談論它們，大致上，它們是不會這麼痛苦的；因為，我認為，魔鬼的許多作為，都無法達到這樣地使官能失去作用，也不能以此方式來擾亂靈魂；總之，牠們所能做的，不會超過天主給的許可，這樣的想法是對的；如果人沒有失去理智，所有的事比起前述的折磨，都是微不足道的。

我們將述說這一重住所中的其他內在痛苦，談論種種不同的祈禱和天主的恩惠；雖然有些恩惠比上述的痛苦甚至更劇烈，正如後來會看到的，身體會留下一些效果，它們不堪稱為磨難，我們也沒有理由這麼說它們，因為是來自上主的這麼大恩惠，接受這些恩惠時，靈魂知道它們是極大的恩惠，自己非常的不堪當。這個劇烈痛苦已來到，為使靈魂進入第七重住所，還有其他許多的痛苦也會跟著一起來，我將述說其中幾個痛苦，因為盡述全部的痛苦是不可能的，甚至也無法說明它們相似什麼，因為來自不同的層次，比前面說的境界更高；如果述說那些較低層次的恩惠，我已無法詳細說明，更何況論及另一類較高的恩惠呢？願天主因其聖子的功勞，在一切事上幫助我，阿們。

第二章

談論我們的主喚醒靈魂的一些方式，雖然是件很高超的事，在其中卻沒有什麼要害怕的。

❶ 彷彿我們把這隻鴿子遠遠地留在一旁，其實沒有；因為這些磨難使小鴿子飛得更高。現在我們要來談論神聖淨配對待靈魂的方式，在祂完全屬於靈魂之前，祂以這麼靈巧的一些方法，讓靈魂深切地渴望祂，而靈魂自己都不明白這事，我也不相信能把這事解說清楚，除非那些人對此已有所體驗；因為這些推動是如此的靈巧和微妙，來自靈魂內在極深之處，我不知道有什麼合適的比喻。

❷ 它們與我們在今世能得到的一切完全不同，甚至也和前面述說的享受神味不一樣[209]

209. 見第四重住所。

，許多時候，正當分心走意，不記得天主時，至尊陛下會喚醒靈魂，如同一道稍縱即逝的彗星[210]，或如同一聲響雷，雖然聽不到響聲，不過，靈魂清楚知道，這是天主的呼喚，而這麼清楚明白，有的時候，特別是在開始時，使靈魂震顫，甚至使她埋怨，而沒有什麼讓她痛苦的事。她感受到至極愉悅地受到創傷，但卻不知道是怎麼回事，也不知道是誰傷了她；不過，卻深知這是很珍貴的創傷，她絕不願得到痊癒。她以愛的言詞向她的淨配抱怨，甚至流露於外，而且不能做別的什麼；因為靈魂知道祂正臨在那裡，但至尊陛下卻不願以靈魂享有祂的方式臨在。這是非常痛苦的，雖然也是愉悅和甜蜜的；即使靈魂不想要有這創傷，她也辦不到；不過，靈魂也不願沒有這創傷：這個創傷給她的滿足，遠超過寧靜祈禱中，沒有痛苦而令人陶醉的愉悅。

❸ 修女們，我盡力向妳們解釋這個愛的運作，卻又不知如何為之。因為這彷彿是件矛盾的事，心愛的主讓靈魂清楚地明白，祂以這麼確定的標記呼喚靈魂，不容絲毫懷疑，這麼透徹的呼聲，靈魂知道她不能不聽見；因為好似居住在第七重住所的淨配在說話，以一種不出聲的話語，所有在其他住所的人都不敢妄動，無論是感官、想像或官能，也都不敢輕舉妄動。

啊！我大能的天主！祢的祕密是多麼崇偉深奧，從聖神而來的恩惠，多麼不同於世上可見及可知的事物，什麼也不能用來說明，即使是最微小的恩惠，就是說，和天主在靈魂內施行的大事相比之下，那些最微小的恩惠。

❹ 在她內造成這麼大的作用，使她渴望被銷毀，而不知要祈求什麼，因為她清楚地感受到，她的天主與她在一起。

210. 譯者按，雖然原文寫的是彗星（*cometa* ／ falling comet），按上下文的意思，所說的應該是流星。

妳們會問我：如果她知道這事，那麼，她渴望什麼呢？或什麼使她痛苦呢？她還渴望什麼更大的恩惠呢？我不知道；我知道的是，好似這個痛苦達及靈魂的極深處，當創傷她的那一位拔出靈魂深處的箭矢時，她真的認為，按照靈魂感受的這份深情摯愛，好似要拔出靈魂的極深處來跟隨祂㉑¹。現在，我正在想，事情好像是這樣的，這個在火爐中燃燒著的火是我們的天主，從中躍出一星火花，碰觸到靈魂，使之感受到燃燒的火焰，由於火花還不足以使靈魂著火，而這火是如此地愉悅，使靈魂存留在那痛苦中，而火星的碰觸則造成那樣的效果；我認為，這是我說得很貼切的一個最好比喻。因為這個愉悅的痛苦——其實不是痛苦——並非持續的；雖然有時維持較長的時間，有時則瞬間即逝，此乃上主願意通傳給她的，這不是人以任何方式能獲取的恩惠。不過，雖然如此，有時會持續一段長時間，來來去去；到底，總不會是恆久的，為此之故，也不會使靈魂著火燃燒，就像火正要點起來時，火星熄滅了，靈魂存留在渴望中，切願再忍受那火星引起的愉悅痛苦。

❺ 在這裡，不必想這經驗是否來自我們的本性，或因憂鬱症引起的，也不必想是不是魔鬼的騙局，或是一時的空想；因為這是非常清楚明瞭的事，知道這個動作係來自上主，祂是不變動的；這些效果不像其他的熱心感受，深深地著迷於愉悅，致使我們能加以懷疑。在這裡，所有的感官和官能都沒有著迷，觀看著一切可能發生的事，毫無阻礙，而且，我認為，既不能增加這愉悅的痛苦，也不能消除。

凡蒙我們的主賜予這個恩惠的人（如果得蒙賜予此恩，讀到這些自會明白），要極力地感謝天主，她無須害怕上當受騙；要深深害怕的是，對這麼大的恩惠，她是否忘恩負義，而且也要竭盡心力地去服事，並改善她的整個生活，她會看見其結果，也會看到所得的恩惠愈

211. 參見《自傳》29 章 10 節，記述相同的事，到了 13 節，則描述她蒙受的「神箭穿心」。

來愈多；再者，我認得某人[212]，幾年之久得蒙此恩惠，而懷有那令人深感滿足的恩惠，如果要許多年以千辛萬苦來服事上主，她認為是非常好的回報。願祂永永遠遠受讚美，阿們。

❻ 妳們可能會有個問題，為何這個恩惠比其他的更加安全？我認為理由如下：第一，因為魔鬼絕不能給予像這樣愉悅的痛苦；牠可能給的是看似靈性的美味和愉悅，但是牠沒有能力摻入這麼多的痛苦，混合在靈魂的寧靜和甜蜜之中；牠的全部能力只達到外在的層面，至於牠給的痛苦，按我的看法，絕不會有愉悅，也不會有平安，而是擾亂不安和鬥爭不和。第二，因為這個愉悅的風暴來自另一個領域，魔鬼是無法操控的。第三，由於這恩惠帶給靈魂很大的益處，通常都會使靈魂決心為天主受苦，渴望承受許多的艱苦磨難，也非常決心地離棄世上的滿足和交往，及其他類似的事。

❼ 這個恩惠並非一時的空想，這是很清楚的；因為，雖然有時設法得到這個恩惠，卻無法加以捏造。事情這麼明顯，絕對無法憑空想像，我是說，我們不能認為這是想像的，而其實並不是，或對這恩惠有所懷疑；如果存有一些懷疑，該知道，所經歷的就不是真實的衝勁；我是說，如果懷疑自己有否這個恩惠；因為，如果有此恩惠，其感受清楚地如同聽見很大的聲音。因此，這也不可能出於憂鬱症，因為除非憑想像，憂鬱症不能造作和編造空想；上述的恩惠卻來自靈魂的深處。

也可能我不對，然而，在尚未聽到深知此事者的其他理由前，我總是持有這個見解；為此，我認得一個人，她極其害怕在這些事上受騙，但對於這個祈禱，她從來不曾害怕過[213]。

❽ 我們的上主還有其他喚醒靈魂的方式：突然間，正在唸口禱，而且對內在的事漫不經心時，好似一陣愉悅的燃燒來臨，彷彿立刻來了一陣芬芳，如此濃烈，通傳遍布所有的感

212. 指聖女大德蘭本人。
213. 在 *Spiritual Testimonies* 59．15，她說，甚至連她討教的博學者，也對此祈禱沒有害怕。亞味拉的聖若望（St. John of Avila）寫信給她，向她擔保這個祈禱是好的。參見《自傳》29－30，其中敘述了她對此恩寵的個人經驗。

官（我不說是氣味，我只提出這個比喻），或者說，像這樣的事，只是為了讓人感受到淨配就在那裡；靈魂被一種愉悅的渴望推動著，渴望著享有祂，因此而準備好靈魂，使她能大有作為，並讚美我們的上主。這個恩惠來自我所說過的地方[214]；然而在其中，卻沒有什麼會導致痛苦，連渴望享有天主也不會痛苦；這是靈魂對此很平常的感受。我也不認為，由於所說的那幾個理由[215]，其中有什麼好怕的，反而要懷著感恩之情，力求獲取這個恩惠。

第三章

談論相同的主題，述說當天主願意時，祂對靈魂說話的方式，並勸告在這事上應如何修持，及不要隨從個人的見解。提出一些記號，以資辨識什麼時候是受騙，什麼時候不是，本章非常有助益[216]。

❶ 天主有另一種喚醒人靈的方式，雖然從某方面而言，好似比前面說的恩惠還大[217]，但可能也更危險，因此，我要稍微耽擱一下，談談有許多給予靈魂神諭的方式：有的好似從外而來，有的則來自靈魂的極深處，有時來自靈魂較高的部分，有的則是這麼外在，以致可以用耳朵聽見，因為好似說出的聲音。有的時候，也可說是常常，可能是一時的空想，尤其那些想像力脆弱、患有憂鬱症的人，我是說有明顯憂鬱症的人。

214. 見本章 1、3 和 5 節。這些恩惠「來自靈魂內在極深之處」，來自「居住在第七重住所的淨配」，也「來自上主，祂是不變動的」。
215. 見本章 6 節。
216. 本章重述《自傳》25 章的內容。在這兩章中，大德蘭極力分辨真神諭（來自天主或聖人）及假神論（來自想像和魔鬼）。本章中，大德蘭首先對所謂的神諭做一個概論（1－11 節），之後繼續述說更微妙的一種神諭，亦即附帶「某種理智神見」的神祕話語。
217. 見《城堡》6·2·1－4、8。

❷對於上述兩種人，我認為，即使她們說親眼看見、親耳聽見，也懂得了什麼，不要去理會她們，但也不要說是從魔鬼來的，以此來擾亂她們；而要聆聽她們，如同對待患病的人，聽她們敘述的院長姆姆或告解神師，要告訴她們不去注意這些事，這不是事奉天主的實質，魔鬼藉此瞞騙了許多人，即使這人或許不是受騙者，不要因她的憂鬱症而加給她更多的痛苦；因為，如果對她們說那是憂鬱症，這事就會沒完沒了，她們會發誓真的看到和聽到，因為她們認為事情就是這樣。

❸其實是，要考慮取消那人的祈禱，至少要她盡可能地不看重這些神諭；因為魔鬼經常從這樣病弱的靈魂獲得利益，雖然，魔鬼可能不是要害她們，而是要中傷其他的人；不過，無論是病弱或健康的人，尚未明辨其為善神或惡神之前，總必須心存戒懼。我說，一開始就杜絕這些事，總是最好的；因為如果神諭是來自天主，這麼做極有助於進步，甚至當她受考驗時，也會成長。確實是這樣，然而，卻不要使靈魂受許多的磨難，使她擾亂不安，因為她也真的是無可奈何。

❹那麼，再回來談我所說的種種神諭，即可能來自天主、魔鬼或想像的各種神諭。賴天主的助祐，如果辦得到，我將談論不同神諭的標記，及在什麼時候，這些話語是有危險的。因為在祈禱的人當中，有許多靈魂曉得這些事，修女們，我願意的是，妳們不要以為，對這些經驗不予以置信是件壞事，即使當這些話語特別是說給妳們，為安慰或勸誡妳們的過失，無論是誰對妳們說，或是一時的空想，不管從何而來，都沒有什麼關係。有一件事我要勸告妳們：即使是來自天主的神諭，妳們不要以為，自己因此就更好，因為祂常常和法利塞人談話，所有的好處來自如何從這些話語中獲益；若是聽到從魔鬼來的話語，妳們不要去注

意，對於那些不是非常符合聖經的話語，妳們更不要留意；即使是來自我們虛弱的想像，也必須視之為信德的誘惑，時時予以拒斥；這樣，它們就會消除，因為它們對妳們的影響力會變得很小。

❺ 那麼，再回來談第一個標記，無論話語來自靈魂的內在、上分或外在，都沒有關係，皆可以辨識是否為天主的神諭。按我的見解，來自天主的神諭，能有的最確實記號如下[218]：第一及最真實的記號，是隨之而來的力量和權威，亦即天主的說話就是工作。我要更清楚地加以解說：有個靈魂，置身於前面所說的[219]，所有的憂患和內在的擾亂之中，處在理智的黑暗中，在乾枯之中，只要一句來自天主的話：不要憂苦，她就會平靜下來，愁苦全消，充滿很大的光明，所有那些痛苦都消除了。她本以為，全世界及所有博學者都聚在一起，告訴她不要愁苦的種種理由，無論他們如何努力，都無法消除她的痛苦。或者，她的憂苦係來自她的神師和其他的人，說她懷有魔鬼的神，致使她充滿害怕；而只要一句話：是我！不要怕！害怕隨即完全消除，靈魂得到極大的安慰，自認為，再沒有什麼足以使她相信別的事。或者，對有些嚴重的大事，她極其憂心掛慮，不知事情會有何進展，而她獲悉，事情會平靜的，一切隨之順利進行。她得到了肯定，而不再感到痛苦。在其他的許多事上，也是這樣[220]。

❻ 第二個理由，是靈魂內得到深度的寧靜、收斂心神的熱心和平安，準備好來讚美天主。上主啊！如果透過祢的小隨從送來的一句話（至少在這住所中，這些話不是上主親自說的，而是某個天使說的），已具有這樣的力量，那由於愛而與祢結合，而且祢也與她緊密連合的靈魂，祢留給她的又是如何呢？

218. 參見《自傳》25・3、7。
219. 《城堡》6・1・7－15。
220. 大德蘭暗指自己的經驗，見《自傳》25・14－19。

❼第三個記號是，這些話歷久不衰地留在記憶中，經過很長的時間，而且有的話從不會忘記，不像我們在世上聽見的話語，我是說，不像聽到世人說的話語；即使說話者是非常重要和博學的人，或談及未來，我們無法這麼地將之深刻在記憶中，也無法相信他們的話，如同我們之接受神諭；她得到一個像這樣的極大確信，即使有時在那些看來非常不可能的事上，事情會不會這樣發生尚且存疑，有時理智也躊躇不決，但在這個靈魂內卻有著無法被駁倒的確信，即使事事都與理智所獲悉的相違背，幾年過去了，這想法仍揮之不去，深信天主會找到人們不知道的其他方法，末了，這些話都會應驗，事實就是如此。雖然，如我說的，當靈魂看到事情大有分歧時，仍不免受苦，因為她聽到這些話語的時間已過去，呈現出來自天主的效果和確定已過去時，就會有這些疑慮，靈魂會懷疑，不知這神諭是來自魔鬼，或來自想像。然而，這些疑慮在當下卻什麼也不會留在靈魂內，她寧可為那個真理而死。不過，如我所說的，魔鬼必會用盡一切的想像，迫使靈魂驚駭喪膽，尤其是，如果當神諭所說的事將會帶給靈魂許多的好處，並且給天主很大的服事和榮耀的工作，而其中又有很大的困難，魔鬼怎會不下手呢？牠至少也會使靈魂的信德虛弱，因為不相信天主能行我們理智不了解的工作，這已經是個很大的損害。

❽由於有這一切的交戰，雖然有人告訴這人，那些神諭是胡言亂語（我是說那些神師，這人和他們談論了這些事），還有許多不幸的遭遇，使她認為事情不會應驗，卻仍存有一絲確信的火花，如此活潑有力，我不知是從何而來的，深信這些話語必會應驗，雖然其他所有的希望都已歸於泯滅，雖然靈魂也願意這樣，這確信的火花依然活潑有力。最後，如我所說的[221]，上主的話語必定應驗，靈魂得到如此的安慰和喜悅，致使她所願意的，無非是時

221. 見本章 7 節。

常讚美至尊陛下，更稱頌看到對她說的話應驗，甚於工作本身，無論所應驗的事功對靈魂是多麼重要。

❾ 我不明白為什麼，靈魂這麼重視這些話真的應驗，而如果所聽到的是謊言，我不認為她會有這麼強烈的感受；就像她所能做的，無非是重述所聽到的。關於這事，有個人無數次想起約納先知，約納擔心尼尼微城不會被毀滅[222]。總之，由於這是來自天主的神，他希望天主的話被視為真，忠於其願望是對的，因為天主是至高的真理。所以這是至極的喜樂，經過成千的迂迴道路，陷在最困難的處境之中，終於看到天主的話語得到應驗。雖然其中會有極大的磨難，她寧可忍受那些磨難，而不願她所確知的、天主告訴她的話落空。或許不是人人都有這弱點，如果這是弱點的話，而我也不能斷為惡事。

❿ 如果是從想像來的神諭，就不會有這些記號；既沒有確信，也沒有平安和內在的愉悅。不過有可能發生這事，我也認得一些人，在她們身上曾發生過，當這些人非常陶醉於寧靜祈禱和靈性睡眠時，有些人的體質或想像如此虛弱，或由於我不知道的原因，確實地，在此深度的收心中，她們這麼在自己以外[223]，對外在的事物無所知覺，所有的感官如此地沉入睡眠，就如同一個熟睡的人，甚至有時真是這樣，她們睡著了，如同做夢那樣，她們認為那些話是以夢的方式告訴她們的，甚至也看到一些東西，以為是從天主來的，最後這些神諭的效果就像是一場夢。也有可能發生這樣的事：有的人熱愛滿懷，向我們的上主懇求一事，她們認為，這些告訴她們的話，正是她想要聽到的，有時真有這樣的事。不過，凡對天主的話語有許多經驗的人，我認為，對於來自想像的話語，必不會受騙上當[224]。

⓫ 至於來自魔鬼的話語，則有許多要害怕的。不過，如果有以上所說的那些記號[225]，就

222. 參閱《約納》一和四章。雖然大德蘭曾在著作中六次提及約納，可能是指她自己，但也可能是指德蘭．雷氏（Teresa de Layz），她是奧爾巴城的一位恩人，大德蘭在《建院記》20．12 中提到她。
223. 這麼在自己以外（*tan fuera de sí*）：這個經驗是心神恍惚，而非真的出神（*Arrobamiento* ／ rapture）。
224. 參見《自傳》25．3－6。
225. 本章 5－7 節。

能很確定是來自天主的。然而，如果所說的話是關於個人的重要事件，而且必須去做這事，或是涉及第三者的事，什麼也不該做，不該想，除非先向博學、審慎且是天主之僕的神師討教，即使她愈來愈明瞭，也認為顯然是來自天主。因為，當這些話語無疑地是祂的話語時，至尊陛下願意這事[226]，這麼做才是遵守祂的命令，因為祂曾對我們說，要以神師作為祂的代表[227]。若是遇有困難的事，天主的話有助於鼓勵我們，當我們的主願意這事時，祂會使神師相信那些話是出自祂的聖神。如果祂不願意，我們已經做了該做的事了。如果人一意孤行，不依循以上所說的，在這事上只順從個人的想法，我認為，這是非常危險的；為此，修女們，我規勸妳們，看在上主的分上，永遠不要讓這事發生於妳們。

12 上主對靈魂說話的方式，還有另一種，我認為這是非常確實地從祂而來，並帶有理智的神見，後來我會解說其詳[228]。這些話語來自靈魂的極深處，好似用靈魂的耳朵，如此清楚地聽到來自上主的這些話，而聽到這些話的方式是這麼祕密，連同這些聆聽導致的神見，都向她擔保並使她肯定，魔鬼無法參與其間。這些話留下很大的效果，使得靈魂相信此事；至少能有把握這些話不是來自想像；再者，如果加以注意，由於以下的理由，常能得到擔保：第一，其不同在於所說話語的明晰，這些話是這麼清楚，靈魂記得每一個音節，無論是以什麼樣的方式說，甚至是完整的一個句子亦然；不過，在那因想像而來的空想中，沒有話語是這麼清楚的，所說的話也不是這麼分明清楚，而是彷彿在半做夢的狀態下。

13 第二，因為在這裡，人往往沒有在想所聽到的事（我是說，神諭突然地來到，有時甚至是正在與人交談時），雖然許多時候是答覆在腦海閃過、或先前想過的事；但是，這些話常常是想也沒想過，或不可能發生的事，所以是想像無法編造的，對於靈魂不渴望、不想

226. 譯者按，亦即天主願意靈魂向神師討教。
227. 參見《路加福音》十章16節，《加爾默羅會規》中也引用了此一經句，以院長為基督的在世代表。
228. 她在 8 和 10 章談論理智的神見；參見《城堡》6・5・8－9。

要、也未曾使她注意的事，靈魂是不會受到幻想欺騙的。

⓮ 第三，因為神諭之來，有如一個人正在聆聽，而從想像來的話語，則如同人逐漸地組合他想說的話。

⓯ 第四，這些話是非常不同的，只其中的一句，就包含許多深義，我們的理智無法這麼快地構造出來。

⓰ 第五，因為往往和這些話語一起的，是以一種我不會說明的方式，賦予更多的理解，超過發出聲響而沒有話語的神諭。

我將在別處談論這種領悟方式[229]，因為這是非常微妙的事，也是為了讚美我們的上主。關於這種種不同的神諭，有些人非常懷疑，她們也無法了解自己，尤其是體驗到這個疑慮[230]的人，其他的人亦然；為此，我知道，這人密切地留神觀看其間的差異，因為上主非常頻繁地賜給她這個恩惠，開始時，她最大的疑慮是這些話語是否來自空想；那些來自魔鬼的話語能很快地被識破，雖然魔鬼狡計多端，手段高明，能模仿光明的善神；不過，按我的見解，在那些魔鬼說得非常清楚的話語，也如同來自真理之神的話，不致令人置疑；然而，魔鬼卻無法假造前述的那些效果[231]，或留給靈魂這樣的平安或光明，反之，所留下的是不安和擾亂。不過，如果靈魂是謙虛的，且按照我前面所說的行事[232]，亦即，對所聽聞的事，毫不輕舉妄動，魔鬼能施加的損害就會很少，或完全無法下手為害。

⓱ 如果話語是來自天主的恩惠與安慰，靈魂要留心觀看，是否因此而自認為比別人更好；如果是安慰的話語大量出現，靈魂卻沒有更加覺得自慚，她要相信，這不是出於天主的神。因為此乃千真萬確的事，當蒙受恩惠愈多時，靈魂也會愈輕視自己，且更加回想起自己

229. 見《城堡》6・4、10。
230. 指聖女本人，參見《自傳》25・14－19。
231. 見本章 12－16 節。
232. 見本章 11 節。

的罪過，更忘記她的利益，她的意志和記憶更致力於唯獨追求天主的光榮，她也不顧慮個人的利益，更加戒慎恐懼地行走，不在任何事上使意志偏離正道，並且深自確信，她總不堪當蒙受那些恩惠，而是該下地獄。既然在祈禱中，她蒙受的這一切恩惠和事物導致這些效果，靈魂不會以怕懼行走，而是懷著依恃之情，信賴上主的仁慈，祂是信實的㉓³，必不容許魔鬼欺騙她，雖然如此，懷著恐懼戰慄而行總是很好的㉓⁴。

⑱ 天主不是以此道路帶領的人，她們可能會認為，這些靈魂可以不聽對她們說的那些話，如果是內在的話語，她們可以分心不聽，所以就能這樣地行走，得免那些危險。

關於這事，我的回答是不可能。我說的不是那些空想的話語，因為藉著不要那麼渴望某事，也不要去注意他們的想像，就會有所改善。在此不是這樣；因為說話的聖神停止其他所有的思想，使靈魂專注於所說的話，祂以某種方式，我認為，而且也相信是這樣，聽力好的人聽不見別人對他大聲說話，是很可能的，因為他能不注意，他的思想和理智專注在別的事上；然而，在我們所能談論的事上，則是不可能的：無法把耳朵掩蓋起來，思想亦然　只能專注於對靈魂說的話，什麼辦法也沒有；因為能止住太陽的那一位（因若蘇厄的祈求，我相信是這樣的）㉓⁵，祂能止住官能和內在所有的一切，致使靈魂清楚地看出來，另一位比她更大的上主掌管整個城堡，使得她滿懷虔敬和謙虛，因此，根本無法逃避。願神聖的至尊陛下賜給我們那恩惠，使我們的雙目專注於悅樂祂，忘記自己，如我所說的，阿們。

233. 參見《格林多前書》十章13節。
234. 參見《斐理伯書》二章12節。
235.《若蘇厄書》十章12－13節，參見《自傳》25．1。
236. 參見《自傳》20．1 及 *Spiritual Testimonies* 59．9。

第四章

談論在祈禱中，天主以出神、神魂超拔或神移使靈魂休止，我認為[236]這一切都是一樣的，及從至尊陛下接受這麼大的恩惠，何以必須要有很大的勇氣。

❶由於上述的這些磨難，及其他將要述說的事，這可憐的小蝴蝶能有什麼樣的平靜呢？這一切使人更加渴望享有其淨配；而至尊陛下知道我們的軟弱，透過這些及其他許多事，使我們能有勇氣與這麼偉大的上主結合，且以祂為淨配[237]。

❷妳們會笑我說這話，並且認為是愚蠢的，因為妳們中，不拘是誰，都會覺得並不需要勇氣，沒有一個女子會這麼糟糕，以致沒有勇氣和國王結婚。對於世上的國王，我相信真是這樣，然而，對於天上的國王，我告訴妳們，所需的勇氣，遠超過妳們所想的；因為面對這麼大的事，我們的本性非常膽怯和卑微，我可以肯定，如果天主不賜予勇氣，無論妳們看到多少有益於我們的恩惠，也是無濟於事。所以，妳們會看到，至尊陛下完成這個訂婚所做的事，按我的了解該是這樣，至尊陛下賜給靈魂出神，吸引她離開自己的感官；因為如果她還存在感官之中，看到自己如此地靠近這麼偉大的至尊陛下，她是不可能倖存的。要知道，我指的是真的出神，而非我們今世婦女會有的虛弱，因為，在我們看來，什麼都是出神和神魂超拔——正如我相信我曾說過的[238]——，有些人的體質如此脆弱，一個寧靜的祈禱，就足以使她們死掉。

237. 聖女大德蘭常說，接受這些神祕恩寵需要很大的勇氣，參見《自傳》13・2；20・4；39・21；*Spiritual Testimonies* 59・9；《全德》18及《城堡》6・5・1、5、12；6・11・11。
238. 《城堡》4・3・11－12；6・3・10。

我願在此列舉幾種我了解的出神，由於我曾和這麼多的神修人談論過，雖然我不知自己是否能辨得到，如同我在別處的敘述[239]，及在這住所所發生的一些事，由於某些理由，再談這些事不會是沒有價值的，即使沒有其他的理由，只是為了述說這個住所，而在此寫下所有的事。

❸ 其中有種出神是這樣的，雖然靈魂不是在祈禱中，卻被想到的，或聽來的一些關於天主的話觸動，好似至尊陛下從靈魂的深處，使我們說的這個火花增強[240]，祂充滿同情，看到靈魂因她的渴望而受苦這麼久，因此受到感動，一切都燃燒起來，靈魂好似鳳凰重生，充滿熱心，靈魂能相信她的罪過全被寬恕了（設若這個靈魂準備妥當，又善用恩寵，如教會所教導的[241]）。靈魂這麼潔淨，上主使之與祂結合，在此，除了上主和靈魂，誰都不明白，甚至連靈魂也不懂後來要怎麼解說，雖然並非沒有內在的感覺；因為這不是昏迷或突然發病，使人失去內、外的知覺。

❹ 我所知道的是，在這情況中，靈魂對天主的事從來沒有這麼清醒，對至尊陛下也不會有這麼大的光明和認識。這好像不可能，因為如果官能這麼入神，能說它們是死的，感官亦然，怎能知道她理解這個祕密呢？——我不知道——除了造物主之外，恐怕所有的受造物也都不明白，在此境界中發生的許多事亦然，我是說，在這兩重住所中；這裡和最後的住所是緊密相連的，由於兩重住所之間不必有關閉的門。因為最後住所會發生的事，還沒有顯示給尚未抵達的人，我認為要加以區分。

❺ 當靈魂處在這個休止時，上主樂於顯示給她一些祕密，如天上的事物及想像的神見，靈魂後來能述說它們，這些事深印在記憶中，從不會忘記；不過，如果是理智的神見，

239. 指《自傳》20 章，及 *Spiritual Testimonies* 59・9。
240. 《城堡》6・2・4。
241. 括號內的字是聖女大德蘭的親筆旁註，為了避免曲解。

靈魂就不知要怎麼說它們；因為在這些時段內，必定有些這麼高超的事，不適於讓活在塵世的人理解，使之能夠加以述說；雖然當靈魂再回復知覺時，她能述說許多有關這些理智神見的事。可能妳們中有些人不懂什麼是神見，尤其是理智的神見。到時候我會予以說明[242]，因為我乃奉命行事，這是當權者出的命令[243]；雖然這好像不是適宜的事，但或許對有些靈魂會有好處。

❻那麼，妳們會對我說：在這裡，上主賜給靈魂一些這麼崇高的恩惠，靈魂後來不會記得，它們能有什麼益處呢？啊！女兒們！它們是這麼崇高的恩惠，再不能誇大其辭了！雖然不知道如何述說，卻深刻在靈魂的極深處，也從不會忘記。

然而，如果既沒有形像，官能又不理解，怎能記得呢？我也不懂這事；不過，我知道，關於天主之崇偉的某些真理，這麼確實地存留在這個靈魂內，當信仰還沒有告訴她天主是誰，及她應該相信天主時，從那時起，她已經崇敬天主了，如同雅各伯所做的，當時他看見了天梯[244]，藉著梯子，雅各伯必定獲知其他的祕密，是他說不出來的；因為只憑見到梯子，天使在其中上上下下，如果沒有更大的內在光明，他必不會明白這麼大的奧祕。

❼關於我所說的，我不知道自己是否說得對，因為我雖聽過這事，卻不知道是不是記得正確[245]。梅瑟在荊棘叢中所看見的，他也無法全部說出，只能說出天主願意他說的部分[246]。然而，如果天主不是以確定的方式，把祕密顯示給梅瑟的靈魂，使他看見並相信那就是天主，他也無法置身於這麼多又這麼艱苦的磨難中。再者，從那荊棘叢中，梅瑟必然徹悟這麼崇高的事，因而給了他勇氣，去實行他為以色列子民所做的。所以，女兒們，對於天主的隱祕之事，我們不必尋找理由為求理解，反而要，如我們相信祂富於德

242. 到第八章會談理智的神見，第九章談想像的神見。
243. 指古嵐清神父。
244. 《創世紀》廿八章 12 節。
245. 這句話是作者的謙詞。K.K. 英譯把這句話放在上一個段落，以下才開始第 7 節。
246. 《出谷紀》三章 1 － 16 節。

能，事情很清楚，我們應該相信，像我們這樣，能力這麼有限的一條小蟲，必不能懂透天主的崇偉。我們要極力讚美祂，因為祂樂於讓我們略懂一些。

❽我一直希望舉個比喻，看看是否能稍微解釋我所說的這事，我卻找不到一個合適的，不過，就說這個吧：你們進入國王或大領主的一個房間，或我想人們稱之為寶庫，裡面有無數種類的玻璃器皿和陶器，及許多的物品，擺置得這麼整齊，進入時，幾乎是一覽無遺。有一次，在奧爾巴公爵夫人的家裡，我被帶進一個像這樣的房間（由於夫人的不斷請求，我在行程中，因聽命服從而住在那裡[247]），一踏進去，我感到驚訝，心想這麼一大堆東西能有什麼用，也因此明白，在看見這麼多不同的物品時，人可以讚美天主，而現在我則深受其惠，知道這事在此為我（的解釋[248]）如何有益；雖然我在那裡待了一會兒，有那麼多要觀看的物品，我很快全都忘得光光，以致那些東西什麼也沒有留在記憶中，就像從未見過一般，我也說不出那些物品的工藝如何（我只記得看見所有的物品[249]）。同樣在這裡，靈魂和天主這麼合而為一，被放進天堂上的這個房間，這是我們的靈魂內一定會有的房間（因為，顯然地，由於天主居住靈魂內，其內必有幾間是這些住所），雖然當靈魂像這樣處於神魂超拔時，上主沒有必要總是讓靈魂看見這些祕密（因為靈魂正陶醉於享有祂，而這麼大的福樂為她已足夠了），有時祂樂於靈魂深深地陶醉其中，並迅速觀見那房間的內部，這樣，當靈魂返回己身時，仍能呈現所見的宏偉畫面；不過，她也說不出什麼，除了天主願意她以超性方式看見的事物之外，她的本性看不到再多的什麼。

❾（妳們會說[250]，）那麼，既然我承認看見了，這也就是想像的神見。不是的，我不是要說這事，我說的不是想像的神見，而是理智的神見。由於我沒有學問，愚笨如我者，說不

247. 這事發生在一五七四年初。參見《建院記》21・1－2。
248. 譯者加上括號內的說明，為幫助讀者理解上下文。
249. 括號內的字是聖女大德蘭的親筆旁註。
250. 譯者加上括號內的字，使語句順暢易懂。
251. 《城堡》4・3・11－13。

出一個所以然來；關於這個祈禱，直到這裡我所說的部分，如果說得好，我清楚明白，說話的人不是我。

我個人認為，在天主給予靈魂的出神中，如果有時靈魂不知道這些祕密，這就不是出神，而是某些本性的軟弱，體質虛弱的人可能會這樣，就像我們女人家，有了些心靈的強烈體驗，本性就屈服了，因此沉醉其中，如同，我相信談及寧靜祈禱時㉛，我說過的。那些經驗和出神毫無關係；因為真的出神，請相信我，是天主為祂自己奪取整個靈魂，就像對待屬於祂的人，而且已是祂的淨配，祂開始顯示給靈魂王國的微小部分，這是靈魂成為天主的淨配所獲得的；無論多麼的微小，在這位偉大的天主內，一切都是宏偉壯觀的。天主不願受到任何人阻礙，無論是官能或感官；而是立刻下令，關閉這些住所的每一個門，只打開通往祂的門，好讓我們進入。這樣的大慈大悲應受讚美！那些不願從中受益，及錯失上主的人，確實該死！

❿ 啊！我的女兒們！我們所放開的根本不算什麼，對一位這樣願意通傳自己給微蟲的天主，無論我們做了多少，或能做多少，都算不了什麼！而如果我們巴望，甚至在今生就享受這個福樂，我們在做什麼呢？在什麼事上耽擱不前呢？有什麼足以讓我們停留片刻，不去尋找這位上主，如同新娘在街上和廣場尋找那樣呢[252]？啊！世上的一切是多大的譏諷！如果不帶領和幫助我們達到這個目的，即使世上的愉悅、富裕和享樂永久存留，無論能想像出來的有多少，比起我們要永無窮盡享受的這些寶藏，全是噁心和齷齪的東西！而比起擁有我們的上主，甚至連這些寶藏都不算什麼，因為祂是上天下地所有寶藏的主。

⓫ 啊！盲目的人哪！要到何時？要到何時[253]？何時我們眼中的泥土才會除掉呢？雖然

252. 《雅歌》三章 2 節；參閱《城堡》5．1．12。
253. 在此重覆兩次「要到何時」，表示很深的感嘆。

在我們當中，好像還沒有到完全失明的程度，我卻看得見一些小斑點，小石子，如果任其增長，則足以大大危害我們；不過，女兒們，為了天主的愛，我們要受益於這些過失，用來認識我們的貧乏，它們會帶給我們更好的視力，就像我們的淨配用來治好瞎子的泥土[254]。所以，看到我們這麼的不成全，更要時常懇求祂，從我們的貧乏中取出善來，好使我們凡事都取悅至尊陛下。

⓬不知不覺中，我已經離題很遠。請原諒我，女兒們，要相信，達到天主的這些宏偉處所（我是說，達到談論關於它們的事），看到我們因自己的罪過所喪失的，我不能不深感難過。雖然這是真的，天主賜恩給凡祂願意的人，但如果我們愛至尊陛下，如同祂愛我們，祂會把一切全給我們。除了要擁有蒙祂賜恩的人之外，其他的什麼祂都不渴望，然而卻不因此而減少祂的富裕。

⓭那麼，再重拾前題[255]，淨配下令，關閉住所的門，甚至連城堡和城牆的門也關閉；由於想要奪走這個靈魂，祂拿掉這人的呼吸，以至於，雖然其他的感官有時還會持續一下子，這人根本不能說話；雖然有時會很快拿走一切，雙手和身體冰冷，彷彿沒有了靈魂；有時那人也不知道，自己有沒有在呼吸。這情況持續的時間很短，我是說就在那當下（**譯按，意指沒有呼吸之時**）；因為當這個強勁的休止稍稍解除，好似身體稍微返回己身，也有了呼吸，為的是再次死去，並賜給靈魂更豐富的生命，雖然如此，像這樣強勁的神魂超拔不會持續很久。

⓮然而，儘管神魂超拔解除了，意志卻這麼陶醉，理智這麼心不在焉，像這樣會持續整天，甚至數天之久，對於不是提醒意志去愛的事，彷彿都無法理解，而對於提醒意志去愛

254.《若望福音》四章 6 － 7 節。
255. 即第 9 節說的，「……下令，關閉這些住所的每一個門……」

的事，她清醒得很，關於對任何受造物的執著，她已沉睡。

⑮ 啊！當靈魂完全返回己身時，她是多麼羞愧，又是多麼強烈至極的渴望，願專心致志於天主，無論天主要她以什麼方式來服事！如果前面說過的祈禱，如我們所說的，留下那些效果，像這個，這麼崇高的一個恩惠，又會是怎樣的呢？這靈魂會渴望擁有一千個生命，好能完全用來為天主效命，渴望塵世的萬有都化為唇舌，幫她讚美天主。做補贖的渴望，極為強烈；不過，做補贖卻又算不了什麼，因為懷著強烈的愛，靈魂覺得無論做了多少都沒什麼，也清楚地看出來，殉道者忍受酷刑，他們不是做了什麼大事[256]，因為有了來自我們上主的幫助，受苦是容易的。所以，當她們沒有機會受什麼苦時，這些靈魂會向至尊陛下抱怨。

⑯ 當這個恩惠隱祕地賜給她們時，她們極其看重；因為，若是在有些人面前賜予，她們感到這麼大的羞愧和難堪，一念及那些看到的人會怎麼想，靈魂懷著痛苦和掛慮，竟至不得沉醉於所享的愉悅[257]。她們曉得世界的邪惡，也明白人們可能不會視之為恩惠，本來該是讚美上主的事，恐怕反而成了遭受批判的機會。就某方面而言，我認為，這個痛苦和羞愧是缺少謙虛；不過，那並非人能掌控的；因為，如果這個人渴望受辱罵，她又在乎什麼呢？正如處於此憂苦中的某人，她聽到我們的上主說：「**不要難過，他們或是讚美我，或是背後議論她，無論怎樣對她都有益**[258]。」之後我知道，這些話給了她很大的鼓勵和安慰；又因為，萬一有人自覺處在這個憂苦之中，我在此寫給妳們這些事。好似我們的上主願意人人皆知，那個靈魂已是祂的，誰也不該碰她；如果所觸及的無論是身體、榮譽或資產，好極了[259]，靈魂從一切中取得榮耀，彰顯至尊陛下；至於碰觸靈魂，這是辦不到的；除非靈魂以非常不對的傲慢，斷絕她的淨配，否則上主會從整個世界，甚至整個地獄當中保護她。

256. 重述先前說過的事，請參閱《城堡》5・2・8，及《自傳》16・4。
257. 參閱《自傳》20・5。
258. 這裡指的是聖女大德蘭本人，參閱《自傳》31・13。
259. 好極了（*enhorabuena*）：原文是恭喜、恭賀之意，這個字是 *en* － *hora* － *buena* 組合起來的長字，表示「在很好的時候」，在此用得很妙。
260. 見本章4－5節；參閱《城堡》6・2・1。

17 我不知道是否稍微說明了出神是怎麼回事，這完全是不可能的，如我已說過[260]；而我相信，述說這事使人明白什麼是出神，並非徒勞；因為其效果和假裝的出神大不相同。我說「假裝」，並非因為有那樣出神的人想要欺騙，而是因為她受了騙；由於其記號和效果和這麼大的恩惠不相稱，致使出神的大恩惠遭受毀謗，當然，連後來上主賜予的出神，人們也不會相信。願祂永受讚美和頌揚，阿們，阿們。

第五章

續談相同的主題，提出當天主以心靈的飛翔提拔靈魂時，其方式與前面說的出神不同。解釋需要勇氣的理由。約略說明上主的這個恩惠，係以令人愉快的方式賜予。本章極為有益。

1 另有其他的出神方式，我稱之為心靈的飛翔，雖然本質上都是出神，但內在的感覺卻很不一樣[261]。因為有時候，非常突然地，靈魂感受到這麼急速的動作，以一種恐怖至極的速度，好像要奪走心靈，尤其在開始的時候；為此，我對妳們說過[262]，蒙天主賜予這些恩惠的人，需要很大的勇氣，甚至還要有信德、信賴和很大的順服，使我們的主隨意對待靈魂。妳們想，一個人在感官上的極度感受，看到靈魂被強奪（甚至有時候，如我們讀過的，身體跟著靈魂一起），不知要往何處去，不知什麼事，或誰帶走她，或怎麼會這樣，這是個小小的擾亂嗎？這個瞬間的動作剛開始時，並非這麼確定是從天主來的[263]。

261. 關於「出神」和「心靈飛翔」之間的不同，請參閱《自傳》20・1 及 18・7；*Spiritual Testimonies* 59・9 — 10。
262. 見《城堡》6・4・1。
263. 參閱《自傳》20・3 — 7。
264. 指她本人；請參閱《自傳》20・5 — 6。

❷ 那麼，是否有什麼辦法可以抗拒呢？什麼辦法都沒有！反而更糟糕，我從某個人[264]知道這事，好似天主有意向靈魂表示，由於靈魂這麼多次，又以這麼大的真誠，把自己交在祂手中，以這麼完整的意志全獻給祂，靈魂應該了解，她已不能自我作主，且是以顯著的方式，更猛烈地被奪走。靈魂已認定，她要做的無非像琥珀[265]高舉一根稻草時那樣——如果妳見過這事——把自己交在大能者的手中，她明白，最好是順服。因為我曾說及稻草，是指這位大巨人和大能者強奪心靈。

❸ 好似我們說的那個水槽（我相信是在第四重住所，我不是記得很清楚[266]），這麼輕柔又溫和地被灌滿，我說沒有任何的動作，在這裡，這位擋住水泉，不讓大海越過邊界[267]的偉大天主，鬆開泉源，使水湧入這個水槽；又以猛烈的衝勁興起這麼強烈的波浪，高高舉起這艘小船，即我們的靈魂。所以就像，如果波濤洶湧，小船不得隨意停留，強有力的舵手辦不到，所有的導航人員亦然；靈魂的內在部分更是無能為力，不得隨意停留，她的感官和官能亦然，除了做所命令的事之外，什麼也做不了；在這裡，外在的部分什麼都不理會。

❹ 修女們，確實地，單單寫下這事，就使我驚奇不已，在此，這位偉大的國王和皇帝怎樣顯示祂的大能；有此經驗的人會多麼驚奇！我認為，對於世上那些非常墮落敗壞的人，如果至尊陛下將之揭示給他們，就像祂對待這些靈魂那樣，他們就不敢冒犯祂，即使不是為了愛，也會由於害怕。那麼，凡蒙召走上這麼高超之路的人，要使盡全力不開罪這位上主，這是多麼應該啊！修女們，我懇求妳們，為了上主，凡蒙至尊陛下賜予這些或其他類似恩惠的人，妳們不要粗心大意，除了接受恩惠，什麼都不做。想想看，那欠債多的人，也必須多還報[268]。

265. 琥珀：原文是 *ambar*，我們不曾見過聖女所說的事，不過，《自傳》曾提及同樣的事，說「彷彿巨人拿起一根稻草」，我們可以舉一反三，來理解這個比喻。參見《自傳》22・13及20・4。
266. 見《城堡》4・2－5。
267. 參閱《箴言》八章29節；《約伯傳》卅八章8、10節。
268. 參閱《路加福音》十二章48節。

❺ 關於這事，也需要很大的勇氣，這是極令人怕懼的事；如果我們的上主不賜予勇氣，靈魂會時常憂心痛苦；因為看到至尊陛下為她所做的，再回看自己，在善盡義務方面，自己做的是多麼少，所做的這些微量工作充滿過錯、缺失和軟弱。為了不去想起所做的工作——如果有的話——是多麼不成全，她寧可努力忘掉這些工作，而把她的罪過擺在面前，並交託於天主的仁慈。由於她沒有什麼可用來還報的，於是向天主懇求憐憫和仁慈，這是祂經常賜給罪人的。

❻ 或許祂會應允，就像祂垂允某個人[269]，她在耶穌苦像面前，對於這事憂心愁苦不已，想到她從來都沒有什麼可以給天主的，也沒有什麼可以為祂捨棄的。這位被釘的耶穌親自安慰她說：**祂把在苦難中承受的所有痛苦和磨難全給了她，使之都成為她自己的，好能用來奉獻給祂的父**。致使那靈魂這麼受安慰，又這麼富有，按照我對她的了解，她不能忘掉這事；不但如此，每當她看到自己這麼可憐兮兮，就會想起這些話，而獲得鼓勵和安慰。

在此還能說一些這樣的事，由於我和這麼多聖善和祈禱的人交往，我曉得很多；但為了不要妳們想那就是我，我就此擱筆。所說的這些，我認為非常有助於妳們了解，我們的主欣喜於我們的自我認識，及努力經常一再地細察我們的貧乏、可憐，以及我們沒有領受，則一無所有[270]。所以，我的修女們，為了這事及其他的許多事，即上主帶領達此境界所賜給靈魂的，必須要有勇氣；按我的看法，如果有謙虛，對於這個最後的階段，沒有什麼比勇氣還要緊的。願上主賜給我們謙虛，因祂是上主。

❼ 那麼，再回來談這個疾速的心靈出神[271]，像是這樣，心靈好似真的離開身體，但另一方面，顯然地，這個人並沒有死；至少她不能說，某些瞬間是否在或不在身體內。她認為，

269. 即聖女大德蘭本人，參閱 *Spiritual Testimonies* 46。
270. 參閱《格林多前書》四章 7 節：「誰使你異於別人呢？你有什麼不是領受的呢？既然是領受的，為什麼你還誇耀，好像不是領受的呢？」
271. 重返第 1 節所說的。

自己已完全處於另一個領域，和我們生活的區域大不相同，在那裡，顯示給她的是另一種光，這麼不同於世上的光，如果她想窮畢生之力設想這光，及其他的事物，也不可能辦到。事情這樣發生，一瞬間，這麼多事物全都教給她，如果憑她的想像和思想，用許多年來整理，也理不出其中的千分之一。這不是理智的神見，而是想像的，因為用靈魂的眼睛觀看，比起在世上用肉眼看，還要清楚得多，而且對某些事物的理解，是沒有話語的；我是說，好比看見某些聖人，就像非常深交似地熟識他們。

❽ 有時候，除了用靈魂的眼睛看見的事物，還有以理智的神見呈現的其他事物，特別是眾天使伴隨著他們的上主；肉眼什麼也沒看見，靈魂的眼睛亦然，經由一種我說不出的絕妙認識，呈現出來我所說的事物，及其他許多無法言傳的事物。有此親身經歷，又比我更有才智的人，或許知道怎樣解說，雖然我認為這是相當困難的。這一切經歷是在身體內，或不是，我說不上來；至少我不會發誓說就在身體內，也不會說靈魂不在身體內㉗②。

❾ 我多次深思，就好比天空中的太陽，具有這麼強烈的光芒，太陽原地不動，陽光即刻達到地面，就像靈魂和心靈㉗③，兩者同為一體，如同太陽和陽光，也能夠留在原處，懷著強烈的熱力達到真正的義德太陽㉗④，某些上層的部分離開而超越靈魂。總之，我不知道自己說的是什麼。真實的是，當火藥槍點上火，子彈快速衝出，內在的部分展翅飛翔（我不知道要用什麼別的名稱），雖然不聲不響，卻有這麼清楚的動作，這絕不能是突發的念頭；而且非常的在靈魂之外，按照靈魂所能理解的一切，顯示給她宏偉的事物；當她恢復知覺，重返己身時，她發現有了這麼大的收穫，也這麼輕看所有的世物，與她所看見的相較之下，世物形同垃圾。從此之後，她生活在世相當痛苦，那些她時常視為好的世物，已看不到有什麼好

272. 參閱《格林多後書》十二章2－4節。
273. 關於靈魂和心靈的區分，參閱《城堡》7・1・11；*Spiritual Testimonies* 59・11及《自傳》20・14。
274. 「義德太陽」：亦即基督，參閱《瑪拉基亞》三章20節。K.K. 譯本在此漏掉這句：「懷著強烈的熱力達到真正的義德太陽」。

的，也不再看重它們。好像上主願意稍微顯示那將要去的地方，如同以色列子民派使者到福地㉗⑤帶回信物一般，好使她能承受這麼艱難路途上的困苦，知道必須前往何處去尋獲安息。儘管是這麼瞬間即逝的事，妳們不覺得獲益很多，但留在靈魂內的益處是這麼大，只有親身經歷過的人，才會明白其價值。

❿ 由此顯然可見，這不是魔鬼做的事；無論自己的想像或魔鬼都不可能做這事，呈現出的事物，留在靈魂內這麼有效力、平安、寧靜和有用處，特別在三方面，更是達到崇高的等級：認識天主的崇偉，我們看得愈多，也愈了悟天主的崇偉。第二個理由[276]，自我認識和謙虛，看到自己是這麼卑劣的東西，比起這麼崇偉的造物主，她哪敢冒犯祂，也不敢看祂；第三，認為所有世物一文不值，除非用來服事這麼偉大的天主。

⓫ 這些都是珠寶，淨配開始送給祂的新娘，這麼有價值，靈魂必不會浪費；這些探望[277]如此地深刻在記憶中，我相信，尚未永遠享有它們之前，忘記是不可能的，否則是她極大的不幸；不過，施恩的淨配是大能的，能賜給她恩寵，使她不致失去它們。

⓬ 那麼，再回來談必須有的勇氣[278]，妳們認為是這麼不重要的事嗎？靈魂真的好似離開身體，因為看到自己失去知覺，又不知是怎麼回事。要緊的是，施恩者會賜予一切所需。妳們會說，這個害怕得到很好的酬報。我也這麼說。願至尊陛下保祐，賜給我們勇氣，使我們堪當服事祂，阿們。

275.《戶籍紀》十三章 18 － 24 節。
276.「第二個理由」：這是聖女後來加上的，K.K. 英譯省略這句。
277. 珠寶、探望：聖女繼續第五重住所第 4 章第 3 節談及的神婚，使用象徵的語詞。
278. 見本章 1 － 5 節，及第 4 章 1 － 2 節。

第六章

述說祈禱的一個效果，是在前章提過的。如何辨識什麼是真的，而非受騙。談論天主給靈魂的另一恩惠，為使她專注於讚美天主。

❶由於這些恩惠這麼崇高，使得靈魂深切渴望，要完全享有那賜恩者天主，她的生活相當痛苦，雖然是令人愉悅的；她極其渴望死亡，就這樣，總是常常含淚祈求天主，帶她離開此流放之地。在這世上，觸目所及無不令她厭倦；個人獨處時痛苦會減輕一些，不過這個痛苦馬上又出現，而沒有痛苦時，反而覺得若有所失。總之，這隻小蝴蝶找不到持久留守之處；相反的，由於靈魂滿是深愛柔情，無論境況如何，無不更加點燃這個熱火，使她飛翔。因此，在這個住所中，出神是經常不斷的，也沒有辦法避免，即使是在公開的場合，而迫害和流言蜚語也隨之而來。雖然她希望不要心存害怕，人們卻不許她如此，因為有許多人造成這些害怕，尤其是告解神師們。

❷雖然如此，就一方面說，靈魂的內在部分深感安全，特別是當她和天主獨處時；另一方面則備受折磨，因為害怕是否上了魔鬼的當，因而冒犯她深愛的天主。至於那些流言蜚語給她的痛苦不大，除非自己的神師磨難她，好像她還能多做什麼似的[279]。她不做什麼，除了請求眾人祈禱，並懇求至尊陛下帶領她走別條路，因為人家對她說要走別的路，因為她所走的路非常危險。不過，由於從中尋獲這麼大的益處，她不得不看出來，這是帶領她走向天

279. 意指他能阻止神見，不要有這些神祕現象。
280. 參閱《瑪竇福音》十九章17節；《自傳》27和29章。
281. 括號內的句子是譯者加上的。

堂的路⑳，正如她所閱讀、聆聽，並從天主的誡命所獲知的。雖然願意（放棄此路㉘），但她卻不能渴望別的，只好把自己交在天主的手中。甚至這個不能渴望也給她痛苦，因為她認為自己沒有服從告解神師；而在她看來，服從和不冒犯我們的上主，是她不會受到欺騙的最上策。因此，她覺得，就算人家把她剁成碎塊，她也不會故意犯一個小罪；而極其折磨她的是，看到自己免不了犯許多無意的小罪。

❸天主給予這些靈魂很大的渴望，不在任何事上令祂不悅，無論是多麼微小的事，只要辦得到，也不做不成全的事。即使沒有其他的理由，單單為此之故，靈魂渴望躲開人群，她極度羨慕居住且生活在曠野中的人。另一方面，她又希望進入世界當中，看看是否能夠幫上忙，促使一個靈魂更加讚美天主；然而，身為女子，苦於性別的約束，因而她不能做這事㉘，她萬分羨慕那些有自由大聲吶喊的人，公開宣揚誰是這位偉大的萬軍之主。

❹啊！可憐的小蝴蝶，受縛於這麼多的鎖鍊，不讓妳飛往想去的地方！我的天主！憐憫她吧！請整頓秩序，使她對祢榮耀和光榮的渴望，多少得以滿全。不要在意她的不堪當和卑下的本性。上主，祢具有大能，使大海及約旦河倒流，讓以色列子民走過㉘。祢不要可憐她，有了祢強有力的幫助，她能夠承受許多的磨難；她已經決心這麼做，也渴望忍受它們。上主，請伸出祢大能的手臂㉘，不要使她的一生消磨在這麼卑賤的事物上。讓祢的宏偉彰顯在這麼女子又卑劣的東西上，好讓世界知道，什麼都不是她的，因而讚美頌揚祢，無論要付出怎樣的代價，她渴望的是這個，給出一千條生命——如果她有這麼多——致使有一個靈魂因她的緣故，多讚美天主一些；她認為那是非常善度生命的，也明白全部的真理是，連最微小的一個磨難，她都不配為祢忍受，更何況是為祢而死。

282. 就是說，在當時的社會，女人不能像男人那樣公開宣道。
283. 參閱《出谷紀》十四章 21 — 22 節；《若蘇厄書》三章 13 — 17 節。
284. 引用聖經中諾厄和鴿子的典故，參閱《創世紀》八章 8 — 9 節。後來會再提到這事，參閱《城堡》7・3・13。

❺ 修女們，我不知為什麼要說這些，實在不知為了什麼，因為我也不懂。我們應該懂得的是，這些渴望是官能休止和神魂超拔留下的效果，毫無可疑；因為是一些不會消逝的渴望，且是實質存在的[285]，遇有什麼顯露這些渴望的事時，會看得出來不是假裝的。為什麼我說是「實質存在的」呢？因為有的時候，靈魂自覺膽怯，在那些最卑微的事上，既恐懼又這麼沒有勇氣，好像她不可能有勇氣做什麼事：我明白的是，在那時，為了她的極大益處，上主讓她留在本性中；因為那時她會看見，如果她能做什麼事，都是至尊陛下的恩賜，此一清晰明見使得她滅絕自我，更認識天主的仁慈及祂的崇偉，這是上主樂於在卑微的事上顯示給她的。不過，我們先前所說的，是她比較常有的情況[286]。

❻ 修女們，在想要看見我們上主的這些強烈渴望中，要留意一件事：它們有時這麼折磨人，所以必須不要助長它們，反而要轉移注意力，我是說，如果妳們能夠的話；因為在後來我會說的其他情況中[287]，無論如何也辦不到，如妳們將會看見的。在這些渴望剛開始時，有時還是能夠轉移注意力，因為仍有完整的理智，能順服天主的旨意，並說聖瑪定說的話[288]；如果渴望太折磨人時，能回來再想聖瑪定的話。因為看起來，這樣的渴望是很精修的人才會有的，魔鬼能加以煽動，使我們認為自己就是精修者，所以懷著敬畏行走總是好的。不過我認為，這個痛苦給予靈魂的寧靜和平安，是魔鬼無法放進來的；牠反而會招惹一些情欲，就像為了世物，我們會有的一些痛苦。然而，如果對這兩種情況都沒有經驗，這人就不會明瞭此事，反而以為是件了不起的事，盡力予以助長，以致嚴重地損害健康：因為這個痛苦是持續的，或至少是經常的。

❼ 還有要注意的是，體質虛弱的人常會造成這些痛苦，尤其是，如果發生在多情善

285. 實質存在的（*que están en un ser*）：原文在此無法直譯，K.K. 譯為 remain（存留），A.P. 譯為 permanent（永存），意即，這些渴望是出神的效果，其本身即是一個存在，是不會消逝的。
286. 即前述的膽小、怕懼。
287. 即《城堡》6・11，也就是第六重住所最後的部分。也可參閱《城堡》6・8・4；《自傳》29・9；《全德》19・9－10。
288. 「主啊！如果祢的子民仍然需要我，我將不辭勞苦。但願奉行祢的旨意。」取自都爾・聖瑪定主教紀念日（11月11日）的誦讀日課經文。參閱 *Exclam.*15・2。

感，為每件小事哭泣的人身上；她們成千次地認定是為天主而哭泣，其實不是。有時會發生這事（當淚水泉湧時，我是說，在某段時期，聽到或想到天主的每一句動心的話時，無法抑止淚水），體液[289]達及心臟，助長的是流淚，而非愛天主，哭起來像是沒完沒了。由於她們已經明白，流淚是好事，她們既不克制，也不願做別的事，卻盡所能地淚流不止。魔鬼在這裡企圖使她們瘦弱，使她們後來不能祈禱，也無法守好會規。

❽ 我彷彿看到妳們在問，那妳們該做什麼呢？如果樣樣事我都說危險，像在流淚這麼好的事上，我也認為可能受騙，莫非我就是受騙者？這也有可能，不過，請相信我，如果不是在某些人身上看到這事，我是不說的，雖然不是發生於我；因為我一點也不柔軟，相反的，我有一顆這麼硬的心，有時讓我覺得難過；雖然當內在的火熾烈時，無論是多麼硬的心，也會像在蒸餾器內蒸發一樣。妳們很清楚，當所流的眼淚由此而來時，那是更有安慰，且帶來平安的淚水，而非擾亂，並且很少會有害處。在這個騙局中的好處——如果有什麼好處的話——就是只損及肉身（我是說，如果有謙虛），而非損傷靈魂；即使身體沒有受損時，有此存疑也不是壞事[290]。

❾ 我們不要以為，流許多眼淚就是做好所有的事，而是要動手做許多的工作和修德行，這些是我們必須看重的；當天主送來眼淚時，淚水自會湧流，我們不要勤快地去招徠眼淚。這些眼淚會澆灌乾旱的土地，極有助於結出果實；我們愈不加理會，反而會愈多，因為是從天而降的水。我們自己取得的水，得疲累地挖掘，這和天上的水不同；往往挖得我們精疲力竭，連個小水坑都得不到，更別說是泉水井了。因此，修女們，我認為最好的是，把自己放在上主面前，注視祂的仁慈和宏偉，及我們的卑微，讓祂隨意施捨給我們，無論是水或

289. 體液（*humor*）：從前的醫學認為人體流著四種體液：血液，黏液、膽汁、黑膽汁。這四種體液配合的比例決定人的性情、脾氣等。

290. 這句的意思：在這個騙局（＝多情善感的人過分流淚）中的好處（＝較小的壞處）—如果有什麼好處的話—就是只損及肉身，而非損傷靈魂；即使身體沒有受損時，有此存疑也不是壞事（「存疑」是接第 7 節說的，因為魔鬼企圖使肉身日漸消瘦，阻礙祈禱）。

乾旱：祂最清楚什麼對我們有益。這樣，我們就可以安然自在，魔鬼也不會有這麼多機會來戲弄我們。

⑩ 在這些痛苦和愉悅並存的事中，我們的上主有時給靈魂一些歡樂和奇特的祈禱，她不明白是怎麼回事。因為，如果上主賜給妳們這個恩惠，妳們會更加讚美祂，也會明白所發生的事，所以我在此寫下這事。我認為，這是個官能的崇高結合，不過，我們的上主讓官能自由，為能享受這個歡樂，感官亦然，不知道所享受的是什麼，或是怎麼享受的。這話聽來像是阿拉伯語[291]，但確實是這樣的，對靈魂而言，這是個超量的歡樂，她不願獨自享受，反而要曉諭眾人，使大家幫她讚美我們的上主，她的動作全專注於此。啊！如果做得到，她要舉辦怎樣的歡樂節慶，做怎樣的展示，使眾人皆知她的歡樂！好像她已尋回自己，如同浪子的父親，希望邀請所有的人喜樂歡慶[292]，因為看到自己的靈魂被安置，處在不可懷疑的安全之地，至少在那時候是這樣。我認為這是正確的；因為在靈魂的極深處，這麼多的內在歡樂，這麼多的平安，她的全部滿足在於促使人讚美天主，這不可能是魔鬼給的。

⑪ 這喜樂具有很大的衝動，要保持緘默，或加以掩飾，既不容易也相當痛苦。這應該是聖方濟的感受，當他碰見那些強盜時，他走在田野間，放聲大喊，告訴他們，他是偉大國王的先驅；還有其他的聖人隱居曠野，為能宣報聖方濟所說的話，即對他們天主的這些頌讚。我認識一位叫伯鐸·亞爾剛大拉（Fray Pedro de Alcántara）會士的聖人——根據他的生活，我相信他是聖人——他也做同樣的事，有時聆聽他的人們，也把他當成瘋子[293]。修女們！多麼好的瘋狂啊！但願天主賜給我們所有的人！祂帶領妳們來到這裡，又是何等的恩惠啊！上主賜給妳們這恩惠，妳們也將這恩惠顯露出來，那是為幫助妳們，而非招惹流言蜚

291. 意即聽不懂的話。
292. 《路加福音》十五章 22 － 32 節。
293. 參閱《自傳》27．16 － 20；30．2 － 7。

語，如同妳們在世俗會受到的對待，因為這樣的宣示非常少有，他們的閒言閒語也就不足為奇了。

⓬ 多麼不幸的時代啊！活在現今的我們，又是多麼可憐的生命啊！那些運氣這麼好，已處在世界之外的人，是多麼幸福啊！有時候，我特別愉悅，當大家在一起時，我看見這些修女們有這麼大的內在喜樂，她們極盡所能地，讚美我們的上主，由於見到自己在修院之中。因為這是非常清楚可見的，那些讚美係來自靈魂的內在深處。修女們，我希望妳們常常讚美祂，因為一人開始，會喚醒其餘的人。當妳們在一起時，除了讚美天主，還能有什麼更善用口舌的事可做嗎？因為我們有這麼多讚美祂的理由。

⓭ 祈願至尊陛下樂於時常賜給我們這個祈禱，那是這麼安全又有益；但卻不是我們能憑己力獲取的，因為是非常超性的事。這祈禱會延續一整天，靈魂彷彿酩酊大醉的人，不過，她的感官並沒有這麼入迷；或者像憂鬱症患者，並沒有完全失去理智，但若有一事物放進想像中，就無法斷念，也沒有人能拔出她想像中的事物。

對於這麼珍貴的理由，這是些相當粗俗的比喻，然而我的才智（笨拙）找不到什麼別的；因為事實是這樣的，這個歡樂使人這麼忘記自己和所有事物，除了專注於從她的歡樂而來的話語，亦即讚美天主，她無法留神，也不能好好說話。

我的女兒們，我們全都要幫助這靈魂。為什麼我們要有更多的理智呢？什麼能給我們最大的滿足呢？願所有的受造物幫助我們，世世無窮，阿們，阿們，阿們！

第七章

談論天主賜予上述恩惠的這些靈魂，覺察自己罪過所感受的痛苦方式。說明無論是多麼有靈修的人，如果沒有修行存念我們的上主救主耶穌基督的人性、祂的至聖苦難和生活、祂的榮福母親和聖人們，這是多麼大的錯誤。本章很有助益。

❶ 修女們，妳們會以為，這些靈魂與上主有這麼特別的交往（我是說，那些還沒有達到這些恩惠的靈魂，尤其會這麼想，因為如果她們已經享有，且是從天主來的，她們會明白我所說的），她們已經這麼確定將永遠享有祂，不用害怕，也不必哭自己的罪；這是非常大的騙局，因為這些罪過的痛苦會更增加，同時從我們的天主得到的也愈多。我認為，除非達到沒有事會給我們痛苦的境地，這個痛苦是不會消除的。

❷ 有時折磨多，有時少，這是真的，而且也是以不同的方式；因為她想起的不是罪有應得的痛苦，而是想到對虧欠這麼多，又這麼堪受服事的祂，自己是多麼不知感恩；因為在通傳給她的這些宏偉中，她更加了悟天主的偉大。她驚恐於自己這麼的大膽；痛哭她的缺乏尊敬；當她想起為了這麼卑賤的事物，竟然放棄這麼偉大的至尊陛下，想到這麼的愚蠢至極，她的悲傷是沒完沒了的。更有甚者，每一念及所接受的恩惠，這些是這麼大的恩惠，如已說過或後來會說的；這些恩惠的來到，好似流量很大的江河，適時湧來㉙；這些罪過就好像一灘爛泥，經常活現在記憶中，而且是超大的十字架。

294. 適時：當天主願意時，不早不晚，準時來到。

❸我知道一個人[295]，她不再是為了看見天主而希望死，她之想死，是為了不要感受這麼常有的痛苦，對常常虧欠這麼多的天主，她是多麼的忘恩；所以她不認為，能有人像她那麼卑劣的，因為她明白，沒有人像她那樣，得蒙天主這麼多的容忍，及賜予這麼多的恩惠。至於所說的害怕下地獄，她們完全沒有。如果可能失去天主，有時會讓她們非常難過；不過這是很少有的。她們只害怕天主放手不管，讓她們得罪祂，而她們也會看到，自己的處境這麼不幸，如同過去那樣。至於她們自身的痛苦或光榮，她們毫不在意；如果她們不希望長久留在煉獄中，主要是為了不失去天主，如煉獄靈魂的遭遇，而不是由於所受的痛苦。

❹無論一個靈魂多麼蒙受天主的恩惠，如果忘記自己曾處於不幸的境況，我不認為這是安全的；雖然（這類記憶）令人傷痛，卻對許多人有助益。可能因為我是這麼卑劣，才會這樣認為，也是為此之故，經常會浮現在記憶中。那些很好的人不會有痛苦的感受，然而我們活在這有死的肉身內，總是會有失誤。想到我們的上主已經寬恕，且忘記我們的罪過，這個痛苦是無法減輕的；相反的，看到這麼的寬仁善良，賜恩惠給那只堪下地獄的人，痛苦反而增加。我認為，對聖伯多祿和瑪麗德蓮而言，這會是很大的折磨[296]；由於他們的愛這麼增長加多，他們已經得到這麼多恩惠，也徹悟天主的宏偉和尊威，這痛苦會是忍無可忍的，也會有非常溫柔的悔恨之情。

❺還有，妳們會認為，凡享有這麼崇高經驗的人，就不必默想我們的主耶穌基督至聖人性的奧蹟，因為他已完全專注於愛。這件事我在別處寫了很多[297]，雖然在這事上，別人反駁我，說我不懂，因為這些是我們的上主所帶領的道路，一旦過了初學階段，最好關注於神性的事物，而避開肉體的事物，至於我，我則不承認這是良好的道路。但也可能是我弄

295. 亦即聖女大德蘭本人，參閱《自傳》26・2；34・10。*Spiritual Testimonies* 1・26；48・1；59・12。
296. 很大的折磨（*un gran martirio*）：*martirio* 原文也有殉道的含意，也可說是長期的殉道。
297. 《自傳》22。

錯，而我們說的全是同一件事；不過，我看見魔鬼想要在這方面欺騙我，我因而得到這麼多教訓，而我認為，雖然我多次說過這事[298]，這裡我要再說一遍，為使妳們行走此路時非常留心；請注意，我敢說，若有人對妳們說不同的事，妳們不要相信。我會盡力解說得比別處更清楚；因為，如他對我說的[299]，或許有人已寫過這事，但若更詳細解說這事，這樣的說明是好的；而如此總括地述說這事，對於懂得不多的我們，能夠為害不淺。

❻ 還有一些靈魂，她們似乎無法默想基督的苦難，更不能想至聖童貞和諸聖的生平；其實記憶這些，對我們這麼有助益和鼓勵。我無法設想她們想什麼；因為，完全沒有肉身，是屬於經常燃燒愛火的純靈天使，而非活在有死肉身內的我們。對於那些具有肉身，且為天主完成豐功偉業的人，我們必須和他們交往、思念他們及尋求他們的陪伴；何況是對我們的全部美善和救助，即我們的主耶穌基督的至聖人性，更不可刻意和祂斷絕。我不能相信她們做這事，而是因為她們不了解，所以害了自己和別人。至少我能保證，她們決進不了最後的兩重住所；因為如果失去了嚮導，亦即好耶穌，她們上不了正路；要是她們安全地留在其她的住所，那可真的太好了。因為我們的主說，祂是道路；上主也說，祂是光，除非經過祂，誰也不能到父那裡去；還有，「**誰看見我，就是看見我的父**」[300]。她們說這些話別有含意。我不懂有什麼別的含意，而根據我的靈魂經常感到的這個含意，這是真的，我一直心安理得。

❼ 有一些靈魂——她們中有很多人和我談過這事——由於我們上主的帶領而達到成全的默觀，她們想要經常停留於其中，但卻辦不到；再者，上主的這個恩惠留給她們的，竟是後來不能推想基督的苦難和生平，如同先前那樣。我不知理由何在，不過，這是很平常的，

298. 《自傳》22．2－3。
299. 這個「他」是誰，不得而知，作者似乎有意不要透露。
300. 《若望福音》十八章12節；十四章6、9節。

因為理智比較沒有能力做默想。我相信理由必定是，由於在默想中，全都在尋找天主，一旦找到天主，靈魂通常會透過意志的工作再來尋找祂，而不願用理智來勞累自己。我也認為，由於意志已燃燒起來，這個慷慨的官能，如果可能的話，不願使用其他的官能；這並非做錯，然而卻是不可能的，尤其是尚未達到最後這兩重住所的人，也是浪費時間，因為要使意志燃燒，往往需要理智的幫助。

❽ 修女們，請注意這一點，這是很重要的，所以我要詳細說明：靈魂渴望完全專注於愛，希望不去理解別的事，但即使想望，卻辦不到；因為，雖然意志沒有死，但那火卻已經快要熄滅了（這是常常使意志燃燒的火），所以需要有人煽風吹氣，使火冒出熱力。那麼，如果靈魂帶著這個乾枯，等待火從天降下，焚燒自獻給天主的這個犧牲，如同我們的會父厄里亞所做的[301]，這樣好嗎？不好，確實不好，等候奇蹟也不好。上主樂意時，祂會為這靈魂做這些事（**譯按，就是說行奇蹟**），如同已說過，及後來要說的[302]；不過，至尊陛下要我們自視這麼卑劣，以致不堪蒙受，反要我們盡一切可能來幫助自己。我認為到死為止，無論我們祈禱如何高超，這都是必須的。

❾ 這是真的，凡蒙上主帶進第七重住所的人，很少或幾乎不必做此努力，到那重住所時，如果我記得，我會說明理由[303]；再者，也會以一種令人欣羨的方式，持續不斷地和我們的主基督同行，在那裡，她的伴侶經常是神性與人性結合的主基督。這樣，當所說的[304]意志內的火沒有燃燒，又沒有感受天主的臨在時，我們必須尋找這臨在；至尊陛下要的是這個，如同《雅歌》的新娘所做的[305]，也希望我們詢問受造物，是誰造化了他們（如聖奧思定說的，我相信是在他的《默想》或《懺悔錄》中[306]）。我們不要像傻瓜，浪費時間在等待那某

301. 《列王紀上》十八章 30 — 39 節。
302. 《城堡》6・11・8。
303. 《城堡》7・2・3、9 — 10；7・3・8、10 — 11；7・4・1 — 2。
304. 第 7 節最後。
305. 《雅歌》三章 1 — 3 節。
306. 《默想》（*Meditaciones*）或《懺悔錄》（*Confesiones*）。參閱聖奧思定《懺悔錄》10・6・9 — 10。

次所曾給過的什麼，對於初學者，有可能在一年內，甚或多年，上主不會賜給她們[307]。至尊陛下知道為什麼；我們不要想知道，也沒有什麼必要。然而，我們曉得的道路是，必須藉著遵守誡命和福音勸諭，來取悅天主，我們要很勤快的走在這條路上，默想祂的一生和死亡，及我們虧欠許多；當上主願意時，其餘的自會來到。

⑩ 在此會有人答說，她們不能停留在這些事上，由於之前所說的[308]，或許在某方面，她們是對的。妳們已經知道，理智推理是一回事，記憶呈現真理給理智又是另一回事。或許，妳們會說，妳們不懂我說的，真的有可能是我不懂這事，因而不會解說；不過，我盡所能地來說明。我所謂的默想，意即用理智做許多這樣的推理：我們開始想，天主藉著賜下祂的惟一聖子，賜給我們的恩惠，我們不停留在那裡，反而更深入祂整個榮福生命的奧蹟；或我們開始想山園祈禱，理智沒有停止，繼續直到祂被釘在十字架上；或者我們採用苦難的一個境況，我們說，如逮捕，我們從這個奧蹟開始想起，深思其中的詳細情節，哪些是應該細想和感受的，猶達斯怎樣背叛，門徒們如何逃走及其餘的一切；這是令人讚美，又非常有功勞的祈禱。

⑪ 這就是我說的，那些蒙天主帶領，達到超性事物[309]及成全默觀者的祈禱，（不能停留在默想中），她們是對的；因為，如我說過的，我不知道原因，然而通常總是無法默想。但是，如果她們說，不能停留在這些奧蹟中，又不能時常呈現它們，尤其當教會舉行慶祝時，我說她們是不對的；靈魂也不可能忘掉，她從天主得到這麼多，這麼珍貴的愛之標記，因為這些是活的火花，會更燃燒起她對我們上主的愛；可是她自己卻不懂；因為靈魂以更完美的方式理解這些奧蹟：是這樣的，理智呈現奧蹟，深刻在記憶上，致使只要看見在山園中，滿

307. 原文在此沒有清楚指出賜給什麼，K.K. 英譯將原文的代名詞「lo」譯為「this fire／這火」。
308. 即前面第 7 節說的。
309. 超性事物（*cosas sobrenaturales*）：意即有超性經驗，相當於現代人說的神祕經驗。

是驚恐汗水的上主跌倒在地，這些就足以不只一小時，而是許多天，以單純的注視觀看祂是誰，而對這麼大的痛苦，我們又是多麼不知恩。意志立刻有反應，雖然並非帶著柔情，卻渴望對這麼大的恩惠做些服事，也渴望為受這麼多苦的祂受些苦，及其他類似的事，記憶和理智都專注於此。我相信是為此之故，她不能深入推論苦難的奧蹟，這個無能為力，使她認為不能默想苦難奧蹟。

⓬ 如果是這樣的無法默想，努力這麼做是好的，我知道，這不會阻礙非常崇高的祈禱；而不在這事上時常修行，我則不認為好。如果在此上主使之休止[310]，非常可喜可賀，雖然靈魂不想要放開所做的默想。我非常肯定，這個進展情況不是阻礙，而是對所有好事的很大幫助，如果做很多推理的工作，如我開始時說的，這才會是阻礙，而我認為，那已經達到更高境界的人也做不到（推理）。事情有可能是這樣，因為天主以多種方式帶領靈魂；再者，不要責怪那不能行走此路（**譯按，指推理默想之路**）的人，判斷她們不能享受這麼崇高的福分，即包含在我們的好耶穌基督奧蹟內的福分；也沒有人，無論是多麼有神修的人，會讓我懂透，由於這麼做（**譯按，指避開耶穌的奧蹟**），就會因此行走得更好。

⓭ 有些靈魂，有的才剛起步，或甚至在半途，當她們開始達到寧靜的祈禱，享受上主賜予的愉悅和神味時，會認為經常留守在享受中是非常重要的事。不過，她們要相信我，不要這麼沉醉於其中，如我已在別處說過[311]，因為生命漫長，一生的困苦很多，我們必須注視著我們的典範基督，看祂怎樣忍受痛苦，甚至也要注視祂的宗徒和聖人們，為使我們能成全地受苦。好耶穌是非常好的伴侶，我們不要離開祂，祂的至聖母親亦然。祂非常喜悅於我們對祂的痛苦感同身受，即使我們有時放開滿足愉悅和享受神味。更何況，女兒們，祈禱中的

310. 原文在此並沒有明言使什麼休止，只以代名詞 la 表示，按上下文，指的應該是做默想，也可說是使理智休止。

311. 參閱《城堡》6・4・3、9；《自傳》22・10。

愉悅並非這麼常見，不會全部時間都是愉悅的；如果有人說，祈禱中的愉悅是繼續不斷的，我會覺得可疑，我說，所提的這事（譯按，指不間斷的愉悅）必定無法做到；所以要存疑此事，努力避開這個騙局，妳們要使盡全力，不要沉醉於其中。如果妳們的力量不夠，則要向院長訴說，讓她來安排，給妳們需要費神照顧的工作，用以除掉這個危險；這危險如果長時間拖延，至少對智力和腦袋的為害是很大的。

⓮ 我相信，我已做了合宜的解說，無論是多麼有靈修的人，不要這麼地避開肉身的事，竟至認為，連基督的至聖人性也會造成傷害。有人引證上主對宗徒們說的話，祂離去是有益的[312]。我不能忍受這話。我敢說[313]，祂沒有對祂的至聖母親說這話，因為聖母堅定於信德，知道祂是天主又是人；而且，即使聖母愛祂勝過宗徒們，愛得這麼完美，基督的臨在也不是阻礙，而是幫助。在當時，宗徒們並沒有這麼堅定於信德，如同後來那樣，所以現在我們這樣是有理由的。女兒們，我對妳們說，我認為這是危險的道路，魔鬼能導致喪失對至聖聖事的敬禮。

⓯ 我覺得自己曾犯的錯誤，並沒有像這樣過分，我只是不喜歡多想我們的主耶穌基督，樂於處在陶醉中，等著那個愉悅。我清楚地看出來，我錯了；因為，正如愉悅是不能常有的，思想飄忽不定，至於靈魂，我覺得好像一隻小鳥，盤旋飛翔，找不到歇息之處，浪費很多的時間，德行沒有進步，祈禱也沒有改善。我不明白為何如此，也一直不懂，因為我認為自己所做的是很正確的，直到我和一位天主的忠僕談論祈禱，他勸告了我。後來，我清楚看到自己是多麼的錯誤，我的懊悔總是沒完沒了，因為曾有一段期間，我沒有了解，從這麼大的損失中，我是不能得到好收穫的；即使能獲得，不管什麼好東西，我都不想要，除非是

312.《若望福音》十六章7節。
313. 我敢說：原文是「*A osadas*」，含有委婉肯定的意思。

從祂得到的，因為一切美善經由祂而臨於我們。願祂永受讚美！阿們！

第八章

談論經由理智的神見，天主怎樣通傳自己給靈魂，給予一些勸告，述說真實理智神見的效果。託付這些恩惠的祕密。

❶ 修女們，為使妳們看得更清楚，我對妳們說的事就是如此，一個靈魂愈進步，這位好耶穌的陪伴也愈多，我們最好在此談談為什麼。當至尊陛下願意時，我們不能不經常與祂同行，這是可以清楚看出來的，透過至尊陛下和我們交往的方法和方式，及向我們顯示祂對我們的愛，連同一些這麼美妙的顯現和神見。如果上主賜給妳們其中的一些恩惠，為使妳們不致驚慌，我願總結地述說——如果上主樂於助我達成——使我們多多讚美祂，即使祂並沒有賜給我們。我們要讚美祂，因為祂這麼尊威和大能，卻願意這樣和一個受造物交往。

❷ 會有這樣的事發生，當靈魂沒有料想自己得以蒙受這個恩惠，也不認為堪當時，她感到，好像我們的主耶穌基督就在旁邊，雖然看不到祂，無論是肉身或靈魂的眼睛都看不見。此即所謂的理智神見，我不知道為什麼。我見過這個人[314]，天主賜給她這個恩惠，及後來會說的其他恩惠，開始時使她煩惱極了，她不能了解這是怎麼回事，因為什麼都看不到。然而，靈魂這麼確實知道，就是我們的主耶穌基督，祂用那樣的方式顯示給靈魂，是無法懷

314. 就是聖女大德蘭本人。

疑的；我是說，不能懷疑神見就在那裡。無論神見來自天主與否，雖然帶來很大的效果，指明是從天主來的，她仍然害怕。她也從未聽說過理智神見，也不認為有那種事；不過，她非常清楚知道，就是這位上主，常常以所說過的方式[315]和她說話。因為直到祂賜予我說的這個恩惠，她一直都不知道是誰和她說話，雖然懂得那些話語。

❸我知道，由於害怕這個神見（因為不同於很快就消逝的想像神見，而是延續許多天，有時甚至超過一年），她煩惱至極，去找她的告解神師。神師問她，如果什麼都沒看到，又怎麼知道是我們的上主呢？要她述說（上主）的面貌是什麼樣子[316]。她對神師說不知道，既沒看見面孔，除了對她說的話之外，也不能說更多；而她確實知道，對她說話的就是上主，這也不是一時的空想。雖然人們使她萬分害怕，她總是無法懷疑，尤其當上主對她說：「**不要怕，是我**[317]**！**」這些話這麼有力，從那時起，她不能懷疑它們，也使她非常勇敢，並欣喜於有這麼好的伴侶；她清楚地看出來，這極有助於常常念念不忘天主，小心翼翼，不做令祂不悅的事，因為她覺得天主一直看著她。每一次在祈禱中想和天主談話，甚至不在祈禱時，她覺得天主這麼靠近，不能不聽見她的禱告；雖然不是她一想要，就聽得到那些話，但在有需要時，就會合宜地聽到。她覺得上主走在她的右邊，然而，卻不是使用能覺察有人靠近我們的感官；因為是經由另一種更靈巧的方式，這是無法言喻的。不過，卻又這麼確實，也這麼令人確信，甚至還不止於此；因為其他的神見可能來自幻想，而理智的神見則不然，帶來很大的內在益處和效果。如果是憂鬱症，不能有這些效果，而魔鬼也不能做得這麼好；靈魂也不會這麼的平安，又這麼持續不斷地渴望悅樂天主，這麼輕看不使她達到天主的萬有。後來她清楚明白了，這不是來自魔鬼，因為事情愈來愈清晰明朗。

315. 見《城堡》6・3。
316. 參閱《自傳》27・3。
317. 參閱《自傳》25・18；*Spiritual Testimonies* 22・1；31；48；58・16；《城堡》6・3・5。

❹ 雖然如此，我知道有段時期，她萬分害怕；又有時候，她羞愧至極，不知道這麼大的美善從何而來。她和我⑱，我們是這麼的合一，發生在她靈魂內的事，我都知曉；所以，我能夠是很好的見證，妳們可以相信我，關於這事，我所說的一切全是真的。

若是上主的恩惠，隨之而來的會有極大的羞愧及謙虛。如果是從魔鬼來的，一切完全相反。由於這神見顯然是天主的恩賜，人力不足以引發這樣的感受，擁有神見的人，絕不能認為是屬於她個人的美物，而是天主親手賜予的。雖然，按我的見解，所說的那些恩惠中，有些是大恩惠，而隨著這些恩惠而來的，是對天主一種特別的認識，從這麼持續的陪伴中，生出對至尊陛下最溫柔的愛，也激發一些渴望，甚至比曾說過的那些渴望⑲還大，願意完全獻身於服事祂，也有非常純潔的良心，因為祂的臨在身旁，使靈魂事事留心；因為雖然我們已經知道，天主臨在於我們所做的一切事中，但我們的本性就是這樣，不會存心這麼想；在此，靈魂不能掉以輕心，因為有身旁的上主會喚醒她。甚至連前述的恩惠⑳也來得更加頻繁，因為對那看到或知道就在身旁的祂，靈魂幾乎持續不斷地懷有當下的愛。

❺ 總之，在靈魂獲益方面，這神見是最大的恩惠，也是極有價值的。靈魂感謝上主，因為她不堪當蒙受這樣的賜予，也沒有什麼世上的財寶或愉悅，她願意拿來交換的。所以，當上主樂於取走這神見時，她感到非常孤單；再者，想要挽回那個陪伴的所有可能努力，也沒什麼用；上主在祂願意時賜予，人不能憑己力獲取。還有，有時是某聖人的陪伴，也是很有助益的。

❻ 妳們會問說，如果沒有看見，怎會知道是基督呢？又什麼時候是聖人，或祂的榮福母親呢？這靈魂不會說明，也不能理解她怎麼獲知這事，不過，她真的知道，極其確信。而

318. 這個她，其實就是聖女大德蘭本人，雖然為了服從神師的命令，不透露個人的經驗，但是她的隱藏技巧實在不高明。
319. 見《城堡》6・6・1－6。
320. 即前面幾章提及的恩惠。

當說話的是上主時，靈魂似乎比較容易認出來；但如果是聖人，不發一語，好像是上主把他放在那裡，為幫助和陪伴那個靈魂，這是更稀奇的事。其他的靈性事物就像這樣，無法說明，然而透過它們，我們會明白，在理解天主的卓絕崇高方面，人的本性是如何卑微，可是，儘管我們沒有能力理解，但那得蒙賜予的人，卻能欽崇讚美至尊陛下。這樣，透過它們，天主賜給靈魂特殊的恩寵，然而，由於這些恩惠並非賜給所有的人，應該非常珍視，也要努力做更多的服事，因為天主用這麼多的方式來幫助我們。所以，靈魂不可因此而自視過高，反而要認為她對天主的服事，比不上世上所有的人。因為靈魂覺得，她比誰都更應該事奉天主，無論犯了什麼過錯，都會使她痛徹肺腑，這是極其正確的。

❼留在靈魂內的這些效果，即前面說過的[321]，從中能認出妳們無論是誰，蒙上主帶領行走此路，妳們會明白這不是騙局，也不是幻想。因為，如我已說過的[322]，如果是從魔鬼來的，我認為不可能會延續這麼久，給靈魂這麼明顯的益處，又帶給她這麼大的內在平安；這也不合常規，這樣壞的東西行這麼大的善，即使魔鬼想要做，牠也辦不到；要是辦到了，靈魂很快會亮出自我重視的模樣，自認為比別人更好。然而，這靈魂卻緊緊地依戀天主，思想專注於祂，致使魔鬼這樣暴怒，雖然有意再下手為害，牠也不敢時常回來。天主是這麼的忠信[323]，對那一心一意只求取悅至尊陛下，又為祂的榮耀和光榮付出生命的靈魂，祂不許魔鬼有這麼大的掌控權，會很快安排一切，不使靈魂受騙。

❽我的主題一直都是，由於靈魂以這裡所說的方式行走，保有天主的這些恩惠，至尊陛下會使她成為獲益者。如果天主有時容許魔鬼試探靈魂，祂會使之敗退。所以，女兒們，如果有人行走此路，如我已說過的[324]，妳們不要驚訝。而懷著恐懼，小心戒備地行走，是很

321. 本章 3 － 5 節。
322. 本章第 3 節。
323. 見《格林多前書》十章 14 節：「天主是忠信的，祂決不許你們受那超過你們能力的試探。」見《城堡》6．3．17，及《自傳》23．15。
324. 見本章第 1 節。

好的；也不要自信，由於這麼蒙受恩惠，妳們更會掉以輕心。如果在妳們身上，沒有看到我說過的這些效果，這是個記號，表示不是來自天主的。開始時，妳們要在告解的名義下，和一位非常好的博學者交談，告訴他這事（譯按，指神見），這是很好的，因為博學者必會給我們光明，或者，如果有的話，和一些非常有神修的人交談；如果沒有，最好是非常博學的人；如果兩者都有，則可以和博學者，也可以和神修人交談。如果他們對妳們說這是幻想，妳們不必擔心，因為對妳們的靈魂，幻想造成的好或壞都不大；要把妳們自己交託給天主至尊陛下，祈求祂不要讓妳們受騙。如果他們對妳們說，是從魔鬼來的，這會是更大的磨難；雖然，如果是真正的博學者，又有所說的那些效果，是不會這麼說的，不過，萬一他這麼說，我知道，與妳們同行的上主，會親自安慰妳們，向妳們擔保，也會光照告解神師，使他來光照妳們。

❾ 如果神師雖是修行祈禱的人，但上主沒有帶他行走此路，他會馬上感到驚訝，並加以責備。所以，我勸告妳們，要有一位非常博學的神師，如果找得到，還要兼具靈修，而院長要給予這麼做的許可，因為，雖然看見靈魂度著良好的生活，行走在安全中，院長應該許可妳們和神師交談，好使妳們和院長都能安全地行走。還有，一旦妳們和這些人商談，要保持靜默，不要把這事告訴別人；有的時候，沒有什麼可怕的，魔鬼卻使某些人超過分地恐懼，迫使靈魂無法滿足於只一次的商談。尤其是，萬一神師是個沒有什麼經驗的人，靈魂看到他驚恐害怕，又要靈魂去請教別人，本該是祕密的事，卻被公開流傳，使這靈魂遭受迫害和折磨；因為她還以為是祕密時，卻發現人人皆知，因而使許多困苦的事接踵而至，也殃及修會，處在現今的時代就是這樣[325]。所以在這事上，必須萬分警覺，我極力向院長們作此推薦。

325. 她可能在暗示：會惹上當時西班牙的宗教法庭。

❿院長也不要認為，一位有類似經驗的修女，她會比其他的修女更好；上主按所需要的，來帶領每一位。如果（這些經驗[326]）有所幫助，是要準備人成為更好的天主之僕；不過，有的時候，天主帶領最軟弱者行走此路。所以關於這事，沒有什麼要贊許或責備的，要注意的是德行，及事奉我們的上主懷有更大的克苦、謙虛和純潔的良心，這樣的人才是最聖善的，雖然在今世能確實知道的很少，要等到真正審判時，會給每人所應得的。到那時，我們會很驚訝地發現，祂的判斷和我們在世時的理解是多麼不同。願祂永遠受讚美，阿們！

第九章

談論上主怎樣藉想像的神見通傳給靈魂，行走此路時，對於渴望要小心戒備。說明其中的理由。本章非常有助益。

❶現在是談論想像神見的時候了，人們說，比起所說的理智神見[327]，魔鬼更能介入其中，而事情必是如此。不過，若是來自我們上主的想像神見，在某方面，我認為它們是更有助益的，因為比較符合我們的本性；但在最後一重住所中，上主所顯示的神見除外，因為那是什麼都不能相提並論的。

❷那麼，現在我們來細看前章中我對妳們說的[328]，關於這位上主的臨在，就像在一個黃金的容器內，我們擁有一顆極有價值和能量的寶石；我們確定萬分，知道寶石就在那裡，雖

326. 譯者加上括號內的字，使上下文能連貫。
327. 見第八章。
328. 參閱第八章 2 至 3 節。
329. 這是大德蘭時代流行的看法，認為某些石頭有治癒的能量，例如毛糞石。

然從未見過它；不過，那石頭的能量對我們不會沒有益處，如果我們隨身攜帶它㉙。雖然我們從來不曾見過這石頭，卻不會因此而不寶貝它，因為透過經驗，我們看得出來，它治好了我們的一些疾病，即對應石頭療效的病症。然而，我們卻不敢看它，不敢打開這個珍寶匣，也打不開，因為打開的方法，只有珍寶的擁有者才知道，雖然借給了我們，使我們得以獲益，他仍然保有鑰匙，就像是他的所有物，當他願意顯示給我們時，他會打開，甚至在他認為好時，也可以取回，就像天主所做的。

❸ 那麼，現在我們來談一談，有時他樂於很快地打開，為借用者做做好事：顯然地，後來，當他記起這石頭的美妙光輝時，他會有極大的滿足，所以也會更深地刻劃在記憶裡。那麼，這裡會發生像這樣的事：當我們的上主樂意更恩待這個靈魂時，清楚地以祂願意的方式，顯示給靈魂祂的至聖人性，無論是生活在世時，或復活之後的祂；雖然這麼快速，我們能比喻為一道閃電，這個榮福畫面深深地刻畫在想像內；我認為，非等到靈魂看見這個能無止盡享受的地方，她的記憶是無法磨滅的㉚。

❹ 雖然我說「畫面」，但要明白，不要以為這看來像是圖畫，而真是活生生的，有時祂對靈魂說話，甚至也顯示給她很大的祕密。不過，妳們要明白，雖然靈魂在此停留片刻，她卻不能比直視太陽看得更久，所以，這個神見往往稍縱即逝；倒不是由於它的光輝使內在的視覺㉛難受，如同太陽那樣，因為內在的神見看到這一切（至於外在的神見，我不知要說些什麼，因為我所說的這個人㉜，我能這麼特別地和她談話，她不曾經驗這事；而對於沒有經驗的事，無法述說確實的理由）。因為那光輝有如一道灌注的光，來自一個太陽，這太陽覆蓋著一層這麼細薄的東西，彷彿一顆鑽石，如果鑽石能被加工的話㉝；那衣物彷彿是精製

330.《自傳》28・1－4 及 37・4。

331. 內在的視覺，等於「靈魂的眼睛」（參閱《城堡》6・8・2 及《自傳》28・4），或內在的感官，以之區分理智的神見，及外在或身體感官的神見。

332. 指聖女大德蘭本人。參閱《自傳》28・4；*Spiritual Testimonies* 58・15。她說自己從未有過「身體的神見」，不曾用身體的眼睛看過什麼。

333. 意即，如果鑽石能製作成一層薄紗，表示光源如同鑽石紗般的晶瑩輝耀。

的荷蘭布料。當天主賜給靈魂這個恩惠時，幾乎每一次都使她出神，由於她的卑微，她無法承受這麼令人驚懼的神見。

❺ 我說「令人驚懼」，因為那是最美麗和愉悅的，遠超過一個人所能想像的，即使耗盡千年，費力設想，也辦不到（因為這遠超越我們的想像和理解），祂的臨在這麼至極尊威，致使靈魂萬分驚懼。的確，在這裡也不必問那人是誰，沒有人告訴靈魂什麼，祂清楚地顯示出，是天上或地上的主。這不是地上君王所做的，如果沒有隨身的侍從，或有人替他們宣告，世上的君王真的得不到什麼人看重。

❻ 上主啊！我們基督徒是多麼不認識祢！當祢來審判我們時，那一天將會怎樣呢？因為祢來這裡，這麼友善地和祢的淨配們談話，看到祢時，還是這麼的害怕，女兒們哪！若是祂以這麼嚴厲的聲音對妳們說：「**可咒罵的，離開我**[334]！」那又會是怎樣的呢？

❼ 所以，每當記起天主賜給靈魂的這個恩惠時，讓我們存念以上的話，會給我們不少的益處。即使聖熱羅尼莫是個聖人，也沒有讓這話離開他。因此，在這裡遵守修會嚴規所忍受的一切，對我們都不算什麼，無論延續多久，與那永恆相比，不過是一瞬間。我對妳們說的是真的，卑劣如我這般者，我不曾怕過地獄的折磨，因為比起我想到，該下地獄的人，會看見上主這麼美麗、溫和又慈愛的雙眼，充滿怒氣，我不認為自己的心會受得了：我一生都有像這樣的感受。如果上主像這樣顯現給她，賦予這麼強烈的感受，竟至失去感覺，一個人更會如何害怕！這應該是處於休止狀態的理由；上主扶助她的軟弱，在與天主這麼崇高的交往中，使她能與天主的崇偉結合。

❽ 當靈魂能夠長時間地注視這位上主，我不相信這是神見，而是一個激烈的思考，在

334.《瑪竇福音》廿五章 41 節。
335. 指真的神見。

想像中造出某一形像；和另一個335相較之下，彷彿了無生氣之物。

❾ 這會發生在有些人身上（我知道這是真的，她們和我交談過，不只三、四個人，而是許多人），她們的想像這麼虛弱，或理智這麼奏效，或我不知是什麼，她們的想像這麼著迷，凡她們所想的，都好像清楚地看見了；然而，如果她們真的看過真正的神見，毫無疑問地，她們會明白這個騙局；因為所看見的事物，是她們自己用想像編造出來的，後來什麼效果都沒有，而是冷卻下來，比她們注視虔敬的聖像還要冷得多。對此（**譯按，來自想像的事物**）不加理會，是高明的做法，這樣就會忘掉它，比忘記所做的夢還快。

❿ 至於我們所說的，則非如此，靈魂離所要看見的事物遠得很，甚至連想都沒想過，一瞬間，神見非常連貫地呈現給靈魂，翻攪所有的官能和感官，引起很大的害怕和出神，為了後來把靈魂安置在那幸福的平安中。這樣，就像當聖保祿被打倒在地時336，有來自天上的風暴和擾亂，所以，在這裡，在此內在的世界裡，形成很大的衝動，然而，剎那間，如我說過的337，一切復歸平靜，而這個靈魂這麼地受啟迪，獲悉一些這麼崇高的真理，致使她不需要其他的大師。靈魂不必辛苦費力，真智慧338親自除去靈魂的愚笨，且持續相當的時日，使靈魂確信這個恩惠是從天主來的，雖然人家對她說許多相反的話，都不能讓她害怕其中能有欺騙。後來，神師使得她害怕，天主容許這事，使靈魂動搖，不知由於自己的罪過，這是否可能；然而，靈魂不相信這事，因為，如我在別的事上說過的339，在有關相反信德之事的誘惑上，魔鬼能興風作浪，卻不能動搖靈魂的信德；反之，靈魂愈戰鬥，愈確定魔鬼不能賦予她這麼多的福分，真是這樣，在靈魂的內部，魔鬼沒有這麼大的能力；牠能呈顯事物，但卻沒有這個340真理、威嚴和效驗。

336.《宗徒大事錄》九章 3 － 4 節。
337. 第八章第 3 節。
338. 真智慧（*la verdadera sabiduría*）：指天主本身。
339.《城堡》6・8・4、8。
340. 指從天主來的神見所蘊含的真理、威嚴和效驗。

⓫ 由於神師不能親自看到神見，而那得蒙天主賜予這個恩惠的人，也可能不會述說，致使神師害怕，又有很多理由。所以需要警覺地前進，等到這些顯現結出果實，或逐漸地觀看那存留於靈魂的謙虛，及在德行上的剛毅；要是從魔鬼來的，很快會露出馬腳，被人抓住成千的謊言。如果神師有經驗，曾經歷這些事，他不需要用很多時間來加以辨識，從敘述中，他很快會看得出來，是從天主、想像或魔鬼來的，尤其是，如果至尊陛下賞給了他分辨神類的恩賜。要是他有此恩賜，又有學問，雖然沒有經驗，他對此事會有非常好的辨識。

⓬ 女兒們，非常必要的是，妳們對神師要很坦白和真誠，我說的不是指罪過，因為這是理所當然的，而是指在述說祈禱時；因為如果沒有這麼做，我不能肯定妳們走得很好，也不擔保是天主在教導妳們；天主非常喜愛我們以真誠和直率，向祂的代表述說，如同我們對待祂一樣，渴望神師了解我們的所有思想，甚至我們的作為，無論是多麼微小的作為。這麼做，妳們不會陷於擾亂，也不會焦躁，即使不是從天主來的，如果妳們有謙虛，又有好的良心，妳們不會受害；至尊陛下會從惡中取善，魔鬼有意讓妳們喪亡的這條道路，反而使妳們獲益更多。想想看，天主賜給妳們這麼崇高的恩惠，妳們鼓舞自己更加取悅祂，經常記憶祂的肖像，就像一位極博學者說的[341]，魔鬼是個大畫家，如果牠顯示的是非常生動的上主肖像，靈魂不會難過，卻因之使她的虔敬之情活躍起來，且以魔鬼自己的險惡來和牠交戰；雖然一位畫家可能是個壞人，並不因此就不必尊敬他所畫的聖像，如果那是天主的畫像——祂是我們的全部美善。

⓭ 這位博學者認為非常錯誤的是，有些人勸告說，在看見某神見時，要做出輕蔑的手勢[342]；因為他說，無論在哪裡看見我們君王[343]的聖像，我們都應該表示尊敬；我看他是有理

341. 她指的是道明・巴臬斯神父（P. Domingo Báñez, O.P.），參閱《建院記》8・3。
342. 參閱《自傳》29・5－6。
343.「君王」的原文是大寫，表示是天上的君王。

的，因為甚至在今世，對這事也有同感：如果某人獲知他所愛的另一位，對自己的畫像做出類似的侮辱，他也會對此舉動很不高興。那麼，豈不是更有理由時時尊敬所看見的十字苦像，或任何一幅我們君王的畫像嗎？雖然我已在別的地方寫過這事[344]，我很高興寫在這裡，因為我看過一個人陷於愁苦之中，因為被命令使用這個解決方法[345]。我不知道是誰發明的，這麼折磨那只願完全服從的人[346]，如果神師給她這個勸告，又如果她認為不這麼做，自己就會喪亡。我的勸告是，雖然神師這麼指示，妳們要謙虛地告訴他這個理由，也不要接受它。在這件事上，我說的那位博學者，他給我的一些良好理由，我認為極為合適。

⓮ 在上主的這個恩惠中，靈魂從中取得一個很大的益處，亦即，每當靈魂想著祂，或祂的一生和苦難，就會記起祂那最溫良和美麗的面容，這是最大的安慰，就像在今世，見到一位曾非常善待我們的人，比起素昧平生的人，會有更大的安慰。我對妳們說，這麼愉悅的回憶帶來豐盈的安慰和益處。

其他許多的好事也隨之而來，不過，由於在有關這些事造成的效果方面，已經說了這麼多，又還有更多要說的，我不想再勞累自己或妳們，只極力勸告妳們，當妳們知道，或聽見天主賜給靈魂這些恩惠時，不要哀求或渴望祂帶妳們走這條路。

⓯ 雖然妳們認為這是非常好的道路，應該予以珍視和敬重，但卻不適宜，理由如下：第一，因為缺乏謙虛，渴望得蒙賜予妳們完全不配獲得的，所以我相信，有此渴望的人很不謙虛；因為就好像一位卑微的農民，根本不會想望成為國王，他認為這是不可能的事，因為他不配，所以，謙虛的人在類似的事上亦然；我相信，不謙虛的人絕不會蒙受賜予，因為賜下這些恩惠之前，上主先賜給人很深的自我認識。那麼，若真的明白上主極其恩待她，沒

344.《建院記》8・3。
345. 這人就是聖女本人，見《自傳》29・5－6。
346. 原文直譯是，不能做比服從還少的人，意譯為，只願完全服從的人。

有把她放入地獄中，這人又怎能有像這樣的想望呢？第二，因為非常確定的是，這人會受欺騙，或很容易陷於危險，因為魔鬼不需要太多的什麼，只要看見有個小門微開，就足以成千次地戲弄我們。第三，想像的本身，若懷有很大的渴望時，會使這人認為，她看見或聽到那所渴望的，就像人日有所思，則夜有所夢。第四，這是極大膽的，想要自己選擇道路，又不知道什麼路更適合；該放手給上主，祂認識我，會帶領我走合適的路，為能在一切事上承行天主的旨意。第五，妳們想，得蒙上主賜予這些恩惠的人，她們要忍受的磨難很少嗎？不是的，她們要承受極大和各式各樣的磨難。妳們怎麼知道自己是否忍受得了呢？第六，如果行走此路，妳們以為是獲益，其實是喪亡，如同撒烏爾為做國王所做的[347]。

⑯ 總之，修女們，除此之外還有其他的理由；請相信我，最安全的是，除了天主要的以外，什麼都不要，祂認識我們，遠超過我們認識自己，而且祂愛我們。我們要把自己放在祂的手中，使祂的旨意實現於我們，如果懷有堅決的意志，經常保持這個態度，我們就不會犯錯。妳們也該留意，領受許多這些恩惠，並不會讓人堪受更大的光榮，因為反而更有義務去服事，係因得到的多。在更有功勞的事上[348]，上主不會從我們身上拿走，因為是取決於我們；因此，有許多的聖人從來不知道，獲得某個這些的恩惠是怎麼回事；而其他得蒙恩惠的人，卻不是聖人。妳們也不要想，賜恩是持續不斷的，更好說，一旦上主賜予恩惠，多之又多的磨難也會隨之而來；所以，靈魂不會惦念著有否得到更多恩惠，而是記掛著怎樣為所得的恩惠效勞。

⑰ 真的，這些恩惠應該是極大的幫助，有助於修成更崇高的成全德行；然而，以付出自己的辛勞而修持有成者，更有功勞。我認得一個人——甚至是兩位，另一位是男士[349]——

347. 參閱《撒慕爾紀上》十五章 10 — 23 節。
348. 意指我們方面的主動修行，而非領受天主的賜恩。
349.「一個人」，指的是聖女大德蘭本人，「另一位是男士」，顯然是指聖十字若望。

上主賜給他們某些這樣的恩惠，無須這些很大的愉悅，他們這麼渴望服事至尊陛下，不惜任何犧牲，又熱切地渴望受苦，他們向我們的上主抱怨，因為祂賜予這些恩惠，如果能夠不接受它們，他們會加以推辭。我說的愉悅，不是指來自這些神見的愉悅——總之，這些神見帶來很大的益處，且要非常珍視——而是指在默觀中，上主給予的愉悅。

⑱ 真的，按我的見解，這些渴望也是超性的，且來自非常深情的靈魂，她們渴望上主看見，她們不是為了報酬而服事祂。所以，如我說過的[350]，她們也不會記掛著，由於所做的什麼事，一定會受光榮，以這想法來鼓舞自己，更為這個目的而服事；而是以愛為滿足，這是愛的自然行動，總有成千種的方式。如果能夠，愛渴望尋求創作，為使靈魂在祂內耗盡；如果需要常常為了天主的更大光榮而滅絕，愛會懷著非常熱切的渴望去做。願祂永受讚美，阿們，因為祂屈尊就卑，和這麼可憐的受造物交往，祂願顯示自己的崇偉。

第十章

述說經由不同於所說的方式，天主賜給靈魂的其他恩惠，從中得到很大的益處。

❶ 透過這些顯現，上主以許多的方式，親自通傳自己給靈魂；有的顯現，是在愁苦之時；有的，是一些很大的磨難就要臨身時；有的，是至尊陛下悅樂於靈魂，並賜給靈魂愉悅。在此，沒有理由特別詳談每件事，因為我的意向無非是，解說在此路上的各個恩惠，其

350. 參閱《城堡》4・2・9，及本章第 16 節。

間會有的差異，盡我所懂得的來說明。修女們，這是為使妳們明白那是怎樣呈現的，及其留下的效果，為使我們不要幻想每個想像的事物都是神見；也為了當真的是神見時，要知道這是可能的，不致擾亂不安，或憂愁困苦。魔鬼巴望得很，也很喜歡看見靈魂深陷愁苦和不安中，因為牠看得出來，這會阻礙靈魂完全專注於愛和讚美天主。

至尊陛下自我通傳的其他方式，極為崇高，危險也很少，因為，我相信，魔鬼無法加以模仿，所以也很難解釋，因為是非常隱祕的事，然而，想像的神見則比較好說明。

❷ 會發生這樣的事，當上主樂意時，靈魂正在祈禱，也很專注於感官，有個休止迅速臨於他，當下，上主賜她明白很大的祕密，好似在天主內看見它們；這些不是至聖人性的神見，雖然我說看見，卻沒有看到什麼，因為不是想像的神見，而是非常理智的351，當下揭示給靈魂，怎樣在天主內所有一切都被看見，及在祂內，祂擁有所有的一切352。這有很大的益處，因為，雖然瞬間即逝，卻深刻於靈魂，並導致極大的羞愧，她更清楚地看出來，我們冒犯天主時的惡劣，因為就在天主內——我是說，在祂的裡面——我們做了很大的惡事。我想舉個比喻——若是我辦得到——為向妳們說明這事，雖然事情的真相就是如此，我們也多次聽說，但或是我們不加以注意，或是我們不想去了解；因為，如果明白事情的究竟，似乎就不可能會這麼大膽。

❸ 現在，我們設想一下，天主就像一座非常大又美麗的住所或宮殿，而這座宮殿，如我說的，就是天主本身353。或許，罪人們能在此宮殿之外為非作歹嗎？不能，當然不能！而是在這座宮殿裡面，亦即在天主內，罪人們犯下可憎、不道德又卑劣的惡行。啊！這是多麼令人害怕的事，值得深思細想，對所知不多的我們，是非常有益的，這些真理我們無法徹底

351. 亦即，十足的理智神見。
352. 參閱《自傳》40．9。
353. 這個比喻源自《自傳》40．10。
354. 參閱《瑪竇福音》六章 12、15 節；《路加福音》六章 37 節。

懂透，否則不可能有這麼荒謬的膽大包天！修女們，我們要深思細想天主的大仁慈和容忍，祂沒有當下立刻毀滅我們，我們要萬分感激祂，至於拂逆我們的行事或話語，我們對之抱怨，也要覺得羞愧；世上最大的惡是看見天主，我們的造主，在祂自身內，忍受其受造物這麼多的惡事，及有時在無意間，我們口出怨言，或許並沒有不好的意向。

❹啊！人的可憐哪！要到什麼時候，女兒們！我們才會稍微效法這位偉大的天主呢？啊！我們不要那麼在乎受些凌辱，卻要懷有很熱切的渴望承受一切，並且去愛那凌辱我們的人，因為這位偉大的天主沒有不愛我們，雖然我們常常冒犯祂，所以天主大有理由，希望眾人寬恕得罪他們的人[354]。

女兒們，我告訴妳們，雖然這個神見瞬間即逝[355]，卻是我們上主賜予的一個大恩惠，如果想從中獲益，要經常不斷地把它放在面前。

❺還有，也會發生像這樣的事，天主以非常迅速，且無法述說的方式，在祂自身內顯示一項真理，致使在受造界擁有的所有真理，顯得隱晦不明，讓人非常清楚地了悟，惟有天主是真理，且不能說謊；也清楚地明白，達味在《聖詠》中所說的「**眾人都虛詐不誠**[356]」，雖然常常聽見這句聖詠，卻從來不曾像這樣地明瞭。這是不能錯的真理[357]。我想起了比拉多，在我們主受苦難時，問祂許多問題，對祂說：「**什麼是真理**[358]？」在今世，我們對這個至高的真理[359]懂得的很少。

❻我希望能在這事上做更多的解說，但卻無法述說。修女們，我們由此可知，為了和我們的天主與淨配多少相一致，我們要學習經常不斷地行走在這個真理內，這是很好的。我說的不只是我們不要說謊，關於這點，光榮歸於天主，我已經看出來，在這些修院中，妳們

355. 指的是第 2 節說的神見。
356.《聖詠》一一六篇 11 節。
357. 這句的原文是「*Es verdad que no puede faltar.*」K.K. 譯為「God is everlasting Truth」，雖然譯文很美，但和原文稍有出入。
358.《若望福音》十八章 36 － 38 節。
359. 至高的真理（*esta suma Verdad*）：是大寫的真理。

極其留意，不為任何事說謊；我說的是，我們要盡可能以任何方式，在天主[360]和人面前，行走於真理中，尤其是，不希望別人過分看好我們，超過真實的我們，在我們的工作中，要把天主的歸於天主，我們的歸於我們，努力在一切中獲取真理，這樣，我們就會看輕這個世界，那全然是謊言和虛偽，因此不會久存。

❼ 有一次，我深思細想，為了什麼理由，我們的主這麼喜愛謙虛這個德行，有個想法出現在我面前，我覺得並非刻意想出來的，而是突然間出現：這是因為天主是至高的真理，而謙虛就是行走在真理中[361]，除了可憐和虛無，沒有什麼好東西是我們的，此乃非常崇高的真理；凡不明此理者，即是行走在謊言中。至於愈明白這事的人，也愈取悅至高的真理，因為他行走在真理中。修女們，祈求天主樂於賜給我們恩惠，絕不離開這個自我認識，阿們！

❽ 關於我們的主賜給靈魂的這些恩惠，因為有如給予真正的淨配，這靈魂已決心在諸事中承行祂的旨意，祂願意賜給靈魂一些認識，透露什麼是該做的，及祂的崇偉。但卻沒有理由為此而企圖更多，超過我所說的這兩件事[362]，因為我認為它們是大有益處的；在類似的事上，不必害怕，而要讚美上主，因為祂將之賜給了妳們；按我的見解，無論是魔鬼，甚或自己的想像，在此都沒有什麼影響力，所以靈魂留守在很大的滿足中。

第十一章

360. 參閱《若望福音》十四章 6 節。
361. 參閱《自傳》40。
362. 即第 2 和 5 節說的神祕恩惠。

談論天主賜給靈魂享受祂的一些渴望，這麼崇高又猛烈，置靈魂於喪失生命的危險中，及上主賜予這個恩惠所留下的益處。

❶ 淨配賜給靈魂的所有這些恩惠，是不是足以滿足這隻小鴿子或蝴蝶（妳們不要以為我已忘了牠），使牠安息在牠必會死去的地方呢？不是，的確不是；相反的，她的處境更是糟透了。雖然已有多年領受這些恩惠，她總是呻吟和流淚，因為其中的每一個恩惠，都帶給她更大的痛苦。理由在於，她愈來愈認清天主的崇偉，又看見自己這麼遠離和不得享受天主，她的渴望也增加得愈多；因為，愈揭示給靈魂，這位偉大的天主上主多麼值得愛，此時愛也會隨之增加；在這些年來，這個渴望逐漸地增加，竟至達到這麼大的痛苦，如我現在要說的。我說過「多年」，是為了和我在此所說的那人[363]的經歷吻合，我清楚明白，不必對天主設限，因為剎那之間，祂就能提拔一個靈魂，達到這裡所說的最崇高境界。至尊陛下是大能的，凡祂想做的事都能成就，也渴望為我們做許多事。

❷ 那麼，有時會發生所說過的[364]這些掛念、眼淚、嘆息及很大的衝勁（這一切彷彿來自我們深情的愛，然而和另一個相比，則什麼都不算，因為這好像是在冒煙的火，雖然痛苦，仍能忍受），這個靈魂的處境是這樣的，在她內燃燒起來，這事的發生往往來自一個很輕微的思想，或聽到說及死亡延期的一句話，從別處——我不知道是從何處或怎麼回事——出來一個撞擊，或就好像射來一支著火的箭矢[365]。我不說那就是箭矢，然而，無論是什麼東西，她清楚明白，那是不能從本性來的。也不是撞擊，雖然我說撞擊；但卻造成劇烈的創傷。在此感受的痛苦，也不是在什麼地方，按我的看法，無非是在靈魂很深和私密之處，在那裡，這道光迅速閃過，凡這光觸及的我們本性世物，無不化為塵埃，在延續的時間裡，不

363. 就是聖女本人，參閱《城堡》6・10・2－5。
364. 參閱《城堡》6・2・1；6・6・6；6・8・4。
365. 大德蘭在 *Spiritual Testimonies* 12・1－5 敘述同一的經驗，這事於 1571 年，發生於撒拉曼加。

可能記起有關我們上主的事[366]；因為在那當下，官能受束縛，完全沒有自由做什麼，除了使之增加這個痛苦。

❸ 我不願有人覺得誇張，因為我真的明白，所說的仍嫌不足，因為是無法述說的。這是一個感官和官能的出神，如我說過的，對於感受這個折磨，一點幫助也沒有[367]。因為理智非常靈敏，了解靈魂必會覺得天主不在的理由；在那時，至尊陛下前來幫助，賜給靈魂對祂的一個靈活認識，致使痛苦增加到這樣的程度，經歷此事者發出很大的喊叫聲。即使是能忍耐又習慣忍受劇烈痛苦的人，那時也是一籌莫展；因為這個感受不是在肉身上，如所說過的[368]，而是在靈魂的內在部分。因此，這人獲知靈魂的痛苦感受是多麼強烈，遠超過肉身的，這意謂著，在煉獄所忍受的痛苦正是這樣的，沒有肉身的靈魂，也避免不了要忍受更多的痛苦，超過現世遭受的所有痛苦。

❹ 我見過一個像這樣的人[369]，她真的以為自己要死了，這也不是什麼令人驚奇的事，因為，確實是有很大的死亡危險。這樣，雖然是持續一下子，卻使身體的關節嚴重脫位，在那時刻，脈搏的跳動這麼虛弱，好像靈魂已經要把自己交給天主了，這不是誇張；因為體溫下降，靈魂燃燒起來，竟至只要再加強一點點，天主就會滿全靈魂的願望。不是因為在肉身上感受的痛苦多或少，雖然關節移位，如所說的，致使後來的兩、三天，甚至連寫字的力氣都沒有，也有很大的疼痛；甚至我也常常覺得，身體並沒有比先前更強壯。感受不到疼痛的理由，應該是靈魂的內在感受這麼強烈，因而不去理會身體；這就好像在身體的某部位，我們有非常劇烈的疼痛，雖有很多其他的疼痛，卻沒有什麼感覺；對於這事，我已有很好的證實。在這裡，什麼感覺都沒有，就算肉身被撕碎，我也不信會有感覺。

366. 「有關我們上主的事」（de cosa de nuestro Señor）：K.K. 和 A.P. 英譯，譯之為「有關我們的存有」（about our being ／ our own existence），不知其詳。
367. 意即來自天主的折磨，根本無法減輕或逃避。
368. 見第 2 節。
369. 她說的是自己，參閱 *Spiritual Testimonies* 59．14；《自傳》20．12 － 13。

❺ 妳們會對我說，這是不成全，並問道，為什麼靈魂不順服天主的旨意，既然她已是這麼順從天主——到此為止，她能做到這事，而且是畢生這麼做的。（我說，）現在做不到，她的理智是這樣的，已不是靈魂的主人，所能想的無非是她受苦的理由，由於她這麼不在她的美善[370]內，為什麼她還想活下去。她感受到一份奇異的孤寂，因為世上所有的受造物都不能陪伴她，天上的一切，除了所愛的祂以外，我也不相信有什麼能作伴的，相反的，一切都折磨靈魂。再者，她看自己彷彿是被懸掛起來的人，既不能穩立於地上的事物，又不能登上天；被這個乾渴燃燒起來，卻不能獲得水；這渴是忍無可忍的，而且已經到了這樣的地步，什麼都除不掉這個渴，靈魂也不願除掉，除非是我們的主向撒瑪黎雅婦人說的水[371]，但卻沒有人把這水給靈魂。

❻ 我的天主，上主啊！祢是多麼折磨愛祢的人哪！不過，比起後來祢所要賜給她們的，這一切都微不足道。的確，愈有價值的事物，要付出的代價愈大。再者，如果淨化這個靈魂，是為使她進入第七重住所，如同那些要進入天堂的人，（先要）在煉獄中受淨化，這個痛苦是這麼微小，好比大海中的一滴水。何況，這一切的折磨和痛苦，我相信，比所有的世苦更劇烈（因為這人曾受許多苦，無論是肉身或心靈的苦，然而比較之下，這些全都不算什麼），靈魂感到這個痛苦是這麼寶貴，她清楚明白自己的不堪當；然而，這樣的感覺絲毫也不減輕痛苦，卻使靈魂甘心樂意忍受此苦，如果天主因而受服事，她也願畢生受盡一切的苦；雖然不是一次就致命，卻是經常的捨生，這真的是不亞於殉道。

❼ 那麼，修女們，我們要深思細想，天主放在靈魂內的這個順從、這個滿足愉悅和享受神味，那些在地獄中的人都沒有，他們也看不出來這個受苦是有益的，而是一直受苦，愈

370. 她的美善（*su bien*）：意指天主。
371. 《若望福音》四章 7 — 13 節。

來愈多（我說，愈來愈多，是在非本質的痛苦上[372]）。靈魂感受的折磨這麼劇烈，超過身體的苦，而他們[373]所忍受的折磨之劇烈，更是無可比擬地大過我們這裡說的，這些人看到，他們必須世世無窮地受苦，那麼，這些不幸的靈魂會是怎樣的呢？在這麼短暫的一生，無論我們能做什麼，或受什麼苦，若能使我們脫免這麼可怕又永遠的折磨，就都算不了什麼。我對妳們說，這是無法說明的，靈魂的痛苦是如何劇烈，又多麼不同於肉身的痛苦，如果不是親身經歷的話；上主願意我們明白這事，為使我們更認清對祂的虧負有多少，因為祂帶領我們達到此一境界，由於祂的仁慈，我們得以希望祂會來解救我們，並寬恕我們的罪。

❽ 那麼，重返我們所談論的[374]（我們把這靈魂留在劇苦中），在此猛烈的痛苦中，為時很短；我認為，最多三或四個小時，因為如果時間拖長，若非奇蹟出現，虛弱的本性不可能承受得了。也有過這樣的事，延續的時間不超過一刻鐘，被撕得粉碎。事實上，這一次，感官完全失去作用，這個猛烈痛苦的來臨，只來自聽見一句話說，**生命沒有終止**。（那時正在交談中，是復活節[375]最後一天，在整個逾越節當中，她是這麼乾枯，幾乎理會不出逾越節是什麼）。想想看，這豈能抗拒！那不就像又要點火，又要使火焰不具熱力來燃燒。這感覺是無法遮蓋住的，在現場的人都知道，這人陷於很大的危險，雖然她們無法見證其內在的經歷；她們確實是些陪伴她的人，彷彿是一些影子，而世上所有的東西，在她看來都像影子。

❾ 而因為妳們看到這是可能的，如果有時妳們遭遇這事，在此呈現我們的軟弱和本性，如妳們已經見過，有時這靈魂是這樣的，她因渴望死而快要死，因煎熬這麼猛烈，彷彿為離開肉身，幾乎什麼都不缺了，她真的害怕，也希望痛苦減輕，不致死掉。靈魂清楚明白，這是來自本性軟弱的害怕，而另一方面，卻沒有除去她的渴望[376]，也不可能有辦法除去

372. 聖女大德蘭在一旁加上括號內的話。
373. 指地獄的靈魂。
374. 見本章第2、4節。
375. 復活節（*Pascua de Resurrección*）：此處指的是復活節前的逾越節三日慶典，是一年當中最大和最特別的慶節，以最隆重的方式紀念主耶穌的最後晚餐和受難。
376. 即為能享有天主而渴望死。

這個痛苦，除非等到上主親自把痛苦拿走，通常總是經由一個崇高的出神，或一些神見，真正的安慰者（天主）藉此安慰她，也堅強她，為使她願意完全照祂的聖意生活。

❿ 這是痛苦的事，不過，卻留給靈魂極珍貴的效果，再也不怕繼之而來的磨難；因為比起靈魂所感受的，這麼痛苦的感覺，這些磨難看來什麼都不算。所得的益處是這樣的，她樂於時常受此痛苦。然而她也不能那樣做，絕對不行，也毫無辦法重來受苦，得等到上主願意才可以，就像當痛苦來到，既不能抗拒，也不能除去。這使得靈魂極其輕看世俗，遠超過從前，因為她看到，在那個痛苦中，世物毫無用處，也使她更加極度地超脫受造物，因為她已看出來，那能安慰和滿足她靈魂者，惟有造物主，也會懷著更大的敬畏和留神，不要得罪天主，因為她明白，天主不只能安慰人，也能使人受苦。

⓫ 在靈修的道路上有兩件事，我認為，會有死亡的危險：上述是其中之一，也真是這樣，而且不是很小的危險；另一個是，過分洋溢的歡樂和愉悅，那是處在這麼崇高無比的極致中，真的彷彿靈魂昏迷，幾乎不差半點就會脫離肉身：果真如此，老實說，她可有福了。

修女們，在此妳們會看到，所說的「必須有勇氣」[377]是否正確，以及當妳們向祂祈求這些事時，祂用對載伯德兒子說的話——你們能喝這杯嗎[378]？——回答妳們，上主是否正確。

⓬ 修女們，我相信我們全部都會說「能」，也是很對的，因為至尊陛下賜予力量，給祂認為有需要的人，祂在一切事上保護這些靈魂，在迫害和流言中回應她們，就像祂對瑪達肋納所做的[379]，要不是以言語，就是以實際行動；總之，到了最後，在她們死之前，祂會一次全數付清，如同現在妳們就要看見的。願祂永受讚美，所有的受造物稱揚祂，阿們。

377. 見第四章。
378. 《瑪竇福音》廿章 22 節。
379. 參閱《路加福音》七章 40 － 48 節。雖然在這段福音中沒有提及瑪達肋納，但大部分學者都認為這位婦女是瑪利亞．瑪達肋納（Maria Magdalena），另一個中文譯名是瑪麗德蓮。

第七重住所

第一章

談論那些已進入第七重住所的靈魂，天主賜給她們的大恩惠。按照她的見解，述說為何靈魂和心靈有些不同，雖是全然合一的。包含應注意的事項。

❶ 修女們，妳們會以為，關於這個心靈之路已經說了這麼多，不可能還有什麼要說的。這樣的想法是十分愚蠢的；因為祂的崇偉沒有極限，祂的事工亦然。述說祂的仁慈和偉大，誰能言盡？這是不可能的，所以，對於所說過及還要說的，妳們不要驚奇，因為對於應該講述天主的話，只是個數字[380]。天主極其仁慈對待我們，藉著通傳這些恩惠給某人，使我們能因此獲悉它們，為使我們更明白祂給予受造物的通傳，也更讚美祂的崇偉，並促使我們不輕看這麼中悅天主的靈魂，由於我們每人都有靈魂，但卻不加以珍愛，視之為相稱天主肖像的受造物，所以我們不明白蘊含其內的崇高祕密。

祈願至尊陛下帶動我的筆，若能服事祂，賜我洞悉如何對妳們說這麼多該說的，及得以進入此一住所者，天主所給予的顯示。我萬分熱切地向至尊陛下祈求這事，因為祂知道我的

380. 只是個數字（*es una cifra*）：這是個誇張的表達法，意指連文字都不是，只不過是個數目字。

意向無非是彰顯祂的仁慈，為使祂的聖名更受讚美和榮耀。

❷ 修女們，我希望祂賜給我這個恩惠，不是為了我，而是為了妳們，為使妳們明白，不要阻止淨配和妳們的靈魂歡慶神婚，這對妳們是多麼重要，因為這會帶來這麼多的福分，如妳們所看見的。偉大的天主啊！像我這麼可憐的一個受造物，彷彿打著哆嗦，談論的是這麼陌生的事，是我不堪獲知的。事實上，我深覺心慚意亂，忖度著，是否寥寥數語結束此一住所，這麼做會更好；因為我認為，人家會以為我是從經驗獲知的，致使我羞愧得無地自容，因為，我很清楚自己的真相，那是很可怕的事。另一方面，我則視之為誘惑和軟弱，儘管妳們投來多於這些的評斷。願天主獲得更多些的稱讚和理解，讓全世界都向我吆喝吧！更何況當妳們看到我寫的這些時，說不定我已死了。願現今及將來永遠生活的祂受讚美，阿們。

❸ 當我們的上主樂於憐憫這個靈魂，她由於渴望而受苦，也一直在受苦，現在上主以屬靈的方式接受她為淨配，在完成神婚之前，先帶靈魂進入上主的住所，就是這個第七重住所；因為就像上主在天上有其住所，在靈魂裡，也該有間房屋是至尊陛下的住所；我們說是另一個天堂。因為這對我們非常重要，修女們，我們不要誤解靈魂是什麼黑暗的東西；由於我們看不見靈魂，往往會認為，除了看得見的以外，並沒有別的內在的光明，也以為我們靈魂的內部是某種黑暗。至於不在恩寵中的靈魂，我對妳們坦白說，是這樣的，但過失卻不在於正義的太陽（譯按，即耶穌基督），因為祂已在靈魂內，賜給她存有；而是在於靈魂沒有能力接受這光，就像——我相信——我已在第一重住所說過的[381]，按某人所理解的，這些不幸的靈魂就是這樣，她們好像在一間黑暗的囚房，手腳被捆綁起來，做不成任何可以立功勞

381.《城堡》1・2・1－3。

的好事，瞎眼又耳聾。我們理當同情她們，想想看，我們也曾經如此這般．上主也能夠憐憫她們。

❹ 修女們，我們要特別認真地懇求祂憐憫，不要輕忽，因為對處於大罪中的人，這是能為他們求得的最大施捨。設想一下，如果我們看見一名基督徒，雙手被牢固的鎖鏈反綁，又栓在一根柱子上，餓得快死了，不是由於缺少食物，因為他的身旁設有佳餚珍饌，而是由於他做不到，不能把食物送到口裡，甚至他還懷著極大的厭惡，眼看著就要斷氣而死，這不是如同現世的死，而是永遠的死。若舉目注視著他，又不給他東西吃，這豈不是殘酷至極嗎？那麼，要是由於妳們的祈禱而鬆開那些鎖鏈，會是怎樣呢？妳們已看得出來了。為了天主的愛，我請求妳們，在妳們的祈禱中要經常記得類似的靈魂[382]。

❺ 現在我們說的不是那些人，而是由於天主的仁慈，已經為自己的罪做了補贖，處於恩寵之中，我們能深思細想的，不是什麼被放在牆角和被限制的東西，而是一個內在的世界，在其中能容納這麼多，又這麼漂亮的住所，如妳們已看見的；所以，理當是這樣的，因為在這個靈魂內，有天主的住所。

那麼，當至尊陛下樂於賜給靈魂所說的恩惠[383]，即這個神婚時，首先帶靈魂進入自己的住所，至尊陛下願意有所不同，不像其他的時候，祂帶靈魂進入這些出神中，我確實相信，在那時（**譯按，即出神時**），也在所說過的結合祈禱中[384]，祂使靈魂和自己結合，雖然如此，靈魂並不認為，這樣[385]就那麼足以叫做進入其中心，如同在這裡的這個住所，而是達到高級的部分[386]。這事無關緊要：可能以這個或那個方式，上主使靈魂和祂結合；不過，卻使靈魂眼盲和口啞，如同聖保祿皈化時的遭遇一般[387]，除去靈魂的感覺，對所享受的那個恩

382. 就是指「處於大罪中的人」。
383. 見本章第 3 節。
384. 見第五重住所。
385. 指出神和結合。
386. 譯按，對於神祕恩寵的境界，聖女大德蘭在此作出很深入的辨識，出神和結合祈禱發生在靈魂的高級部分，尚未進入中心住所。
387. 根據《宗徒大事錄》九章 8 節，聖保祿只有眼睛看不見，並沒有變成啞吧。參閱《城堡》6．9．10。

惠，感覺不到那是怎樣的，或那是怎麼回事；因為在那時，靈魂所感受的極大愉悅，是看見自己很靠近天主。然而，當天主使靈魂和自己結合時，靈魂什麼事都不理解，因為所有的官能都失去作用。

❻ 在此（譯按，第七重住所）則是不同的方式：現在我們的好天主希望除掉靈魂雙眼的鱗片，使她看見並理解一些所賜予的恩惠，雖然是以一種奇特的方式；當靈魂被帶進那個住所，經由理智的神見[388]，經由某種的方式呈現出真理，至聖聖三三位完全顯示給靈魂，首先臨於心靈的是一片灼燃焚燒，就像一朵至極明亮的雲，這三位顯然不同，但透過賜給靈魂的一個極美妙的認識，她徹悟了至高的真理，即聖三三位是一個實體，一個能力，一個智識，是惟一的天主；就像這樣，我們經由信德把握的，在這裡，我們能說，靈魂的了悟是經由看見，雖然不是用身體或靈魂的眼睛，因為不是想像的神見。在這裡，聖三三位全部通傳給靈魂，對她說話，說明上主在福音中說的那些話：祂與聖父及聖神，要居住在那愛祂並遵守祂誡命的靈魂裡[389]。

❼ 天主啊！幫助我吧！聽見並相信這些話，與經由此方式了悟這話是多麼真實，兩者是多麼不一樣！每一天都使這靈魂更加驚奇，因為好似祂們（譯按，至聖聖三）總不離開她，不過，靈魂清楚地看到，以所說過的方式[390]，祂們就在靈魂的內部，在非常非常內在的部分[391]，在非常深奧之處，靈魂說不出那是怎樣的，因為她沒有學問，她在其內覺察這個天主的陪伴。

❽ 妳們會以為，就此而言，靈魂會不在己內，而是這麼地陶醉，以致什麼都不能理會。恰恰相反，在所有服事天主的事上，靈魂比從前更加靈敏，在沒有工作本分時，她和那

388. 古嵐清神父（P. Gracián）在手稿上修飾這段為：「經由來自信德的理智的神見或認識」。李貝納（Ribera）刪去這個修正。路易斯．雷翁（Luis de León）為了保護大德蘭的原文，在他整理的初版中，附上很長的旁註：「雖然人在今世，因天主的提拔而失去感官的作用，能夠附帶看見天主的本質，可能如同所說的聖保祿、梅瑟或其他的人，不過，（德蘭）姆姆在此說的不是這種方式的神見，雖然是附帶，是清楚和直覺的，而是說給予某些靈魂的一種神祕認識，透過一道極崇高的光明，灌注給她們的，並非沒有受造的心象（*especie criada*）。然而，由於這個心象不是身體的，也不具想像的形狀，為此，姆姆說，這個神見是理智的，不是想像的。」

愉悅的伴侶相守，而如果靈魂不辜負天主，按我的看法，天主必會賜給靈魂這麼清楚地認出祂的臨在；她有很大的信賴，相信天主既賜給她這個恩惠，就不會讓她失去；她可以這樣想，雖然如此，她懷著前所未有的留神，不在任何事上使天主不悅。

❾ 要明白，這個臨在並非這麼的完整，我是說這麼的清晰，就像第一次顯示，或其他的時候，天主願意賜給靈魂這個禮物時；因為如果是這樣，靈魂就不可能理會別的事，甚至無法生活在人世間；不過，雖然不是以這麼清楚的光明來覺察，靈魂經常發現，她擁有這個伴侶。現在我們說，這就好像一個人，和別人同在一間明亮的房間裡，然後把窗子全關上，而留在黑暗中；那用以看見他們的光消失了，直到那光返回之前，是看不到他們的，不是因為這樣，這人就不知道他們同在房間裡。要問的是，如果當光返回，這人希望再看見他們，是不是能夠？這事不在他的掌握中，而是在於我們的上主，當祂願意打開理智的窗口時；祂賜予的豐盈慈悲，在於祂總不離開靈魂，又願意靈魂這麼透徹地了悟這事。

❿ 彷彿天主至尊陛下願意在此預備靈魂，使她更相稱這令人欣羨的伴侶；因為這是很清楚的，在各方面，靈魂會有良好的幫助，得以精進於全德，也會除去害怕，即有時得蒙其他恩惠時會有的，如所說過的[392]。就是這樣，在各方面，她都覺得更好，她認為，無論面臨多少磨難和事務，她靈魂的本質部分，一直不動地留守在那個房間裡，致使就某方面而言，好像她的靈魂是分區的。在天主賜給這個恩惠之後不久，當她身處很大的磨難中，她抱怨靈魂，如同曼德抱怨瑪麗那樣[393]，有時她會對靈魂說，她（靈魂）總是愉悅地享受著那個寧靜，卻把她留在這麼多的磨難和職務中，而不能有她（靈魂）的陪伴。

⓫ 女兒們，妳們會認為這是蠢話，然而真是這樣發生的；雖然我們知道靈魂全然合

389. 參閱《若望福音》十四章23節。
390. 即透過理智的神見，見本章第6節。
391. 原文連用兩個「非常」（*muy muy*），是一種強調的語法。
392. 《城堡》6・3・3、7；6・6；7・3；8・3－4。
393. 參閱《路加福音》十章40節。

一，但我說的不是一時的空想，而是很平常的事。因此我說[394]，人們看見內在的事，像是這樣的，她確實知道，在靈魂和心靈之間有某些的不同，也辨識得出來，雖然兩者是合一的。辨識出這麼靈巧的一個區分，有時好似兩者有不一樣的作用，就像天主願意賜給兩者的風味[395]也不同。我也認為，靈魂和官能也有所不同，並非完全相同的。在靈心深處，有這麼多又這樣靈巧的事物，開始下筆解說這些事，對我而言，似乎是膽大冒昧之舉。到了來世，我們會看見這些事，如果上主因祂的仁慈，賜給我們恩惠，帶領我們到那裡，那時我們會明白這些祕密。

第二章

繼續相同的主題。述說心靈的結合和神婚之間的不同。以精闢的比喻加以解釋，說明第五重住所提及的小蝴蝶，在這裡是怎樣死的。

❶ 那麼，現在我們來談論靈性的神婚，雖然這個大恩惠，在我們活著時，不會圓滿實現；因為，如果我們離開天主，就會失去這個極大的福分。

天主第一次賜予這個恩惠，至尊陛下願意藉祂至聖人性的想像神見，把自己顯示給靈魂，為使靈魂清楚明白這事，而不至於茫然無知，不曉得所領受的是這麼至高無上的禮品。

394. 《城堡》6・5・1、9。
395. 風味（*sabor* ／ savor），就是說，天主賜給靈魂和心靈的恩惠也具不同的美味。

對於別人，可能以其他的方式，至於我們說的這位，上主自己呈現給她，在她剛領聖體之後，呈現的方式極其光輝燦爛、美麗和莊嚴，就像祂復活後的樣子，並對她說，時候已經到了，她把祂的事當作自己的事，祂也要照顧她的事，還說了些其他的話，這些話容易感受，卻難於述說[396]。

❷ 妳們可能會認為，這並非什麼新經驗，因為別的時候，上主也曾以此方式顯現給這靈魂。這次是這麼不一樣，真是讓她失去平靜又驚奇：其一，因為這個神見具有強大的能力；其二，因為上主對她說的話；也因為在她靈魂的內在深處，上主在那裡呈現自己給她，除了前述的神見[397]外，她沒有看見別的；因為妳們要明白，過去所說的所有神見，和這個住所的神見有極大的不同，至於神訂婚和神婚，兩者有這麼大的不同，就像兩位訂婚者，和再不能分離者的不同[398]。

❸ 我已說過[399]，雖然舉出這些比喻，因為沒有別的更合乎題旨的，卻應該了解，在此沒有對肉身的記憶，而只有心靈，就像靈魂不在肉身內似的，在神婚中，（對肉身的記憶）更是少之又少，因為這個祕密的結合，是在靈魂非常內在的靈心深處經歷的，天主必定是在那裡，而我認為，不必有進入其中的門。我說不必有門，因為到此為止所說的一切，似乎都是經由感官和官能發生的，這個至聖人性的顯示，也必是這樣[400]；然而，在神婚的結合中所經歷的，則是大不相同；上主顯現在靈魂的這個中心處，不是以想像的神見，而是以理智的神見呈現，雖然如此，卻比所說過的神見更為靈巧[401]，就像祂顯現給宗徒們，沒有經過門而進入，那時祂說：「*Pax vobis*」（祝你們平安）[402]。此處，天主在一瞬間賜給靈魂的通傳，是一個這麼崇高的祕密，又是這麼卓絕的恩惠，靈魂感受的是至極崇高的愉悅，我不知道要用

396. 參閱 *Spiritual Testimonies* 31。
397. 她說的是前一章第 6 － 7 節說的神見。
398. 大德蘭原本寫的是「已完婚者」，經修飾後，改為「再不能分離者」。
399.《城堡》5．4．3。
400. 也必是這樣：即經由想像的神見，本章第 1 節；*Spiritual Testimonies* 31。
401. 見第六重住所的第八章。
402.《若望福音》廿章 19 － 21 節。參閱《城堡》5．1．12。

什麼來比擬，我只能說，上主願意在那一剎那顯示給靈魂天堂上的光榮，其卓絕方式遠勝過任何心靈的神見及享受神味。人無法說得更多——在能理解的範圍內——除了說靈魂（我是說這靈魂的靈[403]）與天主合而為一，正如祂也是靈，至尊陛下願意顯示祂對我們的愛，賜給某些人了解這愛達到的程度，為使我們讚美祂的崇偉，因為祂一直渴望和受造物結合，就像那再不能分離者[404]，祂也不願和她分離。

❹ 神訂婚則不同，兩者時常分離，其結合也不一樣；因為，雖然結合是兩者合一，畢竟能夠分開，且各自獨立，如同我們平常見到的，上主的這個恩惠迅速飛逝，隨後靈魂並沒有留住那個伴侶，我是說，沒有理會到這事。至於上主的另一個恩惠，則非如此；因為，在那靈心深處，靈魂經常和她的天主相守。我們說，這結合（譯按，指神訂婚）彷彿兩支蠟燭的結合，達到如此的極致，燭光合而為一，或說燭心、燭光和蠟都合成一體；不過，後來很容易能彼此分開，還是兩支蠟燭，或說兩個燭心。這裡則像是天空的雨水落入江河或泉源裡，在那裡全都是水，已經無法區分，也分不開什麼是河流的水，什麼是天上落下的雨水；或者像一條小溪流入海洋，無法再分離；或像在有兩個窗子的房間，強光從兩個窗子照射進來；雖然分別照射進來，卻結合成同一的光。

❺ 或許聖保祿所說的這話：**但那與主結合的，便是與祂成為一神**[405]，指的就是這個至高無上的結婚，這假定至尊陛下親自來和靈魂結合。他又說：**在我看來，生活原是基督，死亡乃是利益**[406]。因此，我認為，靈魂在這裡也能說這些話，因為就是在這裡，我們說的小蝴蝶[407]死了，而且懷著至極的喜悅，因為她的生命已成為基督。

❻ 隨著時光流逝，透過其效果，這話會更清楚明白，因為經由一些祕密的噓氣，靈魂

403. 靈（*espíritu* ／ spirit），也可譯為「神」。
404. 大德蘭再次修改原本寫的「已完婚者」，成為「再不能分離者」。
405.《格林多前書》六章 17 節。
406.《斐理伯書》一章 21 節。
407. 見《城堡》5・3・1。

更清楚地了解，是天主把生命給我們的靈魂，這些噓氣總是這麼有活力，致使靈魂絕不能懷疑，因為靈魂對這事的感受非常深刻，雖然無法述說，但是這個感受如此強烈，導致有時發出一些深情的話語，彷彿是不能不說似的：啊！我生命的生命！維持我生命的食糧！以及這類的事。因為從那神性的胸懷——在那裡，好似天主經常滋養靈魂——流出奶水[408]，使城堡所有的人得到安慰；上主好似願意，許多這靈魂享有的，也要多少使他們享有，好似從那湧流洋溢的河流——在那裡，這小小的水泉已經耗盡——有時迸出一道水來，滋養在肉身上必須服事這一對結婚[409]者。又像一個分心走意的人，感受到這水，如果她突然沉浸其中，她不能不覺察出來，同樣，甚至會以更大的確信，明白我說的這些運作。因為，就像一道強勁的水不會達及我們，如果沒有源頭的話，如我說過的，這樣就可以清楚地明白，在靈心深處有一位，祂射出這些箭矢，賜生命給今世的生命，也有太陽，從中射出一道強光，照耀各官能。如已說過的[410]，她不動地留守在靈心深處，也不失去平安；因為當門徒們聚在一起，能賜給他們平安的這一位，也能賜給她平安。

❼我一直認為，上主的這句致候詞（**譯按，即祝你們平安**）該是饒富深意，超過話語的聲響，而上主對榮福瑪麗德蓮說的話，使她平安地回去[411]；因為上主的話語，就像施行於我們的事工，必會在已準備好的那些靈魂上運作，斷絕靈魂內所有屬肉身的一切，使她們成為純靈，使靈魂能加入這個天上的結合，即和非受造之靈的合一，這是非常確實的，當我們倒空自己內所有的受造物，又為了愛天主而全然超脫，上主必會以祂自己來裝滿靈魂。所以，有一次，我們的主耶穌基督為祂的門徒們祈禱——我不知道是在哪裡——說，願他們與父和祂合而為一，就如我們的主耶穌基督在父內，父也在祂內[412]。我不知道還有什麼愛，能

408. 「流出奶水」：原文是 *salen unos rayos de leche*，直譯是流出乳汁的光線。
409. 意指天主及其淨配。
410. 見第一章第 10 節，及本章第 4 節。
411. 《路加福音》七章 50 節。
412. 《若望福音》十七章 21 節。

比這愛更大的！而我們所有的人都可以進入其中，因為至尊陛下這麼說：「**我不但為他們祈求，而且也為那些因他們的話而信從我的人祈求**」，又說：「**我在他們內**[413]。」

❽ 我的天主啊！這些話是多麼真實！在此祈禱中親自目睹的靈魂，她們是多麼地徹悟！如果不是由於我們的過失，我們眾人會多麼地了悟這話，因為我們的君王主耶穌基督的這些話是不會落空的[414]！然而，由於我們沒有備妥自己，也沒有離棄所有能阻擋這光的事物，不在我們默觀的這面鏡子觀看自己，在這鏡子裡，我們的形像已刻畫在上面。

❾ 那麼重返我們的話題[415]。上主把靈魂放在祂的這個住所，亦即這靈魂的中心深處，這就像人們說的天上的天堂，我們的上主在那裡，祂不動，如同其餘諸天也不動，這樣，彷彿進入這裡時，在這個靈魂裡沒有那些動作——即通常會發生在官能和想像的動作，竟至傷害靈魂——也不會拿走她的平安。

看起來我要說的是，達到天主賜予這個恩惠的靈魂，已穩得她的救恩，不再跌倒。不，我不這麼說，而且無論在何處，當我說：「好似這靈魂已經安全」，要知道，這是指天主至尊陛下，如此地把她放在自己手中，而靈魂也不得罪祂。至少我確知的是，雖然看見自己處於這個境界，也持續多年，她還是不會自視安全，而是懷著比之前更大的怕懼，小心翼翼，不在任何小事上得罪天主，並且懷有這麼大的渴望要服事祂，如我後來會說的[416]，又往往懷有痛苦和羞愧之情，看到她能做的這麼少，應該做的卻那麼多，這不是小小的十字架，而是極大的補贖；由於靈魂做的補贖愈大，也會愈愉悅。真正的補贖是，當天主拿走她能做補贖的健康和力氣時；雖然我在別處說過[417]，這事導致很大的痛苦，在這裡的痛苦更是大得多，而凡事必定來自種植之處的根；就像種在急流水邊的樹木，更是生氣蓬勃，結出的果實也更

413. 《若望福音》十七章 20 和 23 節。
414. 參閱《路加福音》廿一章 33 節。
415. 即本章第 3 節。
416. 見《城堡》7・3・3、6；7・4・2。
417. 可能是《城堡》5・2・7 — 11。

多。那麼，對這個靈魂的渴望有什麼好驚奇的呢？因為她真正的靈，已經和我們說的[418]天上的水合一了。

⑩ 那麼，言歸正傳，再來談我所說的[419]，不要以為官能、感官和情緒常都在這個平安中；靈魂是這樣的；然而在其他的住所，不會沒有戰鬥、磨難和勞累的時候；不過，情況是這樣的，不會除去靈魂的平安，及她所處的位置：這是常有的事[420]。

我們靈魂的這個中心處，或說這個靈，是這麼難於述說，甚至是難於相信的一件事，修女們，我想，由於我不會解釋，我不要給妳們什麼誘惑，因而不相信我所說的；因為說，有磨難和痛苦，又說靈魂處在平安中，這是很困難的事。我願意給妳們舉一個或兩個比喻。天主保祐，我可以用這些事說點什麼；然而，如果沒有說出什麼，我知道，我所說的是真的。

⑪ 國王居住在其王宮裡，在他的國內有許多戰爭，也有很多痛苦的事，但他不會因此就不在他的職位上；這裡亦然，雖然在其他的住所非常吵雜混亂，又有許多毒蟲猛獸，也聽見吵雜聲，但沒有人進入此中心住所，迫使靈魂離開那裡；靈魂所聽見的事也不會使她離開，雖然會使她感到一些痛苦，卻不至於擾亂和除去她的平安，因為那些情緒已經被克服，所以，毒蛇猛獸害怕進到那裡，因為會受到更大的挫敗。

我們整個身體都在痛；不過，如果頭是健康的，不會因為身體痛，頭也痛。

這些比喻令我發笑，因為我並不滿意，但是我也不知道別的；妳們愛怎麼想都好；我所說的是真的。

418. 見本章第 4 節，及第六重住所的第二章。
419. 本章第 9 節。
420. 最後這句是聖女大德蘭在手稿邊緣加上的。

第三章

談論所說的這個祈禱帶來的崇高效果，必須留意並回想前面說過的那些效果，因為其間的差異是很巧妙的。

❶ 那麼，我們說，現在這隻小蝴蝶已經死了，懷著至極的喜悅，找到了安息，因為基督生活在她內。我們要來看看，她有怎樣的生活，或與她過去的生活有什麼兩樣；因為從這些效果中，我們將會看到，是否所說的是真的。按照我能了解的，其效果如下[421]：

❷ 第一個效果是忘記自我，因為彷彿她真的已經不是，如所說過的[422]；因為她整個人像是這樣的：她不懂，也記不得，對她而言，該有天堂、生命或光榮，因為她全神貫注於力求天主的光榮，好似至尊陛下對她說的話，生出事工的效果，這些話是，**靈魂操心祂的事，祂也操心靈魂的事**[423]。所以，所有可能發生的事，她都不掛心，而是懷有一種異常的忘記，如我說的，好似她已不是什麼，也不想要在什麼事上成為什麼，除非她知道，從她這方面能做些什麼，來增加一點天主的光榮和榮耀，為此之故，靈魂極其樂意獻出她的生命。

❸ 女兒們，妳們不要以為，她因此就會不記得吃飯和睡覺——吃和睡不是個小折磨——也不做所有合乎其身分應做的事；我們說的是有關內在的事，至於外在的事，要說的很少，反之，靈魂的痛苦是，她能憑己力做的事，根本什麼都沒有。在所有她做得到，又知道是事奉天主的事上，她不會為了世上的事物而放棄。

421. 聖女大德蘭只列舉前兩個效果，其餘的散布在題外話和註解當中，以下是從中整理出來的摘要：1）忘記自我（在第 2 節）；2）渴望受苦（第 4 節）；3）受迫害時，有很深的內在喜樂（第 5 節）；4）渴望服事主，不想死（第 6 節）；5）很大的超脫（第 8 節）；6）不怕魔鬼的欺騙（第 10 節）；最後的總結在本章第 13 節。

422. 這句話沒有完整寫出來，也許要說的是，靈魂這麼地脫胎換骨，彷彿已不是她自己，或是她「已和天主合而為一」，她不再是她自己。「如所說過的」，也有可能是指前一章說的結合的比喻，參閱《城堡》7・2・3－5。

423. 這裡說的是「神婚」的恩寵，見《城堡》7・2・1；*Spiritual Testimonies* 31。

❹ 第二是極度渴望受苦，然而不像往常那樣擾亂不安；因為她的渴望是這麼至極，使得這些靈魂渴望天主的旨意落實於她們，凡至尊陛下所做的，她們都認為很好：如果祂願意靈魂受苦，好極了；如果不，她也不會像往常那樣，恨不得殺死自己[424]。

❺ 當受迫害時，這些靈魂也有很大的內在喜樂，所擁有的平安，比前面說過的還要大得多，對那些惡待她們（譯按，指這些靈魂），或想要這麼做的人，也不會有什麼敵意；相反的，這些靈魂卻對她們[425]懷有特別的愛，竟至在見到她們陷於什麼磨難時，會對她們感到心軟，並想盡辦法解救她們，非常熱切地把她們交託給天主，也樂於失去至尊陛下賜給她們的恩惠，為能將之賜給她們，不使她們得罪我們的上主。

❻ 這一切最令我驚訝的是，妳們已經看見，這些靈魂為了想死而享有我們的天主[426]，所遭受的磨難和憂苦；現在卻懷有這麼大的渴望，要事奉祂，使祂因之而受讚揚，如果她們能做得到，也要有益於一些靈魂，她們不只不想死，而且還盼望活很多很多年，忍受至極的磨難，如果這麼做，她們能夠使上主受讚揚，即使是在微小的事上。如果她們確實知道，在靈魂離開肉身時，必會享有天主，她們也不理會，也不去想聖人享有的榮福；她們也不渴望，當下就見到自己置身於光榮中：她們的光榮在於，能夠稍微幫助被釘的基督，尤其是當她們看見，祂是這麼地受凌辱時，及只有很少的人，真正顧念祂的光榮，超脫其他所有的一切。

❼ 真的，有時候她們會忘掉這事，又再湧現柔情，渴望享受天主，切望離開此流放之地，尤其是在見到對天主的服事很少時；不過，她很快就會回轉[427]，注視自己內，天主繼續不斷地與她同在，她因此而感到滿足，獻給至尊陛下願意活下去的渴望，做為她能夠奉上的最珍貴獻禮。

424. 這是表示很難過的誇張說法。
425. 由於西班牙文的靈魂（*el alma*）和人（*la persona*）都是陰性名詞，本書中，大德蘭為了隱藏她的身分，舉例時以陰性代名詞講解很容易隱藏她的身分，再加上，這是特別為修女們寫的靈修書，為使全書連貫，舉凡靈魂和人的代名詞，除特別明顯的情況，都譯為「她」。
426. 這裡指的是第六重住所的恩惠，參閱《城堡》6．11。
427. 原本以「這些靈魂」、「她們」來敘述，在此改為單數的「她」。

她對死亡毫無怕懼，那無非是經歷一個柔巧的出神[428]。事實是，過去賜給靈魂的渴望，帶著過分的折磨，現在則賜給她別種的渴望。願祂永受讚美和稱揚。

❽ 總之，這些靈魂的渴望，已不再是尋求愉悅和享受神味，上主親自與她們同在，現在生活其內的是至尊陛下。顯然地，祂的生活無非是持續地受苦，而祂也使我們，至少在渴望上，同樣如此，在別的事上，祂帶領我們，像對待軟弱的人；即使這樣，當祂見到靈魂有需要時，也把自己的剛毅慷慨地分施給她們。

對萬有懷有很大的超脫，又渴望經常獨處，或認真做事[429]，這會有益於一些靈魂。靈魂沒有乾枯，也沒有內在的磨難，而是對我們的上主懷有惦念和柔情，只願時時處處讚美祂[430]；當她疏忽時，上主會以所說過的方式[431]來提醒她，她會十分清楚地看見，那個推動，或我不知道如何稱呼它，係來自靈魂的靈心深處，如我所說的衝勁[432]。在此（**譯按，第七重住所**）則帶有極大的溫柔，然而，不是來自思想或記憶，也不來自靈魂認為自己做得到的什麼事。這是這麼平常，又這麼頻繁——她已經留意地細看過——這就好像，無論火燒得多麼猛烈，火焰不會朝下，而是朝上，所以在此就可以明白，這個內在的動作來自靈魂的中心，且喚醒官能。

❾ 確實這樣，如果在此祈禱的道路上，沒有獲得其他的什麼，而只獲悉天主的特別關愛，在於和我們交往，持續地請求我們和祂在一起——因為這看來彷彿不是別的什麼[433]——我認為，無論忍受多少的磨難，為享有這些天主之愛的觸動，這麼的溫柔和徹入，都是很棒的付出。

修女們，妳們可能會有這個經驗；因為我認為，在達到獲得結合的祈禱時，如果我們不

428. 這話的意思，講白一點是：死亡，大不了就是一個輕巧溫柔的出神。
429. 認真工作（*ocupadas en cosa*）：原文還含有「不會閒閒沒事做」的意思。
430. 這句直譯是，「她們絕不願處在不讚美祂的情況下」（*nunca querría estar sino dándole alabanzas*）。
431.《城堡》6・2。
432. 見《城堡》6・11・2；及6・2・1，她在那裡說：「**這些推動（impulso）是如此的柔巧和微妙，來自靈魂內在極深之處，我不知道有什麼合適的比喻。**」當她述說這個經驗時，使用兩個近似的字：*impulso*（推動）和 *impetus*（衝勁），英譯本不作區分，一概譯為 impulse。

疏於遵守祂的誡命，上主處處給予這個關愛。當這事（譯按，祂的觸動）臨於妳們時，要記得，此乃出自這個內在的住所，即天主居住在我們靈魂內的地方，妳們要極力讚美祂；因為，確實地，那字條和短信是祂的，是用這麼多的愛寫成的，以致祂願意只有妳們能看懂那些字，及祂在其中對妳們的請求，無論如何，妳們都要答覆至尊陛下，即使妳們忙於外務，或正在和一些人交談；因為這會時常發生，我們的上主願在眾人面前，賜給妳們這個祕密的恩惠，也很容易——由於是內在的答覆——做出我所說的，做出一個愛的動作，或說聖保祿說的：「主，祢要我做什麼[434]？」在此，祂會以許多方式教導妳們，以什麼來取悅祂，及受悅納的時機；因為顯然祂在俯聽我們，這個觸動，這麼柔巧，幾乎總是在預備靈魂，使她懷著堅決的意志，能做上面所說的。

10 這個住所的不同之處，即我所說的[435]：幾乎都沒有乾枯，也沒有內在的騷亂，那些是在其他所有的住所都會有的，靈魂幾乎是常常處在寧靜中；不怕這麼的崇高恩惠是魔鬼所能揑造的，靈魂完全確信這恩惠來自天主；因為——如所說的[436]——在這裡，和感官或官能都沒有關係，是至尊陛下親自顯示給靈魂，帶她一起進入其中，按我的見解，魔鬼不敢進入這裡，上主也不許牠進來；在此賜給靈魂的所有恩惠，如我說過的[437]，都不靠她的自力修持，而只靠她已把自己完全交給天主。

11 在這裡，上主改善和教導靈魂的一切，這麼寧靜，又這麼地沒有吵鬧地發生，我覺得，彷彿是在建造撒羅滿聖殿[438]，聽不到任何響聲；這樣，在這天主的殿宇，即在祂的這個住所裡，唯獨祂和靈魂共享至極的靜謐。理智沒有理由煽動或尋找什麼，因為造生她的上主，願意她在此靜息，透過一道細小的門縫，觀看所發生的事；因為，雖然有時失掉這個觀

433. 這句原文是在影射前面說的「沒有獲得其他的什麼」，就是說，在祈禱的路上，沒有獲得其他的什麼，而只知道天主的關愛，這個關愛看來好像沒什麼，其實是很寶貴。
434. 參閱《宗徒大事錄》九章 6 節。讀者請注意，這段譯文和思高聖經稍有不同，此處按原文譯出。
435. 本章第 8 節。
436.《城堡》7・2・3、10。
437.《城堡》7・2・5 — 6、9。

看，別的官能不許理智注視，間隔的時間其實很短；因為，我認為，官能在此並沒有失去作用[439]，但也不工作，而是彷彿處在驚異中。

⓬ 我也很驚訝地看見，當靈魂達到這裡，所有的出神都被拿走，除了偶爾（失去這裡所說的感官作用[440]），卻不帶有那些出神，而且發生的次數很少，這些事也幾乎都不會當眾發生，如先前那樣的常見；她們也不在意所見到舉行隆重的敬禮，如同先前那樣，如果看見一個虔誠的聖像，或聽一段道理——以前好像幾乎聽不到什麼[441]——或音樂，彷彿可憐的小蝴蝶，焦急萬分，一切都使她驚慌，也使她飛起來。現在，在這個住所，或是已找到她的安息，或是她已經看了這麼多，不會有什麼驚嚇她的，或是找不著過去常有的獨處，因為現在享有那樣的陪伴；總之，修女們，我不知道理由何在，當上主開始顯示給靈魂，在這住所內有什麼，又帶她進去那裡時，祂消除這個很大的虛弱；這虛弱向來使靈魂辛勞萬分，也是先前無法擺脫的。或許是因為，天主已經使靈魂堅強、擴展又有能力；或是，為了至尊陛下知道的某些目的，私下所賜給這些靈魂的，祂願意當眾顯示，祂的判斷遠超過我們今世能想像的一切。

⓭ 這些效果，以及其餘我們說過的，即在前述的祈禱等級的好效果，是當天主帶領靈魂達到祂那裡時，以新娘懇求的那個親吻賜給的[442]，因為我了解，這個懇求在此實現。在這裡，祂賜給這受傷的母鹿豐沛的水。在這裡，她欣喜於天主的帳幕。在這裡，諾厄放鴿子去看是否洪水已退，她找到了橄欖樹枝，這是一個標記，表示在今世的洪水和暴風雨中，她已找到了堅實的陸地。耶穌啊！誰會曉得，在聖經中有許多事，必是為了指示靈魂的這個平安！我的天主，由於祢看見這事對我們的重要，請賜予基督徒尋求這平安的渴望，而因祢的

438.《列王紀上》六章 7 節：「建造殿宇時，始終是採用鑿好了的石頭，所以在建殿時，全聽不到槌子、斧子及任何鐵器的響聲。」
439. 請讀者注意，聖女大德蘭所說的「沒有失去作用」，就是說「沒有在出神的狀態下」；在第七重住所，官能處於驚訝中，而非神魂超拔。
440. 聖女在手稿邊緣，添加括號內的話。
441. 這句話好像是指在出神當中，聽是聽，其實彷彿什麼也沒有聽見。

仁慈，對已蒙祢恩賜的人，請不要撤回；總之，直到祢賜給她們真正的平安，並帶領她們達到永遠平安㊸之地，她們要常生活在敬畏之中。我說真平安，並非意指這裡的平安不是真的，而是因為，如果我們離開天主，最初的戰爭仍會捲土重來。

⓮ 然而，當這些靈魂看到，她們可能缺少這麼大的福分時，她們會有什麼感受呢？這會促使她們更細心認真，努力從軟弱中汲取力量，更加取悅天主，不致由於她們的過錯，而失去能奉獻的機會。至尊陛下愈恩待她們，她們對自己也愈戰戰兢兢和害怕。由於在祂的這些崇偉中，她們更認識自己的可憐，她們的過失也顯得更嚴重，就像那個稅吏，她們常常不敢舉起雙目㊹；有時候，她們巴不得了結生命，為的是看見自己處於安全中，雖然很快就會轉念，帶著她們所懷有的愛，渴望活著服事祂——如所說過的㊺，把所有關於自己的事，全都託給祂的仁慈。有時候，蒙受許多恩惠，更加覺得被銷毀，她們感到害怕，有如一艘船由於過分超載，快要沉到海底，她們免不了也會這樣沉下去。

⓯ 修女們，我對妳們說，她們不會缺少十字架，但卻不會使她們焦急掛心，也不會失去平安，而是很快過去，彷彿浪潮，幾番暴風雨，復歸於風平浪靜；從上主來的臨在，使她們立即忘掉一切。願祂的所有受造物永遠讚美和稱揚祂，阿們。

442. 參閱《雅歌》一章 2 節。以下引用的聖經章句，分別為《聖詠》四二篇 2 節；《若望默示錄》廿一章 3 節；《創世紀》八章 8 － 12 節。
443. 永遠平安之地（*adonde no se puede acabar*）：原文直譯是「無窮平安之地」，就是說，在那裡的平安是沒有窮盡的。
444.《路加福音》十八章 13 節。
445. 見本章第 6 節。

第四章

以本章做為完結篇，說明何以我們的上主，執意賜給靈魂這麼崇高的恩惠，及曼德和瑪麗結合在一起，是多麼必要。本章非常有助益。

❶ 修女們，妳們不要以為，我所說的這些效果，會永遠一成不變地存在這些靈魂內，所以，在我記得的地方，我說「通常」446；因為有的時候，我們的上主把她們留在其本性的境況中；那時，無非是這樣，城堡的外圍與住所內的所有毒物，連手傾巢而出，報復她們，為了回敬不能掌控她們的那段時間。

❷ 真的，這事的持續，為時很短：最多一天，或是更短。陷入此極大的擾亂不安——通常來自某事件，靈魂從這位同在的好伴侶所獲得的，顯然可見，因為天主賜給她很大的剛毅，在對祂的服事和堅定的決心上，絲毫也不拐彎抹角，而是好似這樣的增強，即使面臨細微的最初動作，她們都不會轉變這個決心。如我說的，這樣的擾亂為數不多，卻是我們的上主願意的，祂不要靈魂忘掉她的真相，為使她經常持有謙虛，這是其一；其二是，為使她更明白對至尊陛下的虧負，及所領受的崇高恩惠，因而讚美祂。

❸ 妳們也不要以為，由於這些靈魂懷有這麼大的渴望和決心，面對世上的事物時，她們不會犯下絲毫的不成全，她們會多次犯過，甚至犯罪。是故意的嗎？不是！因為像這樣的靈魂，上主必會賜給她特別的助祐，來應對這事。我說的是小罪，至於大罪，她們知道已得

446. 意即，當她想起來時，她會聲明是「通常」會有的經驗，但不是永遠的。

到釋放，雖然並非確保安全；由於她們可能有某些不自知的過犯，對她們而言，這不是個小折磨。同樣，看見一些迷失的靈魂，也使她們感到痛苦；雖然在某方面，她們懷有很大的希望，不會置身於那些靈魂當中，可是，當她們念及聖經說的某些人，他們顯然蒙受上主的恩待，如撒羅滿，他這麼多次和至尊陛下交談，她們不能不感到害怕，如我已說過的[447]；妳們當中，那自認為最安全的，這人更要害怕，因為，**凡敬畏上主的人，真是有福**[448]，這是達味說的。祈願至尊陛下經常保護我們！懇求祂，不要讓我們得罪祂，這是我們能有的最大安全。願祂永受讚美。阿們。

❹ 修女們，上主在這世上賜予這麼多恩惠，告訴妳們其目的何在，該是很好的。雖然從恩惠的效果，如果妳們加以留意，妳們已經懂了，在這裡，我還想再對妳們說這事，因為，免得有人以為，恩惠只是為了取悅這些靈魂，這是很大的錯誤；因為，至尊陛下不能為我們做再多的什麼，除了賜給我們像這樣的生命，即師法其鍾愛聖子所度的生活；所以我認定，這些恩惠是為了堅強我們的軟弱——如我在此已說過幾次[449]，為能在祂極度受苦方面效法祂。

❺ 我們往往會看見，那些最靠近我們的主基督的人，也是遭受磨難最多的人：我們看看祂的榮福母親所忍受的，還有那些榮福的宗徒們。聖保祿能備嚐這麼至極的艱辛，妳們認為怎樣呢？透過他，我們能看見，真正的神見和默觀，係來自我們的上主，而非來自想像或魔鬼的欺騙時，會導致什麼效果。或許他會帶著它們（**譯按，指神見和默觀**），自己隱藏起來，為享受那些愉悅，而不理會其他的事嗎？妳們已經看到，他沒有休息的日子，根據我們能獲知的，甚至連晚上也不得休息，因為他那時必須操作來養活自己[450]。我非常喜歡聖伯

447. 參閱《列王紀上》十一章；《城堡》3・1・1－4。
448.《聖詠》一一一篇 1 節。
449.《城堡》6・9・16－17；7・1・7。
450. 參閱《得撒洛尼前書》二章 9 節；《加爾默羅會原初會規》17。

鐸的一則軼事，當他逃出監獄時，我們的主顯現給他，並對他說，祂要去羅馬，再一次被釘死。每次誦念有此記載的慶節日課，無不使我感到特別的安慰[451]。上主的這個恩惠使他怎樣，或他做了什麼呢？他立即赴難就義；獲得殉道的恩惠[452]，這是上主的很大慈悲。

❻ 啊！我的修女們！上主這麼特別臨在於其內的靈魂，該多麼忘記她的休息，多麼不掛念榮譽，又多麼願意絲毫不受重視！因為，如果靈魂與祂深度交往，理所當然，她應該很少記掛自己；她的記憶完全專注在如何更加取悅祂，要如何或到哪裡，來顯示自己對祂的愛。我的女兒們，準備好這樣就是祈禱；這個神婚的目的是：從中經常生出工作，工作[453]。

❼ 這是來自天主的事物或恩惠的真標記，如我已經對妳們說過的[454]，因為對我益處很少的是：我獨自一人，非常收心斂神，對我們的上主做出動作，提議並指望行奇蹟來服事祂，一旦離開那裡（譯按，指收心斂神），遇有事端時，行事全然背道而馳。「益處很少」，我說得不好，因為所有與天主相偕的事，都有許多益處；至於這些決心，雖然我們軟弱，後來沒有實現那些決志，有時候，至尊陛下會恩賜我們完成，彷佛是我們做到的，甚或，即使我們感到不喜歡，如同多次發生的：這就好像，看到一個非常膽小的靈魂，加給她一個非常艱苦的磨難，恰恰相反她的意願，使她從中獲益；後來，由於靈魂了悟這事，害怕會更減少，也更能獻身服事上主。「很少」，我要說的是，比起相稱於行動和話語的事工，相稱的事工其益處多之又多，而行動和話語與善工不能連結的，其益處則少之又少；如果靈魂希望獲益於祈禱，要屈服她的意志[455]：在這些隱院的角落內，不會沒有足夠的機會，使妳們能這麼做。

❽ 妳們看，這事多麼重要，我不能再誇大其詞了。妳們的雙眼要專注於被釘的基督，

451. 在當時，六月二十九日是聖伯鐸的慶節，加爾默羅會專用日課中有此記載，其謝主曲對經：「*Beatus Petrus Apostolus vidit sibi Christum accurrere. Adorans eum, ait: Domine, quo vadis? — Venio Romam iterum crucifigi*。」
452. 獲得殉道的恩惠：其原文是 *hallar quien se la dé*。
453. 重覆兩次「工作」，是強調的說法。
454.《城堡》5．3．11。「天主的事物」，即是現代人所謂的各式神恩、神祕經驗等等。
455. 要屈服她的意志（*vaya doblando su voluntad*），*doblando* 是雙倍的意思，同時含有折疊、彎曲及屈服之意，但也含有「她要有雙倍的意志」，表示要有堅決的決心。

所有的一切，對妳們來說，就會微不足道。如果至尊陛下以這麼驚人的事工和折磨，來對我們顯示祂的愛，妳們怎能希望單靠話語來取悅祂呢？妳們知道什麼是真正的靈修嗎？就是成為天主的奴隸，打上祂的烙印作為標記，亦即十字架，因為她們已經把自由獻給祂，祂能把她們賣給全世界作奴隸，如同祂一般；這麼做，對她們毫無傷害，賜給她們的，也不是微小的恩惠。對於這事，如果她們不下決心，不用怕她們會有很大的獲益[456]，因為這整棟建築物，如我說過的[457]，謙虛是其奠定的基礎；如果沒有非常真實的謙虛，甚至為了我們的好處，上主不希望蓋得很高，因為不要導致全部傾倒於地。所以，修女們，為了奠定良好的基礎，妳們要努力做眾人中最小的，並做她們的奴隸，看看如何或在何處，妳們能取悅和服事她們；因為，這麼做，妳們為自己比為她們做得更多，這麼堅實地奠定基石，妳們的城堡不會傾倒。

❾ 我重新再說，為了達到這目的，妳們必不可只以祈禱和默觀奠基；因為，如果妳們不力求並修練德行，妳們永遠是侏儒；甚至，祈願天主保祐，只是不成長，因為妳們已經明白，不進則退；因為我認為，有愛的地方，愛不可能滿足於不變的現狀。

❿ 妳們以為，我是在對起步的人說話，而過後她們就可以休息了。我已告訴過妳們[458]，這些靈魂於其內在擁有的靜息，是為了她們擁有更少的外在靜息，也不願擁有。妳們想，我說的那些靈感，或更好說是熱望，及那些訊息，即靈魂從靈心深處發出，達及城堡上面，及她所在處以外所有住所的人，是為了什麼？是為了使她們睡覺嗎？不！不！不！從那裡（譯按，**靈心深處**），靈魂發動更多的戰爭，使得官能、感官和整個身體都不得閒散，超過從前所遭受的；因為從前還不明瞭，磨難有那麼大的收穫，或許正是透過這些方法，天主帶領她

456. 就是說，他們絕得不到益處。
457. 《城堡》1・2・8、9、11、13。
458. 《城堡》7・3・3、5－8。

達到靈心深處，而現在她所擁有的同伴，賜給了她前所未有的強大力量。因為在此塵世，如達味說的，和聖人在一起，我們也會成為聖人[459]，沒有理由懷疑，經由這麼至高無上的靈與靈的結合，而和這位至強有力者結合，會從中獲得剛毅，所以我們會看到，聖人們受苦和殉道的剛毅。

⑪ 這是非常確定的，她從那裡獲得的剛毅，甚至幫助城堡內所有的一切，即使身體往往好像沒有感受到；然而，靈魂因獲得力量而剛毅，係由於喝了這個酒室裡的酒，是她的淨配帶她進去那裡[460]，又不許她離開，流溢至虛弱的身體，就像放進胃裡的食物，使頭和整個身體強壯，這樣，活著時，會有很不幸的命運；因為，無論她做多少，內在的力量愈大，給她的戰爭也愈多，所做的一切，她都覺得微不足道。許多聖人做的大補贖，必是由此來的，特別是榮福德蓮，總是處於這麼享受的環境；我們的會父厄里亞，飢渴天主的光榮所忍受的[461]；還有為了號召靈魂讚美天主，聖道明和聖方濟的遭遇；我告訴妳們，他們忘記自己，一定也受苦不少。

⑫ 我的修女們，我所希望的是，我們努力求取的，不是為了享福樂，而是為了獲得這些力量去服事：我們渴望，並專注於祈禱；我們不要走那行不通的道路，耗費最好的時光；不經由祂及祂所有聖人們走過的道路，而想獲得天主的恩惠，那可是很新奇的想法；但願這想法不會進入我們內！請相信我，曼德和瑪麗必須連合一起，款待上主，和祂時常同在，又招待周全，給祂食物[462]。瑪麗一直坐在祂的腳邊，如果她的姊姊不幫忙，怎能給祂吃的呢？祂的食物就是，我們以所有的方式，帶領靈魂獲得救恩，使她們永遠讚美祂。

⑬ 妳們會對我說兩件事：其一是，祂說**瑪麗選擇了更好的一份**[463]。這是因為，她已經做

459.《聖詠》十八章26節。
460.《雅歌》二章4節。
461. 參閱《列王紀上》十九章10節；加爾默羅會徽上，標示出會父厄里亞的這句話：「**我為上主萬軍的天主憂心如焚。**」
462.《路加福音》十章38－39節。
463.《路加福音》十章42節。

了曼德的工作，以洗祂的腳並用自己的頭髮擦乾[464]，來取悅上主。妳們以為，像她這樣的一位貴婦女，走過這些街道，有可能是獨自一人，因為滿懷熱愛，使得她不顧一切，進入從未去過的地方，後來遭受法利塞人閒言閒語，及其他許許多多她必會遭受的痛苦，這是個小克苦嗎？因為當地居民看見，一位像她這樣的婦女，有了這麼大的轉變，如我們所知，她處在這麼壞的人群當中，他們見到她和上主的友誼，而他們又是這麼憎惡祂，這些就足以讓他們想起她過去的生活，而現在，她想要成為聖女，因為顯然可見的是，她的穿著和其他的一切都隨即改變了。那麼，現今談說的一些人士，他們並沒有這麼出名，在那時，又會是怎樣的呢？修女們，我對妳們說，這「最好的一份」來自極多的磨難和克苦，即使沒有別的什麼，只要見到她的老師[465]這麼受憎惡，就已經是個忍無可忍的磨難了。然而後來，她遭受許多磨難，在上主死時，及其後許多年的生活裡，沒有上主的臨在，這必是可怕的折磨，可見她並非總是懷著愉悅的默觀，守在上主的腳邊。我認為，她沒獲得殉道，是因為在目睹上主的死時，她已經得到了[466]。

14 其二，妳們會說，妳們做不到，也沒什麼本事帶領靈魂達到天主；妳們非常樂意做這事，然而卻不是教師，也不是宣道者，如同宗徒們，所以妳們不知怎麼做。答覆這事，我有幾次寫過[467]，已記不得是否在此《城堡》寫過；不過，因為我相信，這事會在妳們的思想中浮現，並且渴望上主會賞賜給妳們，在此，我就不要略而不談此事：在別的地方，我已經對妳們說過[468]，有時，魔鬼把很大的渴望放進我們內，因為我們不善用近邊的工作，在可能的事情上事奉上主，卻滿足於擁有那些不可能的渴望。除了在祈禱中，妳們能有很大的幫助[469]，不要想望妳們要幫助全世界，而是要善待妳們的同伴，像這樣才是更大的事工，因為

464. 《路加福音》七章 37 — 38 節。
465. 她的老師（*su Maestro*）：K.K. 英譯在此譯為 His Majesty，顯然是個筆誤。A.P. 譯為 her Master，與中譯本同。
466. 這句話是聖女大德蘭在一旁增加的，K.K. 英譯省略這句。
467. 參閱《全德》1 — 3；*Meditations* 7。
468. 參閱《城堡》3・2・13。
469. 意指以祈禱來幫助眾人歸向天主。

對待她們，妳們負有更大的義務。妳們以為，懷有很大的謙虛，又會克苦，服事眾人，以很大的愛德和她們相處，及擁有上主的愛，這個愛火燃燒眾人，還有常會喚醒他人的其餘德行，這些是很小的獲益嗎？不是的，而是很大的收穫，也是非常中悅上主的服事，藉此，妳們投身於工作，這是妳們能做到的，至尊陛下會知道，妳們可以做得更多；這樣，祂將會賞報妳們，就像妳們為祂獲得許多（靈魂）那樣。

⓯ 妳們會說，這並非皈化靈魂，因為大家都是好人。誰要妳們多管閒事呢[470]？其實她們愈好，她們的讚美也愈悅樂上主，她們的祈禱也愈有益於近人。

總之，我的修女們，我的結論是，我們不要建造沒有地基的塔，上主不是那麼看工作的偉大，祂看的是工作時懷有的愛，及我們盡所能地去做，至尊陛下會使我們能夠每天做得更多，好像我們不會很快就疲累，而在今世生命延續的短暫片刻——或許，延續的時間比每個人想的更短——我們以內在和外在的方式獻給上主，我們能做到的犧牲，至尊陛下會使之和祂的犧牲連結，即祂在十字架上，為我們而獻給聖父的犧牲，為使我們以善意得來的功勞有價值，雖然是些很微小的工作。

⓰ 我的修女及女兒們，願至尊陛下保祐，我們全都能達到永遠讚美祂的境地，藉著祂永生永王之聖子的功勞，賜給我恩寵，使我能稍微踐行我對妳們說的，阿們！我對妳們說，我羞愧至極，所以，我請求妳們，由於這位上主，在妳們的祈禱中，不要忘記這個貧乏可憐的人[471]。

470. 大家：指修院內所有的修女。誰要妳們多管閒事呢？（*¿Quién os mete en eso?*）：意思是，既然大家都是好人，在這皈化靈魂的事上，誰要妳們去皈化呢？簡單地說，又何必多此一舉呢？這整句話相當口語，用了好幾個代名詞。K.K. 英譯本意譯為：**那樣的服事並非皈化靈魂，因為所有相處的修女們都已經很好。誰指定妳們評斷這事？**

471. 貧乏可憐的人：是聖女大德蘭的自謙之詞。

跋

JHS

❶雖然當我開始寫本書時，在卷首，我說懷有抗拒之情[472]，寫完之後，我深感歡喜，也認為致力於此工作是很好的，雖然我承認，付出的辛勞很少。想想看，這麼嚴格的關閉隱院，妳們擁有的娛樂事物這麼少，我的修女們，在妳們的一些隱修院，也沒有適用的足夠房舍，我認為，愉悅於此靈心城堡，會是妳們的安慰，因為不必有長上的許可，妳們能隨時進去，並在其內漫步。

❷真的，並非所有的住所，妳們都能憑己力進入，即使好似妳們大有能力，除非城堡的主人親自帶領，妳們還是進不去。為此我勸告妳們，如果遇有什麼阻擋，妳們不要使力，因為妳們會惹怒祂，致使祂再也不許妳們進入其內[473]。祂非常喜愛謙虛。若妳們自認為，甚至連第三重住所都不堪進去，祂會使妳們的意志更快地獲益，以達到第五重住所；竟至妳們能從那裡[474]服事祂，繼續地時常走進那裡面，祂會帶領妳們進入祂自己的住所，妳們再不離開那裡，除非是院長召叫妳們；這位偉大的上主，這麼希望妳們執行院長的意願，如同奉行祂的旨意；雖然因院長的命令，時常留在外面[475]，當妳們返回時，門總是為妳們敞開著。一

472. 序言．1。
473. 參閱《城堡》4．2；5．7。
474. 指第五重住所。
475. 時常留在城堡內的中心住所外面：是指服從院長，專心盡本分，而非離開修院。

旦習慣於享受這個城堡，妳們會在所有事物中找到安息，雖然處於許多的辛勞中，仍懷有希望再返回城堡，那是沒有人能從妳們奪去的。

❸ 雖然所談論的不超過七重住所，但在每一重中都有許多地方：在下面、上面及周邊，附有美麗的花園、噴泉和迷宮，及這麼愉悅的事事物物，使妳們渴望銷毀自己於讚美偉大的天主，這是祂以自己的肖像和模樣所創造的[476]。關於對祂的這些講解，如果妳們尋獲什麼好的，真的要相信，這是至尊陛下說的，為使妳們滿足愉悅，至於所發現不好的部分，則是我說的。

❹ 我懷有深切的熱望，但願在某些方面，有助於妳們服事我的這位上主天主，我請求妳們，每次讀到這裡，要以我的名，極力讚美至尊陛下，妳們要祈求祂，使祂的教會廣揚，並賜給路德教派人士光明；至於我，祈求祂寬恕我的罪，救我免於煉獄，當妳們讀本書時——如果經博學者審閱後，妳們可以讀這本書——因天主的仁慈，我可能還待在那裡。如果本書有什麼錯誤之處，係因我不明更多的事理，我完全順服神聖羅馬天主教會的主張，在此教會內，我生活、堅決聲明並允諾生死於其中。

願天主、我們的上主永遠受讚美和頌揚，阿們，阿們。

❺ 本書脫稿於亞味拉聖若瑟隱修院，一五七七年，聖安德前夕[477]，為了榮耀天主，祂永生永王於無窮之世，阿們。

476. 《創世紀》一章 26 節。
477. 即一五七七年十一月二十九日，同年的六月二日她開始寫，請參閱序言註解 3。

導讀1

《靈心城堡》與「上善若水」——老子與大德蘭，由既同又異的路，領人會晤基督

房志榮 神父

校對過大德蘭著、芎林聖衣會修女譯的《靈心城堡》一書後，可以從書中我最感驚奇的，幾個大德蘭的特色之一說起，就是她對天主所造的、有形世界中的「水」，特別欣賞。她在「第四重住所」第二章2號（頁一一五）寫說：「那些我所說的『享受天主的神味』，在另一處，我曾稱之為『寧靜的祈禱』。這是非常另類的經驗，正如妳們明白的，由於天主的仁慈，妳們已經證實的那些經驗。」

「為了更清楚地闡明，我們來仔細想想，有二個水源，各有其灌滿水的石槽。為了說明一些靈修經驗，我找不到比水更合適的東西；這是因我孤陋寡聞，又沒有幫得上忙的聰明，而我是這麼喜愛這個元素，致使我更留神地加以觀察，超過觀察別的事物。在這麼偉大又有智慧的天主創造的萬物中，必然充滿著能惠益我們的祕密，凡領悟的人也必定受惠。雖然如此，我相信，天主創造的每個微小東西中，蘊含著許多我們尚未明瞭的祕密，即使是一隻螞蟻亦然。」

大德蘭沒有想到，在她以前二千多年，中國有個老子（主前六〇四？－五三一年）早已有過類似的觀察，寫在《道德經》裡，該書第八章說：

> 上善若水，水善利萬物而不爭。處眾人之所惡，故幾於道。
> 居善地（卑下之地），心善淵（沉寂），與善仁（施予重仁），言善信。正善治（正＝政），事善能，動善時，夫唯不爭，故無尤（無怨尤）。

老子和大德蘭對水的觀察，有一基本的共同處，就是「水」是在可見之物中最值得稱道的一種存在。但把他們二人對水的稱道略做比較，又會發現同中有異，異中有同。比如第一段四句「上善若水，因為水利萬物，處於大家所不喜歡的地方，所以接近道。」第一和第四句肯定水的地位（上善，近道），第二第三句說水的特徵（利萬物，處惡地），這些也是大德蘭說的。但是水的地位為何那樣高（上善，近道），老子似未交代（見下文），大德蘭把道（Logos）懂成耶穌基督，他利眾生，甘居貧，所以最好（上善），不僅近道，而本身是道（天主子，聖言，道路）。另一方面，《道德經》的這些說法，能順理成章地用天啟加以解釋、提升，確實是天主啟示容易在華夏文化裡落地生根的一個明證。再看上善若水的第二和第三段：

> 居善地，心善淵，與善仁，言善信。（第二段）

這四句話屬倫理道德範疇，大德蘭會欣賞這些話，不過她憑着啟示和信德，在耶穌身上看到這些德操的具體實現和神格化的升華。「卑下之地」是掏空自己的謙以自牧，「沉寂」是沉浸祈禱，「施予重仁」是愛人如己，「言善信」是信守盟約。

> 正善治，事善能，動善時，夫唯不爭，故無尤。（第三段）

第三段的四句話講政治功用，行事能力，行動合時，及與世無爭；這些政治和社會生活的大方向，老子說得有道理，《靈心城堡》不直接談論，因為談靈修，且是給一群隱修的修女談話，不講政治，也不直談社會問題。此外，隱修院的修身很像儒家經典《大學》所說的：「**物格而後知致，知致而後意誠，意誠而後心正，心正而後身修，身修而後家齊，家齊而後國治，國治而後天下平。**」隱修士不管天下事，卻影響天下，大德蘭如是想。

再回來談水。大德蘭不知道《道德經》有關水所說的「上善若水」，也沒有把她對水的觀察和深切體驗，用聖經予以證實。其實，聖經，無論舊約新約，對水都有豐富和深刻的記述。尤其是新約的若望福音，把水的功用和力道說得登峰造極。下面簡略提出這部福音所描述的水。

《若望福音》一章33節，若翰以水施洗，耶穌以聖神施洗；二章，耶穌變水為酒；三章5節：「**人除非由水和聖神而生，不能進天主的國**」；四章13－14節：「**喝這井水的人還會再渴，但人若喝了我給的水，就永遠不再渴。因為我將要賜給人的水，會在人心中成為源源不絕的水泉，湧流到永生。**」五章，在水池旁治好一名卅八年的癱子；六章16－21節：耶穌步行水面；七章37－38節：「**誰若渴，到我這裡來；信我的人，喝吧！如同經上說：『從他的懷中要湧出活水成河』。**」九章：瞎子聽耶穌的話，到史羅亞水池洗了，就看見了。《若望福音》前十二章，除了八、十、十一、十二章外，都講到水。

《若望福音》十三章4－20節：耶穌為門徒洗腳；十九章34節：「**有一個士兵用長矛刺入祂的肋旁，立刻流出了血和水。**」《若望福音》第二部分（十三－廿一章）只有上述這二處提及水，都有極豐富的象徵意義。在此，可把《若望壹書》的「救恩史綱要」（五章6－

12節，參見現代中文譯本）連接上去：「耶穌基督到世上是藉着洗禮的水和犧牲的血；不僅僅用水，而是用水和血。聖靈也親自見證這是真的，因為聖靈就是真理」。7－8節：「聖靈、水和血三者都作證，而三者都一致。既然我們接受人的見證，上帝的見證當然更有效力，而這見證是上帝為他兒子所作的。所以，誰信上帝的兒子，誰心裡就有這見證；誰不信上帝，就是把上帝當做撒謊的，因為他不信上帝曾經為他的兒子作見證。這見證就是：上帝賜給我們永恆的生命，而這生命的源頭是他的兒子。誰有上帝的兒子，誰就有這生命；誰沒有上帝的兒子，就沒有這生命。」

我把《若望壹書》五章6－12節稱為「救恩史大綱」，並引用聖經公會出版的現代中文譯本，因為這篇中譯文把水、血、聖神、見證；天主、天主子、父的見證、人的信或不信；永恆生命，子是源頭，誰有聖子，就有生命等等，這些救恩的關鍵性真理都涵蓋在內了。把七節經句都抄在這裡，因為《靈心城堡》最後一部分，講到必須透過耶穌的人性進入天主的最深奧祕時，全是《若望壹書》五章6－12節所要說的。正因大德蘭沒有引用這段聖經，她在靈修生活中所得的靈感合乎若望傳統，更引人佩服。《城堡》的第四重住所說到「上善若水」，在第七重住所力言耶穌是到達天主的唯一道路，正像《若望壹書》說的，不僅是水，還是血，還有聖神。水和血是耶穌的救恩，聖神陪同耶穌完成救恩，天父為耶穌作證。大德蘭所寫的是她對這救恩之路的親身體驗。

二〇一三年三月二十三日　房志榮神父　寫於輔仁聖博敏神學院

導讀 2

熾愛與明慧──

聖十字若望與聖女大德蘭對默觀的共同體認

關永中 教授

當靈魂被神的愛燃燒著，…她感覺如同被一位「熾愛者天使」（Seraphim）以充滿愛火的利箭或標槍所襲擊。──聖十字若望．《愛的活焰》2．9

神願我看見以下的異象：那細小……標緻…容光煥發……充滿火焰的……「明慧者天使」（Cherubim）……手持著金色標槍，尖端似點燃著星星之火，……多次穿越我心，甚至深入我內，……讓我全然地燃燒著對神的大愛。──聖女大德蘭．《自傳》29．13①

談及聖女大德蘭（St.Teresa of Avila，一五一五－一五八二）與聖十字若望（St. John of the Cross，一五四二－一五九一）②在世的情誼，從一五六七年的邂逅起，至一五八二年大德蘭的辭世止，飛逝的十五年中，十字若望曾做過大德蘭的神師，一五七二－七八年，在亞味拉（Avila），彼此有過一段較長的相處時日，可以在靈修上交換心得。他們日後即使聚少

1. Seraphim，中譯為色辣芬、或熾愛者天使，希伯來原意為「造火者、傳熱者」。參閱《依撒意亞》六章 2 － 6 節。Cherubim，中譯為革魯賓、或明慧者天使，希伯來原意為「滿是知識」。參閱《創世紀》三章 24 節。兩者合起來，可意象地寓意著默觀之為愛的知識，神祕地冥合於神的熾愛與明慧之中。
2. 本文原典主要參考英譯本：*The Collected Works of St. John of the Cross.* Translated by Kieran Kavanaugh & Otilio Rodriguez, with introductions by Kieran Kavanaugh,（Washington, D.C.：ICS, 1979）.
The Collected Works of St.Teresa of Avila. Translated by Kieran Kavanaugh & Otilio Rodriguez,（Washington, D.C.: ICS, 1976 － 1985）Vols. I － III .

離多，仍妨礙不了兩者間心靈的聯繫，並已雙雙匯入神的大愛內而共同邁進。他們間雖不曾留下任何通訊記錄讓我們緬懷，到底也隱藏不了其相互間的敬重與共勉。一方面，十字若望強調大德蘭的著作補足了自己的言論③，另一方面，大德蘭也承認他們在靈修上的互相請益④，以致當我們對照兩人在默觀理論上的論著，不難發現兩者間互相闡明與互為印證。為方便比較二聖的心得，茲讓我們首先分別為他們的默觀論點做撮要如下。

一、二聖默觀理論鳥瞰

A. 聖女大德蘭所體證的默觀要義

聖女大德蘭對默觀的體認，可方便地被濃縮為一句話：默觀是灌注的祈禱，牽涉著一段進展的歷程⑤。

1. 默觀是祈禱

首先，默觀是祈禱；我們需在祈禱的前提上理解默觀（全德16・3－6）。祈禱的核心義在於人神間心對心的交往、融通、而至結合（自傳8・5）。

2. 默觀是灌注的祈禱

做為祈禱而言，默觀主要是「灌注的祈禱」（infused prayer）。「灌注」一辭，意謂著

本文對原典標題將採以下簡稱：

聖十字若望的著作：*The Ascent of Mount Carmel*《攀登加爾默羅山》：山；*The Dark Night*《黑夜》：夜；*The Spiritual Canticle*《靈歌》：靈歌；*The Living Flame of Love*《愛的活焰》：焰。

聖女大德蘭的著作：*The Book of Her Life*《聖女大德蘭自傳》：自傳；*The Way of Perfection*《全德之路》：全德；*The Interior Castle*《靈心城堡》：城堡。

由神帶動而達致靈性上的融合，人可做好配合的準備，但無法「揠苗助長」（自傳34・11；城堡6・7・7）。

3. 默觀牽涉著進展的歷程

默觀有其進展，牽涉著多個過站如下：

a）前奏：心禱、口禱

人藉「心禱」（mental prayer）（自傳11－12）與「口禱」（vocal prayer）（全德30・5－7）做前奏，用以熟悉聖經奧蹟與吾主言行，藉此愈發認識神的心意，並與祂做更深入的交往。

b）收心祈禱

深密的往還，讓人的意志漸而安於對神做純粹的愛的凝視，不必多經思辯推理，而能聚焦於心內的吾主，以之和祂會晤，這是人力尚且能達致的祈禱，被稱為**主動**的收心祈禱（prayer of *active* recollection）（全德28－29）。

c）寧靜祈禱

人若能努力持之以恆，則可轉而進入「寧靜祈禱」（prayer of quiet），在其中，神「灌注」的力量愈來愈彰顯，其本身可分三個重要階段，即灌注收心（*infused* recollection）、寧靜正境（quiet proper）與官能睡眠（sleep of the faculties）三者，茲簡述如下：

3.「這裡是合宜之處，談論種種不同的神魂超拔、出神和其他靈魂的舉揚和飛翔……可是……我只有意扼要地解釋這些詩節，像那樣的論述，必須留待比我更善於講論的人。此外，我們的榮福會母耶穌．德蘭姆姆，留下的有關這些神修事理的著作，其論述令人讚賞……」（靈歌 13・7）St. John of the Cross, *The Spiritual Canticle* , 13・7, in Kavanaugh & Rodriguez,（trans.）*The Collected Works of St. John of the Cross*, p. 460.

4.「我和十字若望會士一起去瓦亞多利（Valladolid）建院……有機會教給十字若望神父我們的生活方式……他是這麼好，至少，比起他向我學習，我從他學了更多」（建院記 13・5）St. Teresa of Avila, *The Book of Her Foundation,* 13・5, in Kavanaugh & Rodriguez,（trans.）*The Collected Works of St Teresa of Avila,* vol. III, pp. 162 － 163.

i）灌注收心

人從主動收心（*active* recollection）轉捩至「灌注收心」（*infused* recollection），其徵兆在於「享受神味」（*gustos*／spiritual delight）的始現。有別於一般的「欣慰」（盡情歡悅／consolations）（城堡4・1・4）。「盡情歡悅」（*contentos*）可經由一般心禱／口禱的途徑獲致，類比好友久別重逢之歡喜；但是「享受神味」（*gustos*）卻是由神直接的灌注，人在無預警的狀態下被神碰觸，心靈因而獲得感動，這份靈的觸動，開始時雖然微弱，但仍能被我們辨認出來（城堡4・1・11），如同小羊兒辨認出牧羊人的呼聲，這呼聲無法被他人仿冒。「享受神味」（*gustos*）做為神灌注的明顯徵兆，讓人跨過一個門檻，而進入狹義的默觀地帶，是為「寧靜祈禱」範圍內的前哨。

ii）寧靜正境

「灌注收心」深化而為「寧靜正境」（quiet proper），其中基本上是程度上的深化，而非本質上的異動。人靈深度凝斂，心神醉心於對神的愛慕與凝視（全德31・2－3），其感動甚至可持續一兩天而不止息，只是它來去自如，人不能掌控（全德31・4）。人日常的普通意識收斂，但未被吊銷，偶而也會伴隨著神枯（城堡4・1－3），乃至於理智分心走意，不常與意志的愛火同進退（全德31・8），即使愛與光照也有彼此吻合的時刻。

5. 聖女大德蘭曾為其個人的默觀經驗簡要地勾勒出一個脈絡，可濃縮為我們在此所賦予的定義；參閱 St. Teresa of Avila, *Spiritual Testimonies,* No. 59（Seville, 1576）, "The Degrees of Infused Prayer", in *The Collected Works of St Teresa of Avila,* Vol. I, pp. 355 － 361. 此外，Fr. Ermanno 也曾為大德蘭的默觀理論做了一個提綱挈領的介紹，參閱 Fr. Ermanno, OCD, "The Degrees of Teresian Prayer ", in *St. Teresa of Avila: Studies in her Life, Doctrine and Times*. Ed. by Fr. Thomas & Fr. Gabriel（Westminster: Newman Press, 1963）, pp. 77 － 103.

iii）官能睡眠（sleep of the faculties）

「寧靜正境」可進一步深化而為「官能睡眠」（sleep of the faculties）（城堡5．1－4）。顧名思義，意謂著眾官能深受神的吸引而專注於神，即使普通官能尚未被吊銷，也至少近似睡眠，對日常生活心不在焉，時而需費力分心來料理俗務（自傳16．2－3；17．7）。意志所領受的「享受神味」（*gustos*），遠超過「寧靜正境」本身，它雖然本質地無異於「寧靜祈禱」（自傳17．4），卻已愈發接近「結合祈禱」（prayer of union）（自傳16．2－3）。

a）結合祈禱

「結合祈禱」（prayer of union）本身讓我們處於默觀的核心事象——人神相愛中彼此結合而玄同彼我，其中蘊含著不同程度的深淺，被大德蘭劃分為三個主要的階段，即「單純結合」（simple union）、「超拔結合」（ecstatic union）、「轉化結合」（transforming union）三者：

i）單純結合

單純結合（simple union）意謂著默觀者在心靈深處，體證到人在神內，神在人內，兩者合而為一（自傳20．1；城堡5．1．9）；人靈在無預警下突然被神所浸透（自傳18．9；19．1），且牽涉到意識上的轉變，即普通官能的暫時被神吊銷（自傳18．1；城堡5．1．4），以免人身心因經驗的震撼而受到損傷。普通官能的沉寂，卻容許超越意識的湧現，乃至於在愛中喚醒智的直覺，直指神的本心。而人神結合可愈發濃烈，而演變成超拔結合。

ii）超拔結合

人神結合之濃烈，影響所及，甚至連身體也呈顯異狀，如容光煥發、五傷印記、肉體騰空等等（自傳20．1），被稱為「神訂婚」（spiritual betrothal）（城堡5．4．4－5；6．4．4），類比男女間的海誓山盟，至死不渝。大德蘭還從中凸顯了三種型態如下：

（1）濃烈結合（intense union）——它不單意謂著普通官能的被吊銷、超越意識的被開發，且意志的愛火與理智的光照，還比先前有更多吻合的機會，共同綻放「愛的知識」（loving－knowledge），直探超越界的隱微，人起初的惶恐，會轉而為強烈的欣悅，在神往中與神融入同一份愛的洪流，此謂「神魂超拔」（ecstasy）（自傳18．7）。濃烈的神魂超拔，可表現而為「出神」。

（2）出神（rapture）——它意謂著在普通官能停止運作下，心智被神的力量往上牽引，致使肉體騰空地提昇起來（自傳20．3）。人的意志充滿著愛的烈焰（城堡6．4．14），理智也獲得湛深的光照（城堡6．4．3－4）。出神經驗並不持續，到底人神間的親密融合會鼓勵著人革面洗心，努力走成德之路（自傳21．8）。愛的「出神」又可兌現為「心靈飛越」。

（3）心靈飛越（flight of the spirit）——「出神」與「心靈飛越」，實質地相同，而經驗地相異。就實質之「同」而言，它們都是人神間深度的冥合，牽涉著普通官能的休止，與超越意識的湧現，但從經驗之「異」而言，在心智的被往上拉拔的感受上，「心靈飛越」要比「出神」來得更突然、更快速、更叫人驚駭（城堡6．5．1&2）；為此，大德蘭建議有此經驗的人需鼓起勇氣，全心信賴吾主，而不必為來源的問題擔心，因為魔鬼無法仿冒其中的崇高與愛的光照（城堡6．5．7－10）。

iii）轉化結合

大德蘭在「超拔結合」的前提上，除了標榜著「結合的濃烈」外，尚強調其中的「煉淨」（purgation）的愈發激烈；神為幫助人靈變得更純全，將容許他經歷各式各樣的痛苦磨練（城堡6．1．1－15），直至爐火純青為止，得以臻至「轉化結合」的高峰。

轉化結合（transforming union），又名「神化結合」（divinized union），意謂著人靈已經歷徹底的煉淨，個體已臻於「神化」（divinized，deified）；人在高度的成全中已與神心靈結合無間，被稱為「神婚」（spiritual marriage），是為人現世所能達致的最高結合程度（城堡7．1．5），人靈就如同雨水滴進江河般地與神的精神匯合，而不分彼我（城堡7．2．4），人不單在普通意識與日常操作中深深地結合著神，他甚至連一舉手、一投足之間，無不翕合主旨（城堡7．2．5）。

聖女大德蘭所體證的默觀歷程，可用以下圖表做撮要：

a. 默觀的前奏（prelude to contemplation）

心禱（mental prayer／meditation）

- 口禱（vocal prayer）

b. 收心祈禱（prayer of active recollection）

c. 寧靜祈禱（prayer of quiet）

- 灌注收心（*infused* recollection）
- 寧靜正境（quiet proper）
- 官能睡眠（sleep of the faculties）

d. 結合祈禱（prayer of union）

- 純粹結合（simple union）
- 超拔結合（ecstatic union）
- 濃烈結合（intense union）
- 出神（rapture）
- 心靈飛越（flight of the spirit）
- 轉化結合（transforming union）

在暫見了聖女大德蘭所描述的默觀內蘊後，茲讓我們轉而鳥瞰聖十字若望所體證的默觀要義。

B. 聖十字若望所體證的默觀要義

做為大德蘭的同道與夥伴，十字若望相應地對默觀有以下的體認：

默觀是人神間祕密的愛的知識，維繫著意志與理智的互動⑥。

我們可從這定義中分辨下列的三重義蘊：

1. 默觀維繫著意志與理智的互動
2. 默觀是人神間愛的知識之發展歷程
3. 默觀是神祕經驗，含括著煉淨與結合

茲分述如下。

1. 默觀維繫著意志與理智的互動

默觀是人心智上的體證，牽涉著意志（will）與理智（intellect）間的互動（山3・16）。意志做為意欲能力，會牽涉著理智的認知。從超性運作的萌生上，意志首先點燃起對神的愛火，理智會隨後配合而獲得靈性上的光照。在較初期的默觀中，意志較多浸潤於愛，而理智在尚未煉淨的狀態下較多處於暗昧（夜2・13・3）。在較進階的情況下，則意志與理智會互相牽引，在愛慕中引申超性智慧，也在理智的光照中增進愛火（夜2・12・7；2・13・1－3）。在較成全的默觀中，則意志的愛與理智的光照經常吻合，活出對神的「愛的知識」（夜2・12・6；靈歌27・5）。

6. 聖十字若望主要是在《愛的活焰》3・49中做出這樣的定義。他也在《山》2・8・6；《靈歌》27・5；39・12；《夜》1・10・6等處從不同的觀點補充上述的定義。有關專家們對聖十字若望默觀理論的綱要提示，可參閱 Antonio Moreno, OP, "Contemplation According to Teresa and John of the Cross" , in *Review for Religious*, Vol. 37, No. 2, March 1978, pp. 256 － 267。

2. 默觀是人神間愛的知識之發展歷程

默觀意謂著人神間的相戀。它一方面是人渴慕著神，如同麋鹿渴慕著水泉；另一方面是神尋找著人，如同牧者在尋覓著亡羊，以致十字若望說道：「如果靈魂在尋求天主，天主更是在尋找靈魂。」（焰3．29）誠然，人對神的嚮往，與神對人的呼喚，是同一回事的兩面；神在人心內播下嚮慕的種子，好讓人追求祂而得著祂。《靈歌》以愛侶相愛做意象，來描述人神間的相戀；《愛的活焰》更刻意地描繪人神戀愛成熟而臻至「神婚」（spiritual marriage）的境地。聖十字若望還採用傳統所分辨的「煉路、明路、合路」（purgative way, illuminative way, unitive way）來寓意人神邂逅、熱愛，而至結合的歷程（《靈歌》主題1－2），並且標榜默觀是「祕密的」（secretive），即「神祕的」（mystical）經驗，以「煉淨」（purgation）與「結合」（union）為其中的一體兩面。

3. 默觀是神祕經驗，含括著煉淨與結合

聖十字若望論默觀，多次稱之為「祕密的」（secretive）經驗（山2．8．6；夜1．10．6；靈歌27．5；39．13；焰3．49），並且把「祕密」一辭連貫至「神祕」（mystical）一義，強調默觀為「神祕神學」（mystical theology）（夜2．17．2），其中牽涉著意識的轉變：

a）意識的轉變

十字若望談神祕神學，指出默觀中意識的轉變蘊含著「黑暗」（dark）與「普遍」

（general）兩個特性（山2・10・4）：

i）**黑暗**一辭，一方面消極地意指本性官能暫被吊銷，另一方面積極地凸顯超性官能的剎那展露，以致體證到神的愛與智慧。

ii）**普遍**一辭，意謂著超出小我而融入神的大我，並且超越一般時空權限，以與永恆而全在的上主契合。

十字若望尚以「煉淨」與「結合」二辭來道破默觀的究竟。

b）煉淨

從「煉淨」面體會默觀，它意謂著人經歷不同層面的鍛鍊，以邁向徹底的轉化，其中劃分四個面向如下：

1）主動的感官之夜（active night of the senses）（山1）
2）主動的心靈之夜（active night of the spirit）（山2－3）
3）被動的感官之夜（passive night of the senses）（夜1）
4）被動的心靈之夜（passive night of the spirit）（夜2）

其中的骨幹可提綱挈領地標示如下：

1）主動的感官之夜

a）其消極義在克制情欲、以防微杜漸
b）其積極義在遵主聖範、以步履芳蹤

2）主動的心靈之夜

a）其消極義在揚棄對靈異經驗的執迷

b）其積極義在唯獨活於信、望、愛三超德

3）被動的感官之夜

a）其消極義在於神給人克勝三仇、破七罪宗

b）其積極義在於引領人從推理默想轉入默觀

4）被動的心靈之夜

a）消極地滌淨各種不成全

b）積極地讓人靈爐火純青

簡言之，「主動」一辭意謂著人本性能力所能及的克修（asceticism），「被動」一辭則意謂著人力有所不逮，而需經由神力協助的滌淨。默觀程度愈初步，則主動之夜比重愈多（山1・1・2－3）；反之，默觀程度愈湛深，則被動之夜比重愈激烈，尤其是心靈的被動之夜，會愈發白熱化地彰顯其煉苦，直至人靈徹底被煉淨為止（夜2・9・3）；煉淨愈徹底，則結合愈圓滿。

c）結合

如果「煉淨」一辭反映默觀的消極面，則「結合」一辭就彰顯其積極面。默觀的目標

在乎與神在愛中愈深入結合，好比男女相戀而終於步上紅毯。聖十字若望尤在「結合」的前提上標榜其中的「神訂婚」（spiritual espousal）（靈歌14－15）與「神婚」（spiritual marriage）（靈歌22．3）。「神訂婚」類比著愛侶的海誓山盟，其愛之濃烈甚而引申「出神」（rapture）現象（靈歌14－15．17；夜2．1），人靈在強烈的戀慕當中，連帶地影響及身體的普通官能不單被吊銷，外表有時甚至呈現容光煥發，或離地昇空的狀態：然而，這並不是究極的現象，尚有更崇高的「神婚」有待兌現。「神婚」寓意著人在經歷了徹底的煉淨而臻至與神同化，被稱為「藉分享而達致的神化」（divinization by participation）（山3．2．8；靈歌22．3；39．6；焰1．9），其本性官能不必被吊銷而仍與神結合無間（夜2．1．2）。「神婚」是默觀者在現世所能達到的最高境界；聖十字若望以陽光充滿潔淨的玻璃為喻（山2．5．6－7），人靈如同澄明而一塵不染的玻璃般，在徹底被煉淨後，已全然地被神如同太陽般的光和熱所浸透，人神彼此結合為一而沒有任何阻攔，即使人的個體性並不因此而被抹煞掉，到底他已與神心意相通、情意相連（夜2．4．2；靈歌38．3；焰2．34），事事翕合主旨，以致一舉手、一投足，無不在神的親在下進行。他唯一的期待是：揭去所餘的三層薄紗——世物、感性、現世生命，好去展望來世中所要臻至的「全福」（焰1．29－34）。

聖十字若望所討論之默觀的來龍去脈，可藉次頁圖表示意。

在走馬看花地分述了二聖的默觀理論後，我們可進而替他們做個比較研究。我們可分別從四個重點上反思，它們是：「本質上的吻合」、「細節上的互補」、「連合中的啟發」、

聖十字若望的默觀過程簡圖

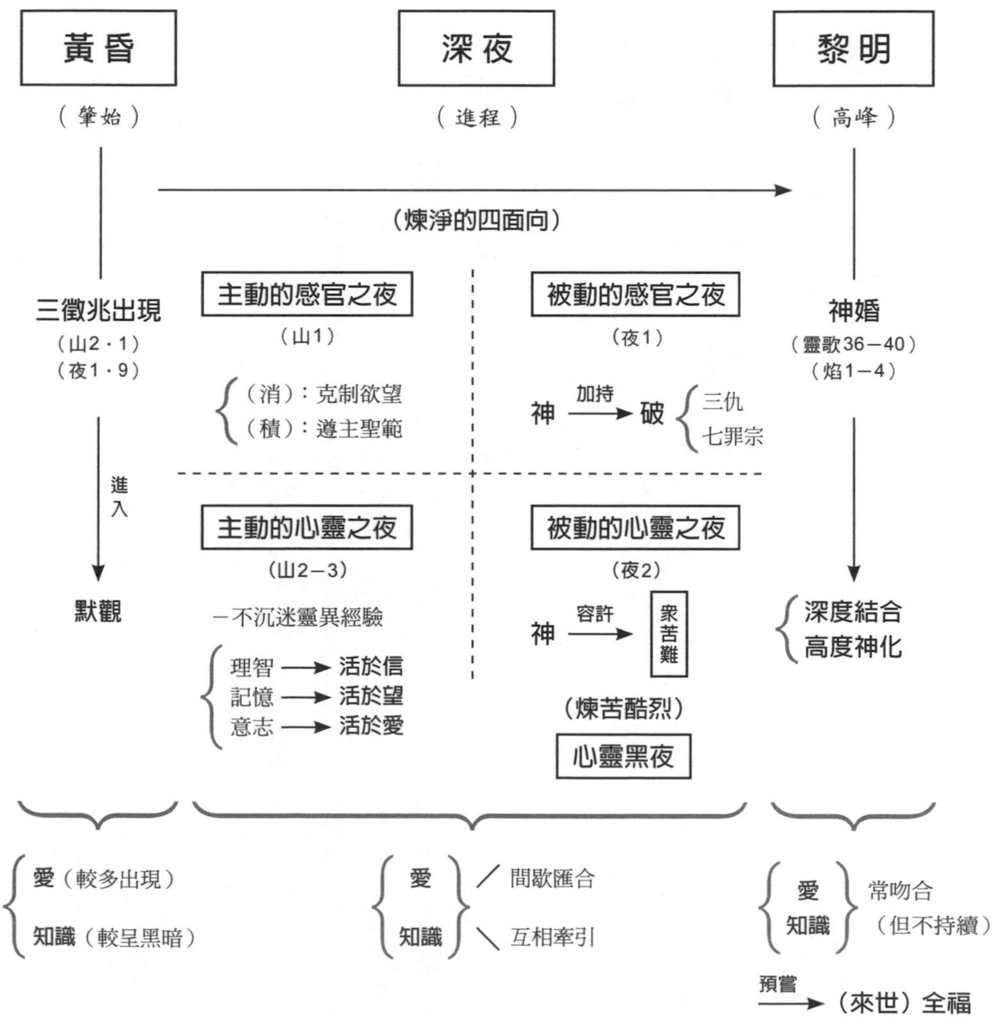

「相融中的差別」；茲分述如下。

二、本質上的吻合

我們所指的「本質」（essences）或「大原則」（main principles），意謂著二聖在默觀經驗上所標榜的本質核心、所提示的大方向、所致力的總目標、與所繪畫的整體脈絡。在對默觀本質的論述上，十字若望做為神哲學家而言，比較擅長於理論體系的鋪陳，以致較能精準明確地勾勒出其中的基本藍圖。換言之，十字若望在大原則的演繹上，看來比較周延與具條理，我們可以用他的系統做根據點，來對照大德蘭在這方面的言論。如此一來，我們不難發現兩者間在大前提方面，基本上擁有以下的共通點，即都同意

A. 默觀維繫著意志與理智的互動
B. 默觀是人神間愛的知識之發展歷程
C. 默觀是神祕經驗，含括著煉淨與結合

A. 默觀維繫著意志與理智的互動

默觀固然以人神間愛的結合為其深層義，到底它仍不失為一份意識上的體證，以致需藉知識論立場來論述；為此，我們聆聽到大德蘭與十字若望都異口同聲地強調：默觀是為意志與理智的互動。

聖十字若望論默觀，他一方面在《黑夜》（1・10・6）內凸顯其為意志所獲得的愛的灌注，另一方面又在《攀登加爾默羅山》（2・8・6）與《靈歌》（27・5；39・12）中定義其為理智的更高知識，後來更在《愛的活焰》（3・49）上綜合地把它描繪為意志與理智間的相輔相成。

聖女大德蘭談默觀，她起初尚且在《自傳》（10・1；17・4－5）中較側重在意志上體認默觀為愛的引動；但自從其與聖十字若望相識並分享心得後，則顯著地注意到靈修生命的「智性面」（intellectual aspect），以致在《靈心城堡》中多次流露著默觀中意志與理智的互相牽引和配合（例如：城堡4・3・4；6・2・2－6；6・4・3－14）。

較細緻地說，從默觀歷程的進展上而言，大德蘭與十字若望談意志與理智的互動，都同意以下的幾個要點：

其一，在較低程度的默觀中，意志的愛火要比理智的光照來得顯著，因為在初階中，理智尚未被煉淨以致較呈暗昧（城堡4・3・4&8；夜2・13・3）。

其二，在較進階的默觀中，意志與理智有較多機會互相牽引，以致意志的愛火引發更多理智的光照，而理智的光照也反過來增進更多意志的愛火（自傳17・4－5；夜2・12・7）。

其三，在高程度的默觀中，意志與理智在運作上常彼此吻合，致使默觀者常浸潤在「愛的知識中」（城堡6・2・2－6；7・2・3&6；靈歌26・5；26・11&16）。

附帶地值得一提的是，默觀這議題曾出現兩派主張，即有所謂「主理智論」與「主意志論」的張力；它們不必然互相矛盾，但因各有偏重，而容易各走極端。「主理智論」較強調默觀之為心智意識的認證，而非純粹的意欲衝力，以致有傾向把理智看作為較優勝的官能，凌駕在意志之上。道明會學派（Dominican school）中如聖多瑪斯（St. Thomas Aquinas，一二二五－一二七四）、及大師艾克哈（Meister Eckhart，一二六〇－一三二七）等就較有此傾向，以致我們閱讀到多瑪斯如此的評語：**人到底無法去愛自己所不認識的事物**（*Sum. Theo.* I–II, Q,27, a.2, ad.3）。反之，「主意志論」則較偏重意志在默觀中的角色，以意志的愛欲帶動著理智的認識，以致有傾向把意志看作為較重要的官能，高出於理智之上。方濟會學派（Franciscan school）中如聖文德（St. Bonaventura，一二二一－一二七四）、思高（John Duns Scotus, ca. 一二六五－一三〇八）等，就較有這種趨勢，以致我們聆聽到聖文德如此的話語：**默觀精神不在於一般的認知，而在於甘飴與愛的體會**（*De Septem donis Spiritus Sancti*）。我們甚至發現，聖衣會部分神修學家也受到這學派的影響，例如：若望神父（Fr. John of Jesus Mary, OCD）的《神祕神學》，就強調著意志在默觀中的優越性⑦。

然而，反觀聖女大德蘭和聖十字若望的見解，我們卻接觸到一份圓融的並重，只不過他們強調處於初階默觀時，意志的愛火較先被觸發而已，但到底默觀的理想是在於意志與理智的充分配合而孕育人神間愛的知識。

B. 默觀是人神間愛的知識之發展歷程

從人神相戀的前提上談默觀，我們可權宜地劃分三個要點來做檢討，它們是：

1. 默觀是人神間的相戀

7. F. John of Jesus Mary, OCD, *Mystical Theology*（Bruxelles: Editions MTH Soumillion, 1999）, p. 19, "This natural nobility of charity explains why the will , in which it resides, gets, to lofty heights the intellect cannot reach, …… And the gift of wisdom which fosters the intellect does not raise it to the loftiness of charity, because of the obscurity of faith which veils divine truths in this life."（cf. also pp.9, 17, 20, 32, 37）.

2. 人對神戀慕得愈深純，則愈認知神
3. 人神間愛的知識有其發展歷程

茲分別闡釋如下。

1. 默觀是人神間的相戀

從默觀議題上做體認，大德蘭與十字若望都採用相同的意象——男女相戀的經歷——來描述人神間相愛的歷程。

在《靈心城堡》內，大德蘭固然不止一次地以男女戀愛而步入紅毯為意象，來刻劃默觀中人神相戀（例如城堡5．2．12；5．4．4）；十字若望也不遑多讓，他整部《靈歌》就是以一首情詩做前導，標題為「靈魂和淨配新郎的對詠詩歌」，分別以「新娘」和「新郎」的名義，來展現人神間相互的呼喚與愛慕，藉此演繹多段詩句，還以「神訂婚」和「神婚」做其中的高潮，其書就以此詩篇的眾段落為根據，逐一加以闡釋。此外，聖人在《愛的活焰》中，也延續了《靈歌》的宗旨，繼續描繪「神訂婚」與「神婚」的究竟。

以男女相戀做類比來意謂默觀，這並非是一件偶然的作為，它至少指出人是被召喚來與神相愛，而人間最轟轟烈烈的愛，莫過於男女間的相戀。退一步說，在聖經的啟示中，不論是舊約或新約，談及人神關係，曾以不同的意象來作比喻，其中較突出的，計有「主僕之誼」、「父子之情」、及「朋友之愛」三者，而「朋友之愛」當中，尤以男女相戀最具震撼力；相較於男女戀情，其他的類比總透露著某種程度的隔閡。

首先，在「主僕關係」上⑧，僕人自覺無法高攀，他即使給主人效勞，也只能說：「**我是無用的僕人，我只做了我份內的事而已。**」（《路加福音》十七章10節）

繼而，在「父子關係」上，我們固然有所謂父慈子孝的甜蜜，父親可向兒子說：「**我家中的一切都是你的。**」（《路加福音》十五章31節）兒子也可親密地稱呼一聲：「**阿爸！父啊！**」（《羅馬書》八章15節），到底兒子總覺得父親的心境尚有某個界限未能被跨越。

但當主耶穌跟我們說：「**我不再稱你們為僕人，因為僕人不知道他主人所做的事。**」（《若望福音》十五章15節）又說：「**不是你們揀選了我，而是我揀選了你們，並派你們去結果實，去結常存的果實。**」（《若望福音》十五章16節）此時，吾主已呼召我們與神進入友愛的關係。誠然，在「朋友關係」中，尤其是男女的愛侶關係中，更能充分地呈現出愛的互相吸引，以至身心合一。神在啟示中尤凸顯男女相戀的震撼，《雅歌》就以此意象來道破人神的相愛。聖十字若望之《靈歌》也以此做為藍本來發揮人神間的戀愛，而大德蘭也藉著註解《雅歌》來探討人神之愛⑨。二聖的作為無疑給我們做見證說：神既然如此懇切地對我們做「愛的呼喚」，我們對神也需以做「神的淨配」為目標，並以在心靈上徹底轉化、與神合一，做為最高理想。

附帶地值得一提的是：若問及男性的靈是否適合以「新娘」、「淨配」、「神婚」的意象來自況，聖十字若望的作法正好給我們這樣的回應：人面對著神，所有人靈都凸顯了其女性面；換言之，人在與神結合中，都呈現出女性的柔順與接納（receptivity）。就連軍人出身的聖依納爵（St. Ignatius of Loyola, SJ，一四九一－一五五六）在標榜著做耶穌的勇兵之時，仍會在被神觸動的剎那間感動得痛哭流涕，如同仕女的情傷一般，藉此而凸顯出連最剛

8. 舊約較多用「主僕之誼」來繪畫人神關係，例如：古經稱梅瑟、達味、撒羅滿等為忠僕；新約人物也時而以奴婢來自我比況，例如：聖母瑪利亞就回應：「**主之婢女在此，按祢的話成就於我吧！**」（《路加福音》一章38節）。
9. Cf. *Meditations on the Song of Songs*, in Kavanaugh & Rodriguez, (trans.) *The Collected Works of St Teresa of Avila*, vol. III, pp. 207 － 260.

強的男靈，也有其女性面。總之，在默觀的前提上，自我體認為神的淨配，並不是女性神祕家的專利，它也是男性神祕家的特權。換句話說，「淨配神修」適用於所有人，包括男人、女人。

在凸顯了大德蘭和十字若望所共同體認之「人神相戀」的纏綿後，我們可進而體會其中所含括的認知面。

2. 人對神戀慕得愈深純，則愈認知神

神無限地愛著我們每一個人，祂的「愛」充滿著「真知」，其「愛」與「真」同是神存有的超越屬性。反之，人對神戀慕得愈深純，則愈能造就「愛的知識」。借用佛洛姆（Erich Fromm，一九〇〇－一九八〇）《愛的藝術》之語：**「知識有許多層面，唯獨藉愛而獲致的洞察不停留在表面，而直指本心。」**⑩而謝勒（Max Scheler，一八七四－一九二八）也說：**「真愛開啟人的靈眼，讓我們發現被愛者的更高價值。它容許人有洞察，而不叫人盲目。」**⑪凡對愛有深入體會的哲人，會用不同的方式表達愛蘊含靈智上的領悟，叫人深入愛者心靈深處，來體會愛侶的思言行為，這份直指本心的直覺，不單適用於人際關係，也適用於人神戀愛關係上。

我們先前已強調了大德蘭和十字若望都共同主張「意志與理智並重、愛和知識兼容」，他們都異口同聲地指出默觀中的愛火與光照彼此牽動，以致智慧會隨藉默觀的進階而愈發彰顯。總之，他們在體證默觀之為「人神相戀」中，不忘其中的認知面。

提及默觀之認知面，也許我們已察覺到這樣的一個現象：基督宗教以外的靈修學派，

10. Erich Fromm, *The Art of Loving*（New York: Bantam, 1956）, p.24, "There are many layers of knowledge; the knowledge which is an aspect of love is one which does not stay at the periphery, but penetrates to the core. "

有相當大的比率在側重神祕冥合的智慧義，以致「見道」（enlightenment）、「光照」（illumination）等辭層出不窮地充塞在東方靈修學說之中。例如：佛家（以唯識宗做其中的一個代表）稱圓滿的佛之見道為「大圓鏡智」，以之為「無上正等正覺」。此外，道家（以莊子〈大宗師〉為例）談體道與得道，也有所謂「朝徹而後見獨」一語；「見獨」亦即「見道」，即扣緊心智面來談明心見性，雖然莊子亦不缺乏人神交往的提示，以致有「**上與造物者遊**」、「**獨與天地精神往來**」（〈天下篇〉）等語，到底神的觀念在莊子學說中並未如此地明顯，而莊子也並未刻意地以男女戀愛之意象，來類比人神間的冥合。

反顧以大德蘭和十字若望為代表的基督宗教靈修，則我們可清楚地確認，人所嚮往的最高實體，是那具備靈性位格的絕對心靈——神，而人與最高本體的結合，不單蘊含著更高智慧的孕育，它更標榜著人神相愛所兌現的「愛的知識」。人在愛慕神、結合神當中，體證到神的心智，以及神所眷顧的宇宙奧祕。為此，高程度默觀所造就的智慧，是在人神相愛中實現，其中的愛與知識，實屬同一個完型，互相牽引與維繫，在神祕高峰中，彼此吻合。如此一來，人神相戀所成就的愛的知識，誠然有其進展的歷程。

3. 人神間愛的知識有其發展歷程

大德蘭和十字若望談論默觀的進展，一方面仍然配合著傳統的說法，以之為經歷「煉路、明路、合路」三階段，而達致生命的轉化（自傳22·1－2；靈歌·主題·1－2），另一方面也扣緊「男女相戀」的意象，來寓意人神相戀的經歷，而致有所謂邂逅、情傷、神訂婚、神婚等辭彙（城堡5·4·4；靈歌·全書）。

11. Max Scheler, *The Nature of Sympathy* (New Heaven: Yale University Press, 1954), p. 157, " ……true love opens our spiritual eyes to ever – higher values in the object loved. It enables them to see and does not blind them……"

除此之外，他們也分別採用一些較具個人特色的詞語來做類比。為大德蘭而言，默觀祈禱的演進，也好比四種灌溉園地方式的改良（自傳11－21），及七重心堡的重重深入（城堡．全書）。反之，對十字若望而言，默觀的提昇，有如登山之臨高必自邇（山1．13．10－11），或入夜所經歷的黃昏、黑夜、黎明之進程（山1．2．5）。

但無論如何，他們在闡述默觀進展歷程的當兒，也至少吻合在下列兩個要點之上：

其一，默觀的進展有其主動面與被動面

其被動面在於勿揠苗助長

其主動面在於仍努力不懈

其二，默觀的進展也有其消極面和積極面

其消極面在於割捨破執

其積極面在於對主——唯主至上

對物——在主內愛萬物

對己——信靠主而不信靠自己

進一步說，默觀做為愛的知識之進展，需在神祕經驗的前提下被體會，其中還以「煉淨」與「結合」為其一體兩面。

C. 默觀是神祕經驗，含括著煉淨與結合

從「默觀是神祕經驗，含括著煉淨與結合」這議題上體會大德蘭與十字若望兩者間的貫

通，我們可凸顯以下的三個重點：

1. 默觀是神祕經驗
2. 默觀之神祕義，較消極地含括著煉淨義
3. 默觀之神祕義，較積極地含括著結合義

茲分述如下。

1. 默觀是神祕經驗

「神祕」（the mystical）一字，語源於希臘文之*mysterion*（奧祕）一辭，其動詞*myo*、*myein*，原意為「閉目」、「隱閉」，引申為「普通意識」（ordinary consciousness）的幽蔽，與「超越意識」（extra-ordinary consciousness）的冒出，以與道冥合，而達致明心見性。把「神祕」這語辭套在大德蘭與十字若望的傳統上看，我們獲得這樣的體認。

當十字若望把默觀定義為「祕密的愛的知識」時，他把「祕密」（secret）一辭闡釋為「神祕神學」（mystical theology），並說：「**默觀為神祕神學，神學家稱之為祕密的智慧，……經由愛灌注給靈魂……**」（夜2・17・2）言下之意是：默觀牽涉意識的轉變，它使人在「超越意識」中結合神，並體證神的愛與智慧。

同樣地，大德蘭談默觀祈禱，以之為「灌注的祈禱」（infused prayer），而非「自修的祈禱」（not acquired prayer）（自傳22標題；靈修見證／*Spiritaual Testimonies* 59・3），並凸顯其為「超性的」（supernatural）、「被動的」（passive），牽涉著「意識的漸次轉變」（gradual altered states of consciousness）；那就是說：

——默觀是「超性的」，即植根於神，直接由神所賜予（城堡4・3・1）；

——默觀是「被動的」，即人力只能預備而無法「揠苗助長」（城堡6・7・7）；

——默觀牽涉著「意識的漸次轉變」（城堡4－7），即普通意識之逐步被吊銷，以讓超性意識的愈發湧現，好能在熱愛神當中獲得超性的智慧光照。

總之，大德蘭與十字若望兩人即使採用不同的辭彙來陳述，到底吻合在同一份意義上，即兩者都以默觀為人神溝通的神祕經驗，而非純粹普通意識狀態下的祈禱。再者，他們還從神祕經驗的前提上，凸顯默觀中的「煉淨」義與「結合」義。

2. 默觀之神祕義，較消極地含括著煉淨義

從較消極的面向上談默觀，大德蘭與十字若望都彰顯了其中的煉淨義。十字若望以《黑夜》做標題，來強調默觀進境上的破執歷程，其中包括感官和心靈方面的主動與被動之夜。

大德蘭撰寫《靈心城堡》，也在各重住所中描繪不同階段的煉淨，尤以第六重住所所凸顯的身心煎熬最為激烈。

總之，兩位聖人都異口同聲地指出：人唯有從徹底的煉淨中始臻至人神結合的化境。

3. 默觀之神祕義，較積極地含括著結合義

從較積極的面向上談默觀，大德蘭與十字若望都彰顯了其中的結合義。他們都以男女相戀的苦樂與進境，來刻劃人神間的邂逅、戀慕、神訂婚、神婚等階段；此等意象正好告訴我

們，默觀之積極目標在乎人神的結合。

綜合地看默觀的神祕義，大德蘭與十字若望都並非純消極地指點出煉淨的幽暗而已，他們尚且在論述中強調煉淨與結合的相輔相成，即人須在煉淨的痛苦中，體證人神間在結合歷程上的邁進。

為兩位聖人而言，煉淨與結合誠然是神祕默觀的一體兩面，在其中，我們可體會到以下的一個核心重點：人與神之間在存有等級上的懸殊；這份懸殊是為「俗」與「聖」、「卑」與「尊」、「不成全」與「成全」、「有限者」與「無限者」之間的天淵之別。人單憑一己之力，是無法高攀至神的圓善，也無法與神圓滿地結合；人需藉由神的協助與提拔，始能破除一總的不成全，如同真金需經受爐火的鍛鍊，始能達至純金一般。神為了讓人獲得靈性上的提升，祂需主動地插手，把人眾多的不成全加以清除與滌淨；如此一來，神不得不忍痛地帶給我們諸多苦難與磨練，讓我們在痛不欲生當中，脫胎換骨，使我們完成純人力所無法達致的徹底煉淨；為此，難怪聖女大德蘭也時而抱怨說：**祢下手得如此重，怪不得祢的朋友如此稀少！**

我們也許會附帶地追問：神既然願意出手相助來煉淨我們，那麼，為何這麼少人在默觀上達到高程度的結合？瑪利尤震（Marie-Eugéne, OCD）曾借助這一問題的帶動，而在大德蘭（自傳11．1）與十字若望（焰2．27）內找到答案，他一語帶過地說：「**大德蘭與十字若望的共同回應是——我們缺乏慷慨**[12]」。言下之意是：神見我們還不能忍受那激烈的煉淨，以致不便隨意傷及我們，以免我們因灰心喪志而裹足不前，為此，我們所需反心自問的是：我們能否慷慨到足以接受激烈的煉苦？我們是否熱切地渴願為愛主愛人的緣故，背負

12. P. Marie-Eugéne, OCD, *I Want to See God: A Practical Synthesis of Carmelite Spirituality,* vol. 1, Trans. by Sr. M. Verda Clare, CSC（Allen, Texas: Christian Classics, a Division of RCL, 1953）, pp.488 － 489.

十字架步隨吾主的芳蹤？聖女佳琳（St. Catherine of Siena）曾在神見中見到主耶穌一手持著花冠，一手持著刺冠來詢問：「妳願意選擇哪一個？」這份抉擇，就連神也尊重我們的選取！

至此，我們可歸納地說，談及大德蘭與十字若望在默觀理論與行實上的一致性，他們在以下的大原則上彼此吻合，即他們都贊同

——默觀維繫著意志與理智的互動

——默觀是人神間愛的知識之發展歷程

——默觀是神祕經驗，含括著煉淨與結合

在上述的大原則上，二聖的理論與實踐都呈現著湛深的和諧，在互相闡發中共同營造出一個貫通的體系。

二聖除了在大原則上彼此吻合外，他們尚且在細節上互相補足。

三、細節上的互補

簡單地說，我們先前從聖十字若望的義理鋪陳上，統攝聖女大德蘭的論點，而讓雙方共呈大原則的吻合。於此，我們也可方便地立基於大德蘭的經驗描述，來配合十字若望的提示，而讓兩者同顯默觀細節上的互補。

較細緻地說，聖十字若望因其士林神哲學訓練的背景，而長於理論分析，可以為我們刻劃出默觀的大原則，而其義理體系有其普遍性，足以統攝聖女大德蘭的心得，而一起呈現默觀大前提的一致與和諧。反之，大德蘭因其個人豐富而湛深的實際經驗，以致精於具體事

例的描繪，可以為我們交代默觀歷程眾階段的細節實況，並從中指點出微差與特徵，也提供相應的建議與教導；即使大德蘭的論著，基本上，是以其個人的經歷為藍本，到底基於「人同此心，心同此理」的緣故，而彰顯出相當程度的一致性，幾乎可以放諸四海皆準，以致可以用來印證十字若望在靈修理論上的提示；當我們立基於大德蘭的修行脈絡，來融貫十字若望論點的指引，則不難發現兩人在默觀靈修教導上不單彼此吻合，而且還共同在踐行的細節上，呈現出互相補足的情況如下。

A. 默觀的前奏——默想

談及靈修的起步，大德蘭和十字若望固然都指出：我們需先以普通經驗的祈禱——默想（meditation），包括心禱、口禱——來做默觀的前奏，甚至在達致默觀後，仍不要全然放棄推理默想，以免因默觀的不持續而浪費時間；然而，比對兩人對「默想」議題的討論，大德蘭交代得較詳盡，而十字若望相對地顯得簡約。

十字若望對默想著墨不多，只一語帶過地以之為引用圖像做思辨推理（山2．12．3），原因是：

其一，他認為這方面的良好論述已汗牛充棟，自己不必多費唇舌，

其二，他所關懷的，主要是如何進入默觀，而非如何滯留於默想，

其三，他標榜破執割捨，超越各過站，包括初學者的默想事功⑬。

相較地，大德蘭則在「默想」的議題上做詳細的教誨，例如：《自傳》11－13的灌溉心

13. 這是 Fr. Gabriel, OCD 所整理出來的理由。Fr. Gabriel, OCD, "St. Teresa of Jesus and St. John of the Cross: A Study in Similarities and Contrasts", *in St. Teresa of Avila: Studies in her Life, Doctrine and Times,* Ed. by Fr. Thomas and Fr. Gabriel,（Westminster: Newman Press, 1963）, p.59.

園第一式、《靈心城堡》第一至第三重住所的靈修建議、《全德之路》27－42的「天主經」闡釋等，比比皆是，而她指導的重點常是：

其一，祈禱在乎與主在愛中會晤，

其二，好的口禱無異於好的心禱，皆止於愛的凝視，

其三，目標不在乎想得多，而在乎愛得多，思辨推理只為炙熱意志以擦出愛火而已。

總之，在「默想」的訓誨上，大德蘭大大地補充了十字若望的不足。

B. 從默想至默觀間的轉捩

繼而，至於靈修者如何從默想轉捩至默觀這一關鍵的時分，大德蘭的交代比較曖昧，不如十字若望的明確。

在《全德之路》中，大德蘭固然提到默禱可單純化而成為「（主動）收心祈禱」（prayer of *active* recollection）（全德28－29），相應著十字若望所指謂的「（自修的）默觀」（*acquired* contemplation）⑭，只不過她並未詳細地提供關於這份轉捩的時機與徵兆。反之，十字若望卻先後在《攀登加爾默羅山》（2・13）與《黑夜》（1・9）兩個地方細緻地討論了人從推理默想轉捩至默觀的三個徵兆。按《山》（2・13）的排列，這三個徵兆是：

其一，對己——對個人的思辨活動感到枯燥

其二，對物——對有形事物之圖像感到乏味

14. 大德蘭《全德之路》（28－29）之「收心祈禱」，有別於《靈心城堡》（4・3・8）所談之「收心祈禱」；前者仍是人力所能及的「自修」（acquired）成果，後者則是須由上主提拔的「灌注」（infused）經驗。為此，我們方便地以前者為「（主動）收心祈禱」（prayer of *active* recollection），以後者為「（灌注）收心祈禱」（prayer of *infused* recollection）。同樣地，十字若望在《山》（2・13）及《夜》（1・9）所談的「默觀」，有別於他在《靈歌》（13－40）和《焰》（4・14－15）所指的「默觀」；前者是火力所能及的自修成果，後者則是仰賴神所給予的灌注經驗。為此，我們也方便地稱前者為「（自修）默觀」（*acquired* contemplation），稱後者為「（灌注）默觀」（*infused* contemplation）。我們並且在此確定大德蘭之「（主動）收心祈禱」等同於十字若望之「（自修）默觀」。

其三，對主——對上主有愛的意會

三個徵兆齊備，人始可放下默想而開始默觀。

至於《夜》（1．9）的排列順序，則以《山》的第一徵兆做為最後一個徵兆，而把《山》的第二、三徵兆所述說的「**對上主有愛的意會**（loving awareness）」（山2．13．4）調整為「**對上主有愛的牽掛**（loving solicitude）」（夜1．9．3）。這樣的微差，至少可引申兩種詮釋：

第一種詮釋是：《山》所指的「對上主有愛的意會」，看來較站在明路立場來體認前進者的安寧——在信任神當中保持愛的嚮慕；而《夜》所指的「對上主有愛的牽掛」，看來較站在煉路立場來描述初學者的疑慮——懷疑自己能有的不忠而招致神的遠離。

第二種詮釋則是：《山》卷二是處在「主動心靈之夜」的脈絡上立論，而《夜》卷一則處於「被動感官之夜」的議題下做探討，看來基本上都是明路的不同向度；況且，在「靈修愈進展則愈被動」的前提下，《夜》的提示未必意謂著靈修階段的初步。

上述兩種詮釋，固然各有其理據可堅持，但如果我們把大德蘭的「（主動）收心祈禱」這論點加進來一併考量的話，我們能有的洞察是：「（主動）收心／（自修）默觀」是一個準備，向著「（灌注）收心／（灌注）默觀」開放的時分，本身是一個灰色地帶，有其模稜兩可的地方可爭議，但「（主動）收心」仍以「自修」成份居多，而「灌注」成份尚未顯著，所以基本上不算是狹義的明路。

然而，無論如何，大德蘭在這焦點上仍有其一定的貢獻。從大德蘭的心得上看，「（主動）收心」的法門在於單純以愛來凝視著心內的吾主，以致自己可不假外求，而只需返回心靈深處即可與神邂逅。這份對心內的主做「愛的專注」深具效果，容易引領人跨越門限，從自修默觀轉捩至灌注默觀。

C. 從自修默觀至灌注默觀的轉捩

人從自修默觀轉捩至灌注默觀時，究竟有何徵兆可被覺知？有關這個問題，聖十字若望並沒有做明確的回應，反而聖女大德蘭卻做出了顯然的交代。

用大德蘭的辭彙，灌注默觀始於「（灌注）收心祈禱」（prayer of *infused* contemplation），屬於「寧靜祈禱」（prayer of quiet）的前哨，其中以「靈悅」（*gustos*／spiritual delights）的經驗做為印記（城堡4．1．4）。按《靈心城堡》第四重住所的闡述，大德蘭在此分辨「欣慰」（*contentos*）與「靈悅」（*gustos*）兩者：「欣慰」（*contentos*）屬一般普通意識狀態下的欣喜，藉由勤習默想修德而獲致，個中感受，有如好友久別重逢那份喜悅；反之，「靈悅」（*gustos*）則藉由神直接灌注給人的感動（城堡4．3．4），在神的帶動下，深被觸動，而感到憩息。起初即使感受微弱，也深入骨髓，其中的細膩，非人力所能複製（城堡4．2．6），它叫人身心振作，甚至連原有的身體不適或頭痛，也因而消失無蹤（城堡4．1．11）；「靈悅」（*gustos*）的出現，還帶給人靈修上的正面效應，如祈禱更深入、更遠離罪惡、更日進於德、更愛主愛人等等，只是人仍有後退可能，不能因此而鬆懈（4．3．8－9）。

反顧十字若望的著作，他並沒有如同大德蘭般做如此明確的說明；其中的原因可能有二：

其一，他可能認為大德蘭已如此地述說過，自已不必重複；

其二，神引領個別的人可用不盡相同的方式來指導，不能一概而論地以大德蘭的經驗來做藍本。

然而，話需說回來，大德蘭所標榜的「靈悅」（*gustos*）經驗，即使雖只是她個人的體證，到底仍有參考價值，藉以印證一己的灌注感受。

D. 灌注默觀的進階

狹義的默觀，固然具備「超性的」（supernatural）、「灌注的」（infused）、「被動的」（passive）特性，到底仍有其由淺入深的進展階段。有關灌注默觀的進階，聖十字若望交代得比較籠統，而聖女大德蘭卻相對地顯得詳盡。

聖十字若望只按照傳統的分法，把靈修歷程分為煉路、明路與合路（靈歌・主題1－2），而沒有指示清楚灌注默觀在明路、合路中的細節。

反之，聖女大德蘭在《靈心城堡》的第四至第七重住所上，把灌注默觀分辨為「半被動」（semi–passive）的「寧靜祈禱」（prayer of quiet），以及「全被動」（passive）的「結合祈禱」（prayer of union），再從「寧靜祈禱」中劃分「灌注收心」（infused recollection）、「寧靜正境」（quiet proper）、「官能睡眠」（sleep of the faculties）的三度漸進深化，也從「結合祈禱」（prayer of union）中辨別「單純結合」（simple union）、「超拔結合」（ecstatic union）、「轉化結合」（transforming union）的三個進程；其中重重演進，層次分明，叫人一覽無遺。

按照十字若望個人的解釋，他之所以在默觀進階劃分上籠統，主要是由於大德蘭論著在先，且已交代詳盡，以致自己不必重覆（靈歌13．7）。然而，在「超拔結合」和「轉化結合」的議題上，二聖都平分秋色地各有其細緻的說明如下。

E. 有關超拔結合——神訂婚

人一旦進入「結合祈禱」，他即在意識的超越轉化中體證到人在神內、神在人內，兩者合而為一（城堡5．1．9）。「結合祈禱」從「單純結合」深化而為「超拔結合」，「超拔結合」意謂著人與神結合當中，其結合的濃烈，影響到肉體而呈現神魂超拔（ecstasy）如容光煥發、五傷印記、肉體騰空等現象（自傳20．1），被大德蘭和十字若望一同稱為「神訂婚」（spiritual betrothal）（城堡5．4．4—5；6．4．4；靈歌14—15；夜2．1），類比男女的山盟海誓。

在「超拔結合」的描述上，大德蘭和十字若望聯合起來有這樣的互補：大德蘭從中分辨「濃烈結合」（intense union）、「出神」（rapture）、「心靈飛越」（flight of the spirit）三種型態（自傳18．7；20．1&3；城堡6．5．1&12），而十字若望還加添了一種，稱之為「骨骼脫節」（dislocation of bones）（靈歌13．4；14—15．18—19）。嚴格地說，此四者並不是本質上的不同，而是表現型態上的差異，以燒紅的鐵做類比，此四者的差別在於：

——「濃烈結合」好比火鐵交融（自傳18・2；20・1&3）

——「出神」好比溶鐵隨火飛舞（自傳18・2；20・3；Spiritual Testimonies 59,. 11）

——「心靈飛越」好比溶鐵往上噴射（自傳18・2；20・3；城堡6・5・9）

——「骨骼脫節」好比溶鐵爆裂，到處散開（靈歌14－15・19）

就本質上的相同而言，大德蘭和十字若望至少都贊同以下的幾個前提：

其一，「超拔結合」在冥合上主方面，比「單純結合」更為湛深濃烈，為此，「神魂超拔」不是神祕經驗的附屬現象，所附屬的只是肉體反應的型態而已（城堡6・4・2；靈歌14－15）；

其二，「超拔結合」寓意著普通官能的暫時被吊銷；神為了保護人的肉身，而讓其普通官能暫時休止，以免因震撼而受損害（城堡6・2・2－4；靈歌14－15・9）；

其三，「超拔結合」雖然濃烈，仍然並非人神結合之最圓滿現象，尚有「轉化結合」——「神婚」（spiritual marriage）做為人神現世結合能有的高峰（城堡5・4・4－5；6・4・4；夜2・1・2；靈歌14－15・30；焰3・24）。

F. 有關轉化結合——神婚

「轉化結合」意謂著人靈經歷徹底的煉淨，適合成為吾主的淨配，而與神達致極度湛深的結合，被稱為「神婚」，類比著男女戀愛成熟，步入紅毯，在愛中結合為一。人靈在徹底的轉化下已臻「神化」（divinization）之境（城堡7．2．5；山3．2．8；靈歌22．3；39．6；焰1．9）；大德蘭以雨水滴入江河為喻（城堡7．2．4），十字若望以明淨玻璃被陽光充滿為比況（山2．5．6－7），來類比其中的究竟。此時，人可不必經受普通官能的吊銷，而能較持續地與神結合（城堡7．3．12；7．1．8；靈歌26．11；35．6；37．6；焰2．34），以致一舉手，一投足之間，無不翕合主旨，做到「從心所欲，不踰矩」（借用《論語》第二為政篇語）

有關「轉化結合——神婚」的論述，聖十字若望尤在《愛的活焰》一書中，以此做為全書的主題；至於聖女大德蘭，她雖然遲至《靈心城堡》的第七重住所始做出交代，而且還只用了四個篇章來談論，然尚且不失其精要，可與十字若望的陳述互相輝映。

總之，二聖不單經歷了同一類默觀，而且還在互相印證下，呈現著細節上的互補，合起來讓我們獲得一個更詳盡的進階劃分。其中的過站細節，可藉下頁圖表示意。

在檢討了聖女大德蘭與聖十字若望所闡述之默觀歷程細節上的互補後，我們可進而反思，此二系統在本質上吻合與細節上互補的情況下，所引申出來的啟發作用。

四、連合中的啟發

有關聖女大德蘭與聖十字若望默觀論所能共同引申的啟發，我們或許可借用一篇武俠小說——梁羽生的《萍踪俠影錄》——的一個情節來類比：一位祖師爺創立了兩套劍法，分別

默觀歷程細節互補	聖女大德蘭	聖十字若望
前奏	口禱／心禱	推理默想 主動感官之夜
從推理默想至自修默觀		三徵兆
自修默觀	（主動）收心祈禱	主動感官之夜 主動心靈之夜 被動感官之夜 被動心靈之夜
從自修默觀至灌注默觀	靈悅出現	
灌注默觀與進階	寧靜祈禱 包括：灌注收心 寧靜正鏡 官能睡眠 單純結合祈禱	
神訂婚	超拔結合祈禱 煉火激烈	出神 被動心靈之夜烈化
神婚	轉化結合祈禱	分享的神化
末世全福		全福神視

傳授給一男一女，他們事先都不知道另一人的招數迥異於自己。這兩套劍法分別是完整的系統，但合起來卻彼此互濟，威力無窮，以致有所謂的「雙劍合璧、天下無敵」……

類比地，神振興了那專注默觀的聖衣會，事先分別訓練了聖女大德蘭和聖十字若望，讓大德蘭富於實際經驗，而十字若望精於理論鋪陳，各自的著述分別是完整的體系，但合起來卻互相闡發，以致讓我們察覺到它們是「一加一大於二」！合觀二聖的理論與實踐，默觀團體的共融意識會昭然若揭，比單獨分述來得明朗。二聖因感召相同，互相切磋，而情通理契，不單帶動了志同道合的會士一起邁進，而且還培植了不少後進繼續勉力。影響所及，豐沛地惠益了整個教會，甚至澤及眾生，共同指向末世圓滿的大團圓。有關「默觀之共融義」，它至少可落實在三個向度來闡述，亦即：A. 團體向度、B. 使徒向度、C. 友誼向度。茲分述如下。

A. 團體向度

默觀有其「團體向度」，因著大德蘭和十字若望的互動與共融而進一步獲得彰顯。他們在分享默觀心得當中、在參與團體祈禱中、在向會士們做靈修指導中，已為默觀活動呈現其團體義的印記；他們身體力行地見證著——個別默觀者的靈修不離團體的支撐。於此，為了較細緻地掌握這團體向度的深義，茲引用三個重點來發揮，它們是：

1. 共修不抹煞獨修
2. 個人在團體中共融
3. 修會向教會開放

茲分述如下。

1. 共修不抹煞獨修

個人靈修固然需要團體的支持，然而，默觀者最終仍需個人獨自邂逅神，團體其他成員只能從旁協助，而不能替代；換言之，共修不抹煞獨修，「祈禱的共融向度並非意指沒有個人的祈禱。」⑮為此，我們聆聽到大德蘭與十字若望的共同訓誨——共融中活出獨修的「曠野」⑯。

大德蘭說：「（加爾默羅修女）不只成為隱修女，也要成為曠野的獨修者。」（全德13．6）「妳們知道我們的至尊天主陛下所教導的，應在獨居中祈禱。」（全德24．4）「為了接近心內的天主，我們必須脫離一切事物。」（全德29．5）

同樣地，十字若望也說：「愛者不被尋獲，除非我獨處，……並在靜獨中。……」他還引用《雅歌》八章1節之言以佐證：「誰會把你給予我，……好讓我單獨尋獲你……並把我的愛融貫於你。」（夜2．14．1）

如果神尚且從人群中辨認出我來，如同主耶穌從人群中辨認出患血漏病的婦人（《瑪竇福音》九章20－22節），及躲在樹上的匝凱（《路加福音》十九章5節），那麼，我就不該把自己隱沒在團體中而忘失自我，相反地，我需在共修中找時間與神獨處，以能一旦「朝徹而後見獨」。（借用莊子〈大宗師〉）臻至「獨與天地精神往來」（借用莊子〈天下篇〉⑰）。另一方面，團體也不該如同一頭怪獸般地，以「整體」（totality）的壓力來扼殺個人的「無限潛力」（infinity）⑱，而需容許個人在團體中茁壯，並在團體中共融。

15. 巴諦思著，台灣加爾默羅隱修會譯，《聖女大德蘭的神恩—加爾默羅隱修會的祖產》（台北：光啟，2000），頁47。

16. 歐瑟亞（Hosea）先知書二章16節：「我要誘導她，我要帶領她進入曠野，與她談心。」參閱《加爾默羅山至聖榮福童貞瑪利亞赤足隱修會會規與會憲》（新竹縣：芎林加爾默羅聖衣會隱修院，2006）頁68－69。

17. 參閱拙作「獨與天地精神往來—與莊子對談神祕經驗知識論」《第三個千禧年哲學的展望—基督宗教與中華文化交談—會議論文集》丁福寧主編，（台北：輔大出版社，2002），頁107－156。

2. 個人在團體中共融

談及個體在團體中共融，《若望壹書》一章3節如此地說：「我們將所見所聞的傳報給你們，為使你們也和我們相通；原來我們同父和祂的子耶穌基督是相通的。」其中的「相通」（*koinonia*）一辭，尤能傳遞出個體在團體中的彼此相愛、相伴、相通，而至共融之義蘊，並可恰當地展現出默觀者在團體中共融的精神。有關「默觀」與「團體共融」的關連，大德蘭與十字若望二聖雖然尚未對此做系統的論述，到底從他們在默觀分享上的榜樣，以及他們對團體的關懷，我們至少可從字裏行間體認出以下的提示。

聖女大德蘭十分在意，修道者個人至少需扣緊兩個角度來與團體連結，以利默觀的進展。

其一，從修道院人數的適度上，考量團體需如何扶持個體在默觀上共同邁進。茲引用巴諦思（Fr. Michelangelo Batiz, OCD）之言做詮譯：

> 人數眾多的團體幾乎不可能保有適度的熱誠，度互相共融的生活，聖德蘭於是決定，必須是小小的團體。……從她寫給弟弟勞倫（Lorenzo）的信中顯然可見：「她們將只有十五位，而且人數絕不該增加」。……這使我們明瞭她腦海中新團體的理想：這個團體必須是以 *koinonia*（相通）做為生活的基本因素。⑲

其二，感念昔日加爾默羅隱士的芳表，以延續修會原初特有的神恩——共修中活出「曠野」。在諸聖相通功（communion of saints）的前提下，大德蘭的團體向度還包括同會前世紀的前輩。借用結構主義的辭彙說：團體有其「共時性角度」（synchronic dimension）與

18. 借用列維納斯《整體與無限》的主題來發揮。參閱 Emmanuel Levinas, *Totality and Infinity: an Essay on Exteriority.* Trans. By Alphonso Lingis（Pittsburgh, Pa. : Dugnesne University Press, 1969）。
19. 巴諦思，《聖女大德蘭的神恩》，頁 37。巴諦思還指出《會憲》中，她對這事有所規定。參閱《會規與會憲 1990》頁 103 － 104。

「貫時性角度」（diachronic dimension）；「共時性」意謂一事物當下與周遭事物的牽連。「貫時性」則意謂著一事物的歷史傳承。修道人的團體，除了在物理形軀上當下與周遭人地事物有所牽連外，尚且在精神上與古聖先賢遙契，以致大德蘭在《全德之路》11．4中叮嚀我們「效法古時聖父們的隱士生活」⑳，而柯文諾（Kavanaugh）對此也替大德蘭詮譯：大德蘭的團體，在加爾默羅會規精神的引導下，聚合而度祈禱生活，並以同會古聖隱士的靜獨與默觀的芳表作感召㉑。

總之，不論是「共時性角度」抑或是「貫時性角度」，大德蘭的理想是一貫的：她體認到默觀者需有團體的支持，共同邁進於德㉒。

如果我們能從大德蘭的言論上聆聽到較積極的說法，則也可相對應地從十字若望的論點中體察到較消極的面向，好讓我們從二聖的互補上對團體生活有一更周延的探討。從積極面向上說，團體是默觀者的支柱；從消極的面向上說，它可以提供不同的障礙來考驗我們對神的忠誠。聖十字若望在《戒慎篇》（*The Precautions*）一文中，曾分別站在「世俗、魔鬼、肉身」三仇的焦點來檢討修道者在團體中所應戒慎的事項㉓：

其一，世俗精神為一好管閒事的精神，當它滲入修會團體內，個人會因好奇心作祟而窺探別人的隱私、搬弄是非、在口舌上傷愛德。為對治此等弊病，十字若望的建言是：勿對團體中人的言行見怪，勿對所見所聞做胡思亂想；即使你活在天使群中，你也不一定理解他們的本性；即使你處在魔鬼行伍，你只需存念於上主；當記取修道團體不缺乏絆腳石，就如同聖者不缺乏魔鬼的干擾一般（戒慎8－9）。

其二，魔鬼的傲慢誠然是謙虛的敵人；為對治其詭計，會士一方面需謙虛地服從長上，

20. 「…… Holy Fathers of the past, those hermits whose lives we aim to imitate ……」（*Way of Perfection* 11．4）。
21. "The Way of Perfection – Introduction", in *The Collected Works of St.Teresa of Avila*. Volum II, p. 26,「這個聚在一起度祈禱生活的婦女團體，也可在加爾默羅會的會規精神中找到支持。古時的隱修士在加爾默羅山上度著嚴厲的獨居和默觀生活，成為鼓舞這個小團體的典範。」（全德．導論）"This community…… come together to live a life of prayer…… in the spirit of the Carmelite rule. The hermits of the past who had spent their days in rugged solitude and contemplation on Mt. Carmel were to be the group's inspiration."
22. 《自傳》7．22，「……在有關事奉天主的事上，那些服事祂的人，這麼地軟弱無力，他們必須互相成為盾牌，好使他們前進……。」

視他為天主的在世代表，另一方面需勉力欣賞同會會士的優點，渴願他們在一切事上優先於自己（戒慎12－13）。

其三，肉身的私欲偏情、好逸惡勞，需被鞭撻；為克勝自我，需視自己如同有待琢磨的雕石，視團體成員為進行雕琢的藝術家，勉力接納他們在思、言、行為上的責難，藉此讓個人在修德上去蕪存菁，達於化境（戒慎15）。

上述的叮嚀，都以「唯主至上」做優先考量，讓團體不至於成為默觀的絆腳石；苟能在上述建言上妥善處理，則絆腳石可轉變成提昇的石階；反之，苟不能在上述事項上戒慎，則無法克勝一切險惡，也難以獲得心靈上的平安。

總之，默觀在其團體面，因大德蘭與十字若望的共同啟發，讓我們更能體會團體生活的共時性與貫時性，以及它的積極面與消極面，致使個人能穩妥地融入修會團體，並向教會大家庭開放。

3. 修會向教會開放

修會團體並非封閉的團體，而是與教會大家庭連結的團體；修會引申自教會，也需以教會基本精神為依歸，只是修會以個別方式來發揚教會神恩，好讓教會大團體顯得更多姿多彩，而大德蘭與十字若望，都直接或間接地從默觀祈禱的前提上，談到與教會的連繫。

大德蘭《全德之路》開宗明義就勸勉同會會士，在默觀祈禱中，尤需為教會之宣道者與學者祈禱（全德1．2），而她眼見當時教會因遭遇各式各樣的衝擊而深表關懷（全德1．5）；借用柯文諾的詮釋：大德蘭雖然並不如同聖佳琳或聖瑪加利大（St. Margaret Mary）

23. *The Collected Works of St. John of the Cross.* Translated by Kieran Kavanaugh & Otilio Rodriguez, with introductions by Kieran Kavanaugh, pp.656 － 661。

一般地直接獲得有關教會的啟示，到底她會因著對信仰的維護，而仰望著教會的興旺，也虛心地聆聽教會和聖經的指引㉔。她是如此地關愛教會，以致在臨終時說：「我是教會的女兒。」意思是我以教會女兒的名義死去㉕。

至於十字若望方面，在其靈修著作中，也多次流露著對教會的關注。他引用《瑪竇福音》十八章20節語——當二、三個人因我的名聚在一起祈禱，我也與你們同在——藉此凸顯祈禱的教會面（山2・22・11）。他列舉不同的例子，如伯多祿（Peter）之受保祿（Paul）的責備（山2・22・14）、壞先知（如巴郎Balaam等）之受信徒團體的指正（山2・22・15），以及個人靈異經驗之受神師（做教會代表）的印證（山2・22・16）等等，來標示人神交往的教會義。此外，他在討論不同的超性經驗，也不忘以教會做為衡量的判準，例如：

——談及梅瑟（Moses）、厄里亞（Eliah）、保祿之享有「理智神見」（intellectual vision），十字若望就強調，神見是以教會做為前提，來給予特恩並委以重任（山2・24・3）；

——談及私人「啟示」（revelation），十字若望就強調，它需以教會的訓誨做為評量的依歸（山2・27・3），他還引述保祿的話：「無論誰，即使是我們，或是從天上降下的一位天使，若給你們宣講的福音，與我們給你們宣講的福音不同，當受詛咒。」（《迦拉達書》一章8節）藉以標榜此主旨；

——談及私人「神諭」（locution），十字若望也強調以教會的訓言做為考量與印證的基礎（山2・29・12）。

總之，十字若望的一貫主張是：個人的超性神恩，需不與慈母教會的教誨相抵觸；它需

24. Kieran Kavanaugh, "The Way of Perfection: Introduction", in *The Collected Works of St.Teresa of Avila, V. II*, p. 20.
25. 《聖女大德蘭臨終行實錄》芎林加爾默羅聖衣會隱修院編譯（新竹縣，芎林：聖衣會隱修院，2005），頁22。巴諦思，《聖女大德蘭的神恩》，頁10，「會母生命存有的深處感到她真的屬於教會。她的全部神修理論反映出這個原則，……她的臨終之言：我以教會女兒的名義逝世……。」

為教會的發展效勞，而不是做教會的絆腳石（山3．31．7）。而大德蘭與十字若望的共同見證是：「每一個祈禱都是教會的祈禱㉖。」每一種祈禱方法，都為教會的共融而設。祈禱有其團體面，開放所及，不單遍及普世教會，而且還指向教外人士，好讓教會的使徒向度（apostolic perspective）——把福音傳到世界各角落——獲得蓬勃發展。

B. 使徒向度

提及默觀的使徒向度，我們或許可借用瑪利尤震神父的一段話語來做為引發討論的動機：

有關使徒的陶成一事，聖女大德蘭很少在著作中提及，而聖十字若望在這方面的論述更是鳳毛麟角。他們所強調的重心反而是在於默觀及其所引發的愛。……這兩位心靈導師在作品上的這一份欠缺，須藉由其生平表現及其宣道熱誠來填補。……「愛」孕育成全的使徒，……也唯有藉內修所引發的熱切愛火始讓使徒事業蓬勃興旺㉗。

字裏行間，這段話可給予我們以下的啟發：

1. 默觀引發宣道的原動力
2. 靈修史見證著默觀與宣道的關聯
3. 二聖在個別行實上所彰顯的默觀精神和使徒熱誠
4. 從二聖的團體意識體證使徒心靈

26. 巴諦思，《聖女大德蘭的神恩》，頁14。
27. P. Marie-Eugéne, OCD, *I Am A Daughter of the Church. A Practical Synthesis of Carmelite Spirituality, V. II.* Trans. By Sr. M. Verda Clare, C.S.C.（Allen, Texas: Christian Classics, A Division of RCL, 1955）, p. 226. 上述中文為筆者的意譯。

5. 缺乏內修之宣道所呈現的無力感

茲把其中能有的思緒闡釋如下：

1. 默觀引發宣道的原動力

為有基督宗教信仰的人而言，凡奉主耶穌基督之名向上主祈求，會獲得神的垂聽（《若望福音》十五章16節）；當個人為福音廣傳的意向祈禱，會在「諸聖相通功」（communion of saints）的前提下，從神方面獲得浩大的力量，讓使徒福傳的功業得以推行。

關於祈禱對福傳所引發的效力，我們可從主基督的行實中得到體會：主耶穌的一生，大多半是在隱居中度過，其三十年的生涯藉潛修默觀而養精蓄銳，為自己最後三年的公開生活做準備；進而在宣道之始，先在曠野齋戒祈禱四十天，做為宣道的前奏（《瑪竇福音》四章1－2節；《路加福音》四章1－3節）；之後，每當祂向群眾宣講福音後，也往往會馬上退隱在幽靜的角落，徹夜祈禱（《瑪爾谷福音》一章35節；《若望福音》六章15節），藉此以身作則，提示宣道者不忘持續地與上主保持聯絡；祈禱與宣道的密切關連，於此可見一斑。做為人而天主的耶穌，祂雖然時時刻刻與天父連結，到底祂願意樹立表樣，給我們指出——宣道的力量出自內修祈禱，而湛深的默觀更能為我們釋放龐大的神能，足以撼動人心歸向上主。

從「祈禱做為福傳的原動力」這前提體會默觀，則大德蘭與十字若望二聖都共同見證著默觀之為湛深的祈禱，在神能的灌注下，綻放出湛深的愛與知識。其所發顯的「愛」，一方面足以炙熱宣道者的心火，另一方面足以感化聽眾，讓他們從鐵石心腸中轉化為血肉之心。

而默觀所孕育的「知識」，也足以讓宣道者道破上天的奧祕，讓冷淡者警醒，讓迷失者回心轉意，讓外道者皈依聖道。

大德蘭指出：**默觀的深度與愛鄰人的深度成正比例**（城堡5．3．7－8），默觀以愛做為試金石，當人愈在默觀中深密地結合上主，他愈會更深入地愛著鄰人，愈渴願他們藉聆聽福音而得救，愈渴望見到他們同歸於神的羊棧（城堡5．2．7；5．3．7－12；自傳19．3）。此外，大德蘭也曾多次以曼德和瑪麗（Martha & Mary）的主題為喻，以暗示默觀與使徒事功間的張力和融貫（全德31．5；自傳17．4；城堡7．1．10；7．4．12）。凡此種種，她只欲藉此表達：「**加爾默羅會的祈禱是使徒的祈禱——繼續基督的救世使命。……德蘭修會的默觀生活是走向天主，代表全人類而行動，經常……和天主的旨意結合，使天主經由我們拯救世人。**」㉘而西方靈修史也正好見證著默觀祈禱與宣道使命的關連。

2. 靈修史見證著默觀與宣道的關連

當我們放眼至整個西方靈修發展史，來看默觀與福傳，我們看到了這樣的一個演繹的全景：

在教會的初期，信徒們在充滿聖神的感召下，都熱衷於使徒精神，為拓展地上的神國而努力宣道，且不因迫害與教難而終止。

其後，當教會略具規模之際，部分信徒有感於基督化生活，可因沾染世俗精神，而陷於被塵世同化的危機；為此，有部分信眾遠離城鄉，轉往曠野中隱居獨修，藉此專務默觀，以

28. 巴諦思，《聖女大德蘭的神恩》，頁 152 － 153。

保持與神的深密會晤。他們並非為避世而避世，而在乎保持基督化聖愛的熱誠，為使徒事業祈禱，以給世界點燃愛火。

然而，曠野獨修到底仍需要團體的支持，於是獨修者傾向於聚合互動、守望相助，而隱修團體遂應運而生，志同道合之士可在團體中互相扶持、共同邁進，在隱修的團體生活中，仍念念不忘為使徒功業的廣揚而祝禱。

再而，環境變遷，教會因了實際宣教的需要，遂有顯修團體修會的問世。顯修修會像方濟會、道明會等如雨後春筍般地湧現。耶穌會、贖主會等也相繼產生。顯修的特質在於度一混合生活，祈禱與宣教並重，即一方面保持曠野的內修精神，另一方面卻活躍地在塵世間努力奔跑，以拓展神的國度。顯修團體在主動地入世進行傳教事業當中，仍不忘明定個人的默禱、省察、退省、共禱時間，以讓傳教士在致力宣道中，仍保持與神密切的聯繫。在此，我們瞥見了一事實：神修人入世愈深，則其默禱神功就安排得愈嚴謹，藉此讓我們體會獨修、共修、隱修、顯修、使徒精神等因素的彼此牽連與融貫。換言之，我們需要單獨與主相會的時刻，也需獲得團體的支撐，並把愛傳開去，將天國喜訊與普世分享，以致獨修的深度，不與宣道的熱誠相左，反而相輔相成。

時至今日，我們尚且見到瑪利尤震神父所創立的「生命之母會」，該團體以聖衣會的曠野精神來配合主動的使徒事功；成員們除了致力於默觀外，仍不忘為福傳而奔跑，也在活躍的宣道中，不忘用長時間做退省。這樣的演繹正好向我們指出：顯修並不與隱修衝突，而可彼此融貫。慈母教會一併栽培與鼓勵各式各樣的修道聖召。它們都共同見證著神國的多姿多彩，在「諸聖相通功」的前提下，一起展望著同一份「爾國臨格」之理想的實現。

3. 二聖在個別行實上所彰顯的默觀精神和使徒熱誠

當我們從靈修史的背景中，聚焦至大德蘭與十字若望二聖所改革的聖衣會，我們尚且體會到這樣的一件事實：在大德蘭與十字若望的年代裡，顯修修會早已出現，大德蘭的好友當中，不缺乏方濟會士、道明會士、耶穌會士，然而，大德蘭卻受到上主的感召，改革聖衣會，使之回復昔日隱修的嚴規，延續古聖先賢對默觀之專務。此外，十字若望與大德蘭相遇之前，尚且有志轉往加杜仙修會（Carthusian）過隱修生活。這一切都向我們提示：神願意顯修與隱修並存，祂需要隱修聖召的繼續存在，以向世人見證默觀生活的重要性。可是，話需說回來，如果我們因大德蘭與十字若望之已臻至默觀高峰，而只把他們列為默觀者行列的話，我們恐怕忽略了事實上，他們同時也過著極為活躍的生活，不單東奔西跑地改革修會，也不斷地從事靈修指導，從中散發著一份使徒的熱誠：

——大德蘭在教誨同會會士默觀之途當中，仍不忘關心美洲傳教事宜㉙；她也曾說過：「**靈魂一方面嫉妒曠野的默觀者，另一方面嫉妒遠方的傳教士**」（城堡6・6・3）。

——至於十字若望，為他立傳的人如此地見證：「**他的神修生活包含全部完整的因素：默觀、團體生活、教導、操作、獨居和展望遠方傳教。**」㉚

總之，即使從他們的作品中，我們不容易窺探其宣道的熱誠，至少可從他們的行實裡，體會出默觀精神與使徒精神的配合。

4. 從二聖的團體意識體證使徒心靈

29. 同上，頁47。
30. Frederico Ruiz, OCD 著，台灣加爾默羅隱修會譯，《聖十字若望的生平與教導》（台北：上智，2000年）頁2。

二聖既致力於默觀，又熱衷於宣道的當兒，共同開出一個既重祈禱內修，又重傳教使命的修會團體，表現在他們一起改革的聖衣會內。身為該會的會父母，一方面為本會團體保留了先賢之默觀與使徒兼具的印證㉛，另一方面也感召了今後同會會士為傳教士代禱的熱切。有關此點，我們可借用聖女小德蘭（St. Thérèse de Lisieux, OCD）的生平行實為例：

聖女小德蘭為聖衣會修女，在陶成上深受大德蘭及十字若望的訓誨所雕琢。她在修會中只活到二十四歲即離世。她足不出戶，卻念念不忘熱切為傳教事業祈禱，終於被冊封為聖女，並與走遍半個地球的耶穌會宣道士聖方濟沙勿略（St. Francis Xavier, S.J.），同被尊奉為傳教區主保。小德蘭的臨終遺言是：「**我願在天堂上耗盡時光幫助世人，沛降玫瑰花雨和恩寵給世人。……在教會的心中，我的聖召是愛。**」㉜為此，巴諦思詮釋道：「**聖女小德蘭圓滿地活出她的加爾默羅會聖召，她因此而成為一個傳教士，她成為愛**㉝。」誠然，教會所認可的各種修道形式都是「默觀」與「宣道」互通，只是調配方式不同，而各在其崗位上取得均衡而已。

總之，默觀不與使徒使命相左，相反地，使徒的熱誠與力量來自默觀祈禱，這是大德蘭與十字若望二聖藉其所改革的聖衣會團體所透顯的訊息，而聖女小德蘭的行實是這份訊息的具體落實。

5. 缺乏內修之宣道所呈現的無力感

或許從一個較消極的面向，我們可述說同一份真理：凡缺乏祈禱內修的傳道工作，其所呈現的無力感是如何地沉重！

31. 「the new life they（the Carmelite）undertook in keeping the Primitive Rule was predominantly contemplative, but the active apostolate was by no means absent.」Kieran Kavanaugh, "General Introduction" in *The Collected Works of St. John of the Cross,* p. 19.
32. 巴諦思，《聖女大德蘭的神恩》，頁 153。
33. 同上。

於此，茲借用人類學家兼巫師的卡斯塔尼達（Carlos Castaneda，一九二五－一九九八）陳述的一段經歷來做討論的開端：卡氏因人類學田野研究的緣故，邂逅印第安人巫師唐望（Don Juan），並在他的門下接受修行訓練。有一天，作家Sam Keen探訪卡氏而追問：「**個人修行固然可引致自我生命的轉化，但不一定給社會帶來福利，為此，個人修行與改造世界兩者如何協調？**」卡氏在回應中引述了這樣的一段經歷㉞：

卡氏曾與其師唐望在路過Tucson時，遇到有人以「環保及反越戰」為題，向廣大的群眾演講；其中有位講者，他那邊講邊抽菸的模樣，唐望看在眼裡有感而發地說：「**如果他連自己的身體都這樣戕害，我怎能想像他會真正關心別人的身心！**」言下之意是：當個人缺乏內修深度，他怎有力量去感化他人，造福社會？

類比地，我們可把話題轉向宣道工作一事；一個缺乏祈禱內修的傳教士，他哪裏還有心火去勸化他人，聖化世界！當人不藉著祈禱來與神連接，他哪裏有能力去專務轉化世界的工程。《瑪竇福音》五章13節說：「**你們是地上的鹽，鹽若失了味，可用什麼使它再鹹呢？**」《若望福音》十五章5節又說：「**我是葡萄樹，你們是枝條；那住在我內，我也住在他內的，他就結許多的果實，因為離了我，你們什麼也不能做。**」凡不藉祈禱內修而從上主內取得力量者，則無力從事宣道。

我們可再拿聖安道（St. Anthony of Padua，一一九五－一二三一）的行實做例證：聖人平日專務祈禱而默默無聞，但在一次晉鐸禮儀中，由於團體中沒有人事先準備好講道，聖人遂臨時受命而站上講台，誰知不鳴則已，一鳴驚人，聽眾都因他的話語而深受感動。聖人平日藉由祈禱而與上主深密結合，以致能在講道中釋放龐大的勸化力量，讓人舉心向上。究其

34. Sam Keen, "Sorcerer's Apprentice" in *Seeing Castaneda,* ed. by D.C. Noel（New York: Putnam's Son, 1976）p. 92.

實，在聖人的同伴當中，其中並不缺乏有學問、有口才之士，他們所缺乏的只是聖安道的聖德，以致沒有心火與勇氣去宣講福音。聖安道的表樣為他們可說是當頭棒喝。

退一步說，並不是每一個人都實際地有機會去遠方傳教，或因宣道而致命，但每一個人都可以在自己的崗位上，修行默觀祈禱、與主晤談，從中獲取浩大的勸化力量，在諸聖相通功的前提下，熱心地為傳教事業祈禱，讓宣道士的事功得以承行。因為，一位宣道者的成功，除了與他個人的修為有著密切的關係外，其他人的代禱也功不可沒；我們不能因隱修者的足不出戶，而抹煞其幕後的精神援助，聖女小德蘭就是一個有力的例子。

在先後凸顯了默觀的團體面向與使徒面向後，我們尚能在聖女大德蘭與聖十字若望的默觀共修中瞥見其中友誼的向度。

C. 友誼向度

聖女大德蘭在《自傳》（7．20）中說：「為此，我勸告那些修行祈禱的人，至少在開始時，要結交朋友，和其他有相同興趣的人交往。……一個靈魂單獨地處在這麼多的危險當中，這是個大不幸……。」聖女的意思是：默觀是一項艱巨的任務，它更需要友誼的支持；而大德蘭與十字若望之間的交往，正好見證了這一事實。

1. 默觀與友誼

大德蘭和十字若望不曾給我們留下任何彼此間的書信往來，十字若望甚至在死前數小時，還吩咐在旁的修士，把大德蘭寫給他的信全都燒掉㉟；然而，這並不妨礙我們肯定二聖間深厚的友誼，也不妨礙我們得悉他們在切磋默觀上的共通與互補。他們的表樣顯示：默觀有其友誼向度值得我們重視，我們可從默觀的前提下聆聽二聖對靈性友誼的看法。

2. 二聖在默觀前提下對靈性友誼的提示

聖十字若望在《黑夜》（1・4・7）談論「破七罪宗」之「迷色」上指出，純靈性友誼能增進人對神的愛，並促使雙方在靈性面上共同成長發展，他如此地說：

> 有的人在精神上對某些人會有情意好感，但這往往源自色欲，而非來自靈性。這個色欲的根源可以辨識出來，即如果在回想起這份情感時，對天主的記憶和愛沒有增加，反而得到良心的內疚。如果這情感增加，天主的愛也隨之增加，或如果回想起天主的愛，和回想這個情感一樣多，或如果這情感使靈魂渴望天主，一方的愛增加，另一方也增加，那麼，這個情感是純靈性的。……可是，當這個愛來自我所說的感官的罪時，則有相反的效果，因為一方增加，另一方就會減少，而且記憶也減少。

值得一提的是：這段文字使聖女小德蘭深受感動，而把原文抄錄，夾在她的彌撒經本中，以供勵志㊱。

此外聖女大德蘭對靈性友誼這議題也有著細緻的論述。她在《全德之路》一書（第四、六、七及九章）中，肯定純靈性友誼對靈修的助力，並把友誼分成三類：即 a）「感性的」（sensual）、b）「感性與靈性並存的」（spiritual—sensual）、c）「靈性的」（spiritual）：

35. 巴諦思，《聖女大德蘭的神恩》，頁 55 － 56。
36. Marie-Eugéne, *I Am A Daughter of the Church,* p. 266.

a）感性的友誼

感性的友誼指牽涉著感性需求的交往，可導致合法的婚姻生活，但為發貞潔願的修道人而言，並不恰當（全德7・2）。

b）靈性與感性並存的友誼

人在踏上神修的歷程而尚未臻至成全以前，我們一方面以成全的愛做為最高理想，另一方面則尚且不得不依賴感性事物做為進階的踏腳石。為此，尚在靈修旅途當中的人，他們所邂逅的良朋好友，多半是屬於「靈性與感性並存」的友誼（全德4・12），好比親人間的情誼一般，其中的靈性友愛尚且與本性的同理心糾纏不清；固然它可對靈修產生鼓勵作用，到底我們需與志同道合之士為伍，互相扶持，只是其中仍免不了潛在的危機；我們需戒慎，並求主助祐，使之更純全，否則可後退為純感性的友誼，甚至結黨營私而排斥他人（全德4）。

這份危機甚至可能出現在個人與神師之間的互動上，為此，大德蘭的建議是：做長上的需容許其團體成員在接受神修指導上，不侷限在一個神師身上（全德5・4），神修人可另外請教一位既靈性又有學問的導師（全德5・4）。若間於靈修與學問之間，二者不可兼得，則可退而聆聽有學問之士（全德4・14；5・2），以獲取明智的引導，而不致陷於昏蔽。總之，在靈性與感性並存的友誼上，大德蘭的簡潔建言是：**戒慎地面對它**（全德7・7），**對上主及長上坦誠而服從指導**（全德7・7），勉力以愛主做為第一優先，並以純靈性的友誼做最高的理想。

c）靈性的友誼

大德蘭勸勉我們，要以純靈性的友愛做為最高的理想，其中以主耶穌基督的表樣做為效法的最高典範，她說：「**寶貴的愛啊！這愛效法的是愛情的統帥——耶穌，我們的至善！**」（全德6．9）

言下之意：主耶穌推心置腹，毫無保留地愛了祂的友人，並「愛他們到底」（《若望福音》十三章1節）。誠然，「**人若為自己的朋友捨掉性命，再沒有比這更大的愛情了。**」（《若望福音》十五章13節）主耶穌所愛的友人，包括男、女、老、幼；祂愛那位被稱為「主所愛的門徒」——若望，甚至讓若望斜倚在懷裏，追問祂，是誰將要出賣祂（《若望福音》十三章21－25節）；祂愛瑪麗，甚至親自到伯達尼家庭內，讓瑪麗坐在祂跟前聆聽教益（《路加福音》十章38－42節）；在親人當中，祂對母親尤敬愛有加，甚至只為了她的一句「沒有酒了」，提前顯了祂的第一個奇蹟（《若望福音》二章1－12節）；祂以我們為友（《若望福音》十五章15節），愛了我們每一個人，祂不單為我們捨棄生命，死在十字架上，讓我們獲得救贖，祂尚且在臨死前，讓聖母瑪利亞做了我們的母親（《若望福音》十九章26－27節），好使我們今後不再是孤兒（《若望福音》十四章18節），而有基督做為好友，有聖父做父神，有聖神做伴，也有聖母做母親。祂甚至這樣地回應聖女佳琳的一句問話：「**如果世上只有妳一人得救，我也會只為妳一人而受盡所有的苦難，並被釘在十字架上。**」可見祂並不是只空泛地愛一群人類而已，而是個別地愛了我們每一個人，以致個別地為愛我個人而捨生致命。

以主耶穌做榜樣，我們可從消極與積極兩面，來體會純全的靈性友愛：

從消極面看：靈性友愛意謂著為顧全被愛者的自由，而將自己置生死於度外，如同耶穌面對捉拿祂的人時，說：「你們既然找我，就讓這些人（如：我的友人）去吧！」（《若望福音》十八章8節）

從積極面看：愛者在不惜犧牲自己中，只希望對方獲得救贖、造就、提昇，以致超凡入聖；福音中的各主題如「亡羊」、「失錢」、「浪子」等比喻（《路加福音》十三章1－32節）、罪婦的皈化（《路加福音》七章36－50節）、罪婦的赦免（《若望福音》八章3－11節），甚而，撒瑪黎雅婦人與主的邂逅等，都在在地指向吾主「燃燒自己、照亮別人」的大愛。

凡「遵主聖範」而達致「神化的聖者」，其所發顯的靈性友愛，也相應地有著以下的特點，這些是大德蘭歸納出來的：

其一，**以唯主至上做為友愛的先決條件**——一個能以純全靈性之愛去愛其友人者，必然以愛天主在萬之上做為愛人的基礎（全德6．4－9；7．4）；他在深深地愛著「受造個體」的當兒，會自然而然地舉心歸向「造物主」（全德6．4）；他在被愛的愉悅當中，也不忘把所獲得的愛奉獻給上主，並且懇請上主回報對方所給予的愛。總之，屬靈的愛者懂得「唯主至上」的分寸，而不會停滯於人間的愛，以致忘卻了吾主（全德6．4）。

其二，**屬靈友愛中之愛主與愛人不彼此排拒**——在純靈性友愛的前提下，愛主與愛人的尺度成正比例，愈能深入地愛神的人，會愈深湛地愛其友人，大德蘭並以愛人的深淺，做為愛主的試金石（城堡5．3．7－12；自傳19．3）。換言之，能以愛主為第一優先的愛者，就能在主內愛一個「你」，也能在「你」內愛上主。

其三，**愛更在乎施予並渴願對方提昇**——大德蘭分別從消極面與積極面透露其對屬靈友愛的體認：

從較消極面上言，屬靈之愛的目標不在乎從「你」身上獲得好處以安慰「我」，否則這會把愛貶抑為「欲」[37]；相反地，愛是珍惜被愛者那獨一無二的個體本身，並鞠躬盡瘁地為所愛的人盡心奉獻，即愛更在於施予而不計較獲取[38]。

從較積極面上言，愛是一份祝福，渴願「你」獲得造就而致生命提昇，在品德上更聖化、更肖似上主。大德蘭在《全德之路》（6．8－9；7．1）一書中，如此地描述：

> 愛者會因著被愛者的後退而傷感，
> 會因著被愛者的進步而喜悅[39]；

「我」會因著「你」的後退而傷感，因為在「道不同，不相為謀」的前提下，我害怕「天國」與「地獄」的殊途，而阻隔了我們間的團聚[40]；

「我」會因著「你」的進步而喜悅，因為我們可共同邁進於德，終至於在至聖聖三內彼此合而為一[41]。

其四，**靈性的愛不排斥感性，但接受理性的誘導**——再者，大德蘭體會到純潔的靈性友愛，並不意謂著對人性的感情麻木，相反地，靈性的愛並不排斥感性面向，我固然欣賞「你」的美貌丰采，我會陶醉在你的接受愛與還愛，我也會在愛中充滿著感情上的喜悅與

37. *The Way of Perfection*, in *The Collected Works of St.Teresa of Avila.* Volum II, pp.23 — 64：「這裡要注意的是：當我們渴望獲愛於某人時，總是或多或少在尋求我們自己的利益或滿足，然而，這些成全的人已將世俗能給的一切美好安適踐踏在腳底，即便或說他們也渴求慰藉，他們不能忍受遠離天主，或不談論天主。」（全德6·6）

38. *The Way of Perfection*, in *The Collected Works of St.Teresa of Avila.* Volum II, p. 64：「我卻說他們確實在愛，且愛得更多，更純真，更熱烈，更有益於人，總之，這才是愛。這些靈魂往往是施予比領受多。」（全德6．7）

哀愁（全德6・7－8），只不過我會從你的外表中注視你那獨一無二的心靈，也會從你的心靈深處捕捉到天主的臨在㊷；況且，在發乎情的當兒，我的理性會隨即意會你所面對的苦樂，也警醒其中能有的考驗，而讓我懂得舉心向上，為你轉禱（全德7・3），並以神做為愛的最終目標㊸。

其五，**愛個別的個體而不至退化為私交**——在友愛的前提下，大德蘭提及「私交」（particular friendship）這回事（全德4・6；7・8）。對大德蘭而言，愛「個別」（particular）的個體，並不等同於「私交」。純淨健全而屬靈地愛著個別的個體，並不排斥愛者去愛其他鄰人，反而讓愛傳開去，擴及更大的圈子。反之，「私交」意謂著少數人封閉在狹窄的圈子內，不能開放至團體的其他成員，甚至結黨營私，在言行上傷愛德，這是大德蘭所忌諱的。為此，她規劃每一會院的人數不超過十三人（全德4・7），以免團體過於龐大，而無法顧及所有成員的密切往還，互相扶持。

總括來說，大德蘭勉勵我們，往最純淨的靈性友愛這理想發展，並有感地說：「**能被純靈性的聖者所愛是多麼幸福的一回事**」（全德7・4）。它能讓被愛者因而獲得靈性上的造就與提昇，就如同妓女阿多莎（Adonza）被唐・吉訶德（Don Quixote）所珍愛，而提昇為聖潔的杜莘妮兒（Dulcinea）一般。誠然，歷史上不乏成功的靈性友愛，而大德蘭與十字若望間的情誼，促使他們在默觀上雙雙邁進，並讓我們從他們的著作與行實中獲得教益。

至此，我們必須一再強調，如果單獨地閱讀大德蘭或十字若望的作品，雖然我們可以個別地窺探到默觀中的團體面、使徒面及友誼面（只是它們較容易被讀者所忽略），但若把二聖的著作合併起來觀看，加上兩者在靈修言行上的互補，他們會共同地更明顯透露出默觀修

39. *The Way of Perfection*, in *The Collected Works of St.Teresa of Avila.* Volum II, p. 65：「除非看見那人有所進步，否則不會滿意。然而，如果見到那人進步後，卻又後退，則使他感到生命毫無樂趣。」（全德7・1）

40. *The Way of Perfection*, in *The Collected Works of St.Teresa of Avila.* Volum II, p. 65：「他們明白，自己並非和另一人合一的，而二人繼續彼此相愛是不可能的事。因為當生命告終時，如果另一方沒有遵守天主的誡命，這愛必會隨之結束，他們也明白，如果另一方不愛天主，二人必會走向不同的結局。」（全德6・8）

41. *The Way of Perfection*, in *The Collected Works of St.Teresa of Avila.* Volum II, p. 66：「如我所說的，這是全然無私的愛，他的全部渴望和切盼是看見那靈魂有豐盈的天上福祐。」（全德7・1）在此值得一提的是：大德蘭對靈性愛的湛深反思，基本上相應了當代存在現象學家們如 Marcel、Scheler、Robert Johann 等哲人對「愛」的看法，參閱拙作《愛、恨、與死亡——一個現代哲學的探索》（台北：商務，1997）頁 40 － 41, 212 － 219。

行所蘊含的「兼善天下」之宏願，而不只止於「獨善己身」的方隅而已。為此，二聖的共同見證尤其珍貴，值得我們再三體會。

先後談論二聖默觀論的吻合、互補與啟發後，所剩下來的項目是：這兩套理論在相融中的差別。

五、相融中的差別

大德蘭與十字若望雖然在默觀理論與實踐上相融而互補，到底他們是兩個個體在體認默觀，會因個別不同的因素而呈現差別；就如同十字若望所說：「**凡所領受的全是按照領受者的模式而領受。**」（夜1・4・2）言下之意是：默觀即使只有一類——亦即皆是神愛與知識的灌注，到底神不抹煞領受者個體的特質來賦予其恩寵，以致不同的默觀者因個別的狀況不同——包括先天的氣質與後天的培育等差別——而在兌現默觀上呈現微妙的特色，我們可從下列的細則上體會大德蘭與十字若望間的迥異。

A. 默觀歷程分段上的微差

二聖在各階段的分際上，各自有其看法。我們可從以下的追問中得悉其中的張力：

1. 默觀何時開始？

42. *The Way of Perfection*, in *The Collected Works of St.Teresa of Avila.* Volum II, p. 64：「確實，人們愛眼所見，迷耳所聞，但是，他們所見的是恆久的事物。如果這些人愛，他們會超越肉軀形體，把眼睛注視在靈魂上，看靈魂內有何堪愛處……他們清楚知道，如果它不是深愛天主，且有天主的福祐，這是不可能的。」（全德6・8）
43. *The Way of Perfection*, in *The Collected Works of St.Teresa of Avila.* Volum II, p. 66：「雖然本性的軟弱立刻有所感受，理智隨即思量，這些試煉是否對所愛之靈魂有所助益，是否增進其德行，靈魂又是如何接受考驗；他祈求天主，使所愛的人能在各樣試煉中，忍耐並立功勞。」（全德7・3）

為十字若望言：默觀始於「自修默觀」（*aquired* contemplation）

為大德蘭言：默觀始於「灌注收心」（*infused* recollection）

十字若望指出：人需接觸到「三徵兆」（山2．13；夜1．9）始可進入「默觀」。此時，人可主動地停留在「愛的專注」（loving attention）中；這仍然是純「自修」的時分，但為十字若望而言，它已是默觀的開始。專家們稱此時分為「自修默觀」㊹，相當於大德蘭所謂的「主動收心」。

反之，大德蘭以「灌注收心」為正式進入默觀之時段（城堡4．1）對她而言，「默觀」意謂著「灌注的祈禱」，它需含有灌注的成份——即由神主動賜予，而人無法助長。

2. 合路何時開始？

為大德蘭言：合路始於「單純結合」（simple union）

為十字若望言：需至「神化」（divinization）始算合路

大德蘭談「結合祈禱」，以「單純結合」開始（自傳18．3；城堡5．1．9），歷經「超拔結合」，而達致「轉化結合」，其中雖然程度有分深淺，到底都被歸納在「結合祈禱」的名目下（城堡5－7）。顧名思義，合路意謂著始於「單純結合」，至「轉化結合」而達高潮。「轉化結合」相當於十字若望所指的「神化」。

反之，對十字若望而言，即使「神訂婚」（spiritual betrothal）的「出神」（rapture）現象，意謂著「超拔結合」的指標，到底也只被列入明路的高階（靈歌13－15；夜2．1）。如此看來，十字若望所指的合路，要遲至「神化」狀態的出現，才算處於合路的正境（山

44. 參閱 Giovanni Battista Scaramelli, S.J.（1687-1752）, *A Handbook of Mystical Theology.* Trans. by D.H.S. Nicholson（Berwick, Maine: Ibis Press, 2005）, pp. 3-4.

3・2・8；靈歌22・3；26・4；39・6；焰1・9；3・79）。

3. 明路起訖於何時？

為十字若望言：明路起於「自修默觀」（*aquired* contemplation）訖於「神訂婚」（spiritual betrothal）

為大德蘭言：明路起於「灌注收心」（*infused* recollection）訖於「官能睡眠」（sleep of the faculties）

十字若望談「三徵兆」（山2・13；夜1・9），是分別在「主動心靈之夜」[45]及「被動感官之夜」[46]二時分上，討論進入「自修默觀」的時機；此二時分已超出了純煉路的「主動感官之夜」的階段[47]，即使十字若望沒有絕對明確指出明路在什麼時候開始，到底從其思維脈絡上推斷，他至少暗示明路應開始於人響應「三徵兆」的提點，而進入「自修默觀」的這個時候。至於明路終止的時分，按十字若望的交代，人需至「神化」階段，才算進入合路，就連「神訂婚」的「出神」狀態，也只算是明路的高階現象（靈歌13－15；夜2・1）。為此，對十字若望而言，明路起於「自修默觀」而訖於「神訂婚」。

反之，大德蘭的看法是：人需進入「灌注收心」時，才不再是純粹的「初學者」[48]。換言之，人需在正式進入「灌注默觀」的階段，才算進入明路。為此，對大德蘭而言，明路主要是「寧靜祈禱」的三階段（城堡4），包括「灌注收心」、「寧靜正境」、「官能睡眠」。

有關二聖在默觀階段分際上之差異，我們可方便地引用下頁的圖表來呈現其中的張力：

45. 這是《山》卷二、三的主題。
46. 這是《黑夜》第一卷的主題。
47. 專家們如 Trueman Dicken 把十字若望的「主動感官之夜」看成為主要是煉路的階段，而其他階段如「被動感官之夜」、「主動心靈之夜」則屬明路及以後的處境。Cf. E.W. Trueman Dicken, *The Crucible of Love: A Study of the Mysticism of St. Teresa of Jesus and St. John of the Cross*（New York: Sheed & Ward, 1963）, p. 480。
48. Trueman Dick*en, Crucible,* p. 196 詮釋「初學者」階段為《靈心城堡》之「第一」至「第三重住所」。

我們可藉此質疑：上述的差別會不會釀成彼此間理論與實踐上的矛盾？我們會如此地回應：二聖對默觀階段的分際固然意見不一，但看來那只是小差距而已，並不影響大方向的融和。誠然階段與階段間的分辨本身就有其模稜兩可的地方，這並不值得我們去斤斤計較，甚至大德蘭在不同的作品中，也各自呈現歷程分段上的若干張力，連她自己都不太在意其中的參差不齊，也叫我們不必為此而煩惱，不如讓我們轉而考量二聖對「神化」境界的象徵說法。

B. 神化象徵說法上的微差

「神化」的內在狀況該如何象徵？
十字若望以神化結合類比著玻璃被陽光充滿
大德蘭則以神化結合類比著雨水之滴進江河

從本質義上說，二聖都異口同聲地指出：「神化」（divinization）意謂著人靈徹底地被神所充滿，人經歷深度煉淨後，藉分享神，而致生命脫胎換骨地轉化（城堡7．1．3；焰1．9），「與神結合，與祂成為一神」（《格

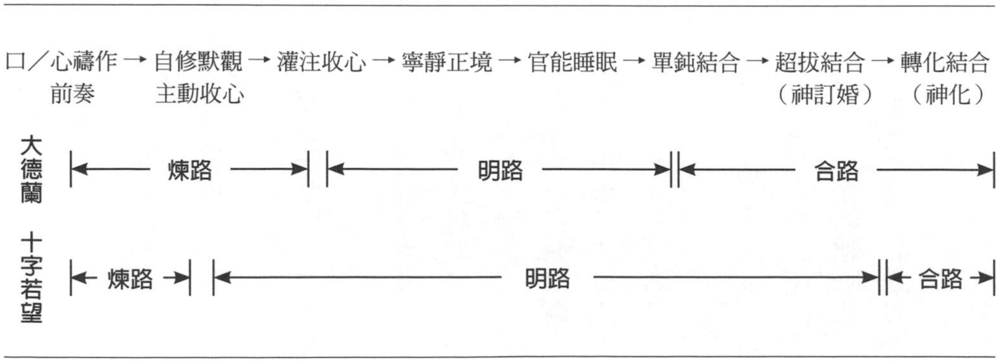

林多前書》六章17節），以致我生活，不再是我活著，而是主基督生活在我們內（《迦拉達書》二章20節）。

然而，在採用象徵說法上，二聖分別用以下的意象來示意：

十字若望以神化結合，類比著潔淨無瑕的玻璃被陽光所充滿；玻璃在被太陽的光與熱所徹底滲透中，仍保有其個體存在（山2・5・6－7）。

反之，大德蘭則以神化結合類比著雨水之滴進江河，與河水合成一體，再分不出彼此（城堡7・2・4）。

借用齊那（R.C. Zaehner）的分類[49]，聖十字若望的象徵說法是典型的「有神論」（theistic）神祕主義的描繪——人神「結合」（union）而不抹煞人的個體存有；反之，聖女大德蘭的意象陳述則較接近「一元論」（monistic）神祕主義的刻劃——人的小我匯入存有大我中而與之同化，是為「合一」（unity），在「合一」中，人個體如同雨水般消失在浩瀚的絕對本體內，而消溶淨盡。

於此，我們的推斷是：單就大德蘭的「雨水融入河水而化作一體」比喻，它固然具有一元論的色彩，但我們不應因此而斷章取義地說，大德蘭是一元論者[50]；到底，象徵類比需連同整體義理架構脈絡來衡量。顯然地，大德蘭屬於有神論者神祕學的行伍，她的比喻也需被套在有神論的前提來評估。在有神論的體證下，人神的融通是互相「結合」（union），而不抹煞人的個體，只是人充分地被神充滿而超越了彼我的對立而已。在這大前提上，大德蘭的比喻只意謂著神對人心靈的徹底滲透，以及人在神內獲致神化，而不寓意著個我的泯滅。因此，在「神化」境界上的體證，兩位聖者是在見證著同一事實，我們不應因類比上的差異，

49. R. C. Zaehner, *Mysticism: Sacred and Profane — An Inquiry into some Varieties of Praeternatural Experience*（London: Oxford University Press, reprinted 1978）, ch. VIII: Monism Versus Theism, pp.153 — 174; ch. IX: Theism Versus Monism, pp.175 — 197.

50. 一元論者在標榜絕對存有中，並不凸顯其靈性位格面；反之，有神論者則以一有靈性位格意識的神做為萬有的最後宗向。

而扭曲其中的吻合與和諧。

總之，站在理論、實踐，甚至在象徵說法等面向上，來觀看二聖的差別，它們是對比而非背反、微差而非矛盾㊿。

C. 寫作技巧方式上的異別

我們既已先後比對了二聖在「默觀歷程分段」與「神化象徵說法」的微差，至此可進而考量二人在「寫作技巧」上的差異。在經歷了前二者的檢討後，我們可能會覺得「寫作技巧」一問題就相對地顯得次要，因為前二者至少直接牽涉默觀經驗的「內容」（content），而「寫作技巧」則較屬表達經驗的「形式」（form），較為是文學探討的議題。但站在「默觀」的前提上看，它仍有其討論的價值，原因是：畢竟文字的運用，展現了神祕家所欲吐露的心聲；默觀者在體證終極境界後，回復普通意識狀態之時，他仍須引用一般人的語言文字來述說其經歷，以致其論述仍免不了呈現個別文化丰采與個人寫作特色。換句話說，神祕家在寫作當時，並不全然實際地處在默觀狀態，他至少不會在神魂超拔當兒完成論著，即使日後演進至「神化結合」，他仍不得不使用一般人所懂悟的語言，通常他是在普通經驗的狀態下，反思先前的神祕經驗，再加以記述而已。姑且不論個人所體證的最高本體經驗是否與其他人相同，事實上，不同的人事後的論述仍不得不受制於一己的文化背景、團體際遇、學術修養、生理心理、個人氣質等內外因素的維繫，而在作品的成果表現上，因人而異、各有特色。有鑑於此，我們可分別從「方法進路」、「文筆風格」、「訓誨方式」，甚至「性別」、

51. Fr. Gabriel, "St. Teresa of Jesus and St. John of the Cross: A Study in Similarities and Constrasts", in *St. Teresa of Avila.* Ed. by Fr. Thomas & Fr. Gabriel OCD。（Westminster：Newman Press, 1963）p. 70, "They are contrasted, yet their life's work and characters interwined."

「氣質」、「環境」等前提上，將大德蘭與十字若望作比較，以凸顯其中的多彩多姿。茲首先考量他們在寫作上的方法進路一事：

1. 方法進路

方法論（methodology）之被強調，是較為近世的事。近代哲人為了更徹底地找出穩當的出發點，以企圖妥實地演繹周延的體系，而注重思考方法的運用。相對地看，先前的古典哲人較關懷宇宙人生的課題，對思維方法反而沒有如此迫切地標榜。這並不意謂著他們行文雜亂無章，相反地，古人也講究法度，以致蘇格拉底有所謂的「辯證法」、亞里斯多德有所謂的正確「邏輯思考」等等，只是他們沒有把「方法」做為考量的核心而已，而是「非正題地」（unthematically）在哲理思維中隱晦著自己的法度。不過，我們仍然可以用近代哲學的眼光，來追究前人所採用的方法，好能把古聖先賢隱然引用的進路，加以「顯題化地」（thematically）整理，因而達到貫連古今的懇談。從「方法論」的觀點上看十字若望與大德蘭的作品，我們可有以下的體會。

聖十字若望因其士林神哲學的陶成背景，以致在鋪陳事理上側重理性思考與系統條理，處處追溯事物本質，事事凸顯核心原則。聖人尤受多瑪斯影響，能從知識論角度上扣緊人的心靈結構，從中分門別類地探討每一意識官能的超性運作。從近代哲學辭彙上說，其進路主要屬「超驗法」（transcendental method）[52]，即率先追問人在神祕經驗中的意識狀態，藉此逆覺個人的超性官能與運作、被體證的境界、及所獲得的效用等等，並且企圖在分析上做到條理分明、循序漸進的地步。

52.　「超驗」（transcendental）一辭，出自康德《純粹理性批判》之導論 I, A:11 － 14, B:25 － 28。它意謂著注意力的轉向，即我不首先注意知識中之客體對象，而首先注意認知主體的認知結構、官能與活動。中譯「超」「驗」兩字，寓意著我企圖「超」越客體經「驗」事物，轉向那使經驗成為可能之「先驗」（*a priori*）根據—即主體之心靈意識結構。較詳細的解釋，參閱拙作《知識論（二）—近世思潮》（台北：五南，2000 年），頁 35 － 45。

反觀聖女大德蘭，她不曾接受正規的士林哲學訓練，但因她出身顯貴，才質過人，教育程度良好，文學修養充分，加上個人對人神關係體會敏銳，以致能把神祕經驗各階層的究竟做深入描繪，使讀者們為之動容。用現代哲學方法論的觀點看，她所採用的進路主要屬「存在現象學」（existential phenomenology）分析[53]，即對所體驗的默觀經歷與境界，站在第一身立場來做就事論事的描述，附以象徵方式來做輔助，藉此讓讀者參與懇談，從中獲得洞察。

嚴格地說，此二方法並不互相衝突，反而彼此融貫，相得益彰。各人只在闡釋與角度上各有偏重而已；十字若望較注重超越自我意識的運作，而大德蘭則更在意於所呈現的神祕現象。十字若望更刻意於系統原則的鋪陳，而大德蘭更著眼於個別現象的描述，以致綜合起來觀看，十字若望理論架構上的周延，可因大德蘭現象描繪上的湛深，而讓默觀祈禱的論述獲得博大精深兼備的充實。

2. 文筆風格

誠然，「方法進路」與「文筆風格」互相維繫，論及其一，多少牽涉其二。從文筆風格上談論二聖的差別，我們會有以下的體會。

聖十字若望因其神哲學訓練的緣故，以致立論深入，思路精闢，章節環環相扣，議題首尾一貫；其文風因而整體地呈現一份嚴肅、冷靜、平正、周延；然而，在他的抽象推理中，仍掩蓋不住內心對神的熱愛；抽絲剝繭的脈絡考究中，仍蘊含著情詩的骨幹，洋溢著愛的活焰。總括地看聖人的文筆，他是理性而不缺乏熱情，擅長邏輯推理，而仍穩立於湛深的體

53. 「現象學」（phenomenology）一辭，語源自希臘文之 *phainomenon*（現象）與 *logos*，寓意著返回事物的現象本身，以做就事論事的論述。其創始人為胡塞爾（Edmund Husserl，1869 – 1938）。胡氏之後，多位現象學家如謝勒（Max Scheler，1874 – 1928）、馬賽爾（Gabriel Marcel，1889 – 1973）等，尚採「存在現象學」（existential phenomenology）進路。「存在」（existential）一辭，主要意謂著以第一身分位格參與並「活－透」（living –through）一事物，以同情心態融入其中，以達致物我融通，從而碰觸一事物之底蘊，並在「玄同彼我」的體會下，對這事物做出描述。

會。

反觀聖女大德蘭，她雖然沒有如同十字若望般的接受正規神哲學訓練，到底她本著一份橫溢的文學天份，配合了深厚的感情和敏銳的心智，一旦發而為文，則表現為文筆圓潤，語氣感人；論事敘物，細緻而不拘一格，不受制於條理規範，但說起來卻頭頭是道，充滿著明慧的建議；說理敘事，語多比喻象徵，深具啟發潛力，讓讀者每每獲得弦外之音；其行文有如慈母般的叮嚀，論點不厭煩重複，也不太顧慮思路先後的不全一致；語氣柔中帶剛，溫潤而不失其方正。

綜合兩人的文筆風格，或許我們可瞥見以下的對比：

聖十字若望長於理性分析
聖女大德蘭精於象徵說法

聖十字若望致力於追溯事物本質，並把握事理的大原則
聖女大德蘭扣緊對現象的描述，並鋪陳其中的表裏精粗

聖十字若望說理大刀闊斧，細節精簡
聖女大德蘭道事細節繁多，兼容並蓄

聖十字若望所示藍圖傾向於見林不見樹

聖女大德蘭所展歷程傾向於見樹不見林

聖十字若望文筆剛中帶柔，有父性的嚴正

聖女大德蘭文筆柔中帶剛，如母性的叮嚀

簡括地說，兩者都因深湛的默觀經驗而孕育詩人的美感，只是當他們把「詩心」轉化為散文文體時，則十字若望以抽象原理見稱，表現為平靜方正的文體；大德蘭則以意象鋪陳見勝，表現為圓潤溫馨的風格。此等說法或許可以遙遠地提點出他們的文風特性。

3. 訓誨方式

再者，大凡靈修作品，作者的「方法進路」、「文筆風格」與「訓誨方式」是三者合一，互相蘊含，彼此貫串的，談及前兩者，必不能忘卻後者的表現。二聖的著作，既有其靈修指導的目標，為此，他們作品上所展現的方法進路與文筆風格，都與訓誨指導拉上關係。那就是說，他們為了要讓弟子們獲得聖德的提昇，以致盡心竭力地把心得表達清楚，而所表達的「內容」，自然地流露了各自所特有的「訓誨方式」，呈現出如此的微妙差異。

首先，聖十字若望因長於抽象思考與邏輯條理，以致事事追溯其核心本質與究極原則；如此的特質，也透過其行文而反映在其靈修指導的方式上，表現為扣緊大原則，而要求弟子破除障礙，放棄執著，對準最終目標邁進。其膾炙人口的比喻是：小鳥須斬斷繫絲，始能展翼高飛（山1．11．4）。他的訓誨堅決而徹底，有父性的嚴肅，但方正中仍不失其體諒，即使他正視黑夜，標榜煉淨，仍在強調放下迷執之同時，表現出一份對人性軟弱的深度同情，及對神的仰賴。

反觀聖女大德蘭，她因精於現象鋪陳和象徵說法，以致論述起來無微不至，兼容並蓄；發而為文，遂顯得情意豐富，事事包容，在靈修指導上有母性的溫柔，雖不忘最終目標，到底體諒人性的軟弱，而提供多重考量；例如：她會建議說，默想做不成沒關係，還有口禱可以嘗試（全德26・2）；只不過她會在同情的了解當中，仍不向鬆懈妥協。

綜合地觀看二聖的訓誨方式，我們所獲得的比對是：

聖十字若望秉持大原則而去蕪存菁
聖女大德蘭從細節入手而兼容並蓄

聖十字若望果斷中體諒
聖女大德蘭體諒中果斷

聖十字若望有父性的方正，雖然嚴中有慈
聖女大德蘭有母性的圓潤，卻是慈中有嚴

聖十字若望的精神是：割捨迷執，始得登山
聖女大德蘭的鼓勵是：神在心堡，不必遠求

到底二聖最後宗向仍然是唯主至上，只有在愛主的前提上割捨次善，也在愛主的成全上擁抱萬物。

六、綜合說明

靈修史有幸寫下大德蘭與十字若望結伴成聖的一頁，見證了二聖藉著著述給世人留下寶貴的指引。

若分別地聆聽他們的體證，大德蘭以默觀為灌注的祈禱，牽涉著進展的歷程，其中包括「收心祈禱」、「寧靜祈禱」、「結合祈禱」眾階段。反之，十字若望則以默觀為人神間祕密的愛的知識，維繫著意志與理智的互動，其中尚且蘊含著「煉淨」與「結合」的進展。

綜合起來，二聖的教誨形成一個更龐大的整體；在其中，我們察覺到的面向計有：「本質上的吻合」、「細節上的互補」、「連合中的啟發」、以及「相融中的差別」。

本質上的吻合：二聖論默觀，都贊同：

默觀維繫著意志與理智的互動

默觀是人神間愛的知識之進展

默觀是神祕經驗，含括著煉淨與結合

所謂「默觀維繫著意志與理智的互動」，那是指二官能在超越運作中，以意志對神的熱愛，率先被觸發，但理智隨而獲得開悟，造就愛與知識的吻合。

所謂「默觀是人神間愛的知識之進展」，那就是說，在默觀的較初期，意志的愛火較具領導地位，但理智的光照會隨著進階而增強，直至成全階段中，兩官能吻合，而孕育湛深的愛的知識。

所謂「默觀是神祕經驗，含括著煉淨與結合」，它寓意著其為神能的灌注，在人的配合下，導致意識的逐步轉變，並且牽涉了感官與心靈上，各種主動與被動的煉淨，藉此邁向人靈的神化結合。

細節上的互補：二聖談論默觀，除了在大原則、大方向上的吻合外，尚且在細節上互有增補如下。

口禱、心禱上的論述，大德蘭的詳細彌補了十字若望的簡略；

進入默觀的三徵兆，由十字若望提供，以補足大德蘭所未及凸顯的時機；

「靈悅」（*gustos*）的始現，大德蘭又替十字若望強調了「自修默觀」與「灌注默觀」的轉捩；

關於灌注默觀的進階，大德蘭與十字若望的論點互相闡發；大德蘭所分辨的收心祈禱、寧靜祈禱與結合祈禱，在相當的程度上，光照了十字若望所繪畫的感官與心靈上的主動與被動之夜；

在神訂婚的議題上，大德蘭與十字若望都深入描繪了神魂超拔的現象，並在陳述其不同型態上互有增補；

談及神婚，二聖都對人靈的「神化」現象，做了湛深的詮釋；

至於默觀所指望的全福神視，則由十字若望做了畫龍點睛的提示。

連合中的啓發：兩聖的默觀靈修，除了含本質上的吻合與細節上的互補外，連合起來，尚且有類比「雙劍合璧、威力無窮」的潛質，能發揮出單獨所隱藏而容易被忽略的功效，其中尤給默觀強調了社會際性的意義，能分別從「團體向度」、「使徒向度」及「友誼向度」上透顯。

其「團體向度」給我們指示：

共修不抹煞獨修
個人在團體中共融
修會向教會開放，甚至向世界開放
以致「默觀者」蘊含「使徒」的宣道使命

其「使徒向度」給世人做如此的見證：

默觀給予使徒以宣道的原動力
靈修史標榜了默觀與宣道的密切關連
二聖的行實共同彰顯了默觀精神與使徒熱誠

其「友誼向度」尤給予默觀者做出團結友愛的鼓勵：

默觀者需與志同道合之士為友，以之互相扶持
勉力從感性友誼發展為靈性友誼
在愛主至上的前提下，愛友人而不致結黨營私

相融中的差別：兩套默觀理論固然在連合中啟發了其團體人際面向，到底仍掩蓋不住其相融中的差別，我們尤可從「內容」與「形式」兩向度上看出端倪：

「內容」方面：二聖對默觀歷程的分段，尤其在「煉路」、「明路」、「合路」的分界上，略有出入；此外，二者談人靈的「神化」，在意象描述上，也各有特色，然其中的小差距，並不因而釀成矛盾，反而見證了階段分際及象徵說法等問題之有模稜兩可的地方，我們除了需加上個人的印證外，仍需把不同的系統放在更大的整體脈絡上，以體會其中的「和而不同」。

「形式」方面：我們尚且可以在二聖的行文上分辨兩者的微妙差異，不論是「方法進路」、「文筆風格」或「訓誨方式」，我們都可藉近代哲學的借鏡，而瞥見聖十字若望的「超驗反思」，與聖女大德蘭的「存在現象學」，並體會十字若望之長於抽象推理，以及大德蘭之精於現象描述與象徵類比，也見證到前者的父性方正而不失其體諒，以及後者的母性圓潤而不失其果斷。

分析至此，我們固然尚可以在更多面向（如「性別」、「氣質」、「環境」等因素）上繼續為二聖的默觀理論做比較，由於篇幅、精力與時間所限，我們唯有安於目前所達致的成果。於此，我們或許可借用賈培爾神父（Fr. Gabriel）的話做結語：

當神創造原初正義狀態下的男女，祂的計畫原本是意願他們在各階層上，尤在靈性面上彼此滿全；人可在二聖之內見到神計畫的實現。在對加爾默羅兩位大聖做任何估量時，有一基本事實需記取在心：他們互相補足，這事首先適用在二者的性格上，再而適用於他們的作品中……。[54]

54. Fr. Gabriel, "St. Teresa of Jesus and St. John of the Cross: A Study in Similarities and Constrasts", p. 34.

……他們著書立說，都首要地為了一實踐目的，那就是為了指導善意的靈魂，走向與神結合的高峰。他們都各自以其所熟悉的方式，循循善誘，也以他們認為最恰當的語言來表達其教誨。如此一來，他們相互配合，但並未出於任何預先的安排[55]。

55. 同上，p.40。

興建嘉義大林聖若瑟
加爾默羅聖衣會隱修院

一天天，一年年，隱修者，在靜寂中，為普世人類祈禱，

以生命編串出愛的樂章，頌揚天主的光榮！

急需您的幫助…

捐款的方式：郵政劃撥或銀行支票　請註明「為嘉義修院興建基金」

郵撥帳號－芎林修院：05414285　深 坑修院：18931306

傳真－芎林修院：03-5921534　深 坑修院：02-26628692

郵政劃撥、銀行支票受款戶名：財團法人天主教聖衣會

※所有捐款均可開立正式收據

嘉義大林聖若瑟加爾默羅隱修院的建築藍圖

國家圖書館出版品預行編目資料
聖女大德蘭的靈心城堡／大德蘭（St. Teresa of Avila）著. 加爾默羅聖衣會譯.
--二版, -- 臺北市：星火文化，2018年4月
面；　公分.（加爾默羅靈修；16）
譯自：El Castillo Interior
ISBN 978-986-95675-2-7（平裝）
1.天主教 2.靈修
244.93　107003652

加爾默羅靈修 16

聖女大德蘭的靈心城堡

作　　者　大德蘭 St. Teresa of Avila
譯　　者　加爾默羅聖衣會
封面設計及內頁排版　Neko
總 編 輯　徐仲秋
出　　版　星火文化有限公司
台北市衡陽路七號八樓
營運統籌　大是文化有限公司
業務・企畫　業務經理林裕安　業務助理馬絜盈・林芝縈
行銷企畫汪家緯　美術編輯邱筑萱
讀者服務專線 02-23757911 分機 122
24 小時讀者服務傳真 02-23756999
香港發行　里人文化事業有限公司 "Anyone Cultural Enterprise Ltd"
地 址：香港 新界 荃灣橫龍街 78 號 正好工業大廈 22 樓 A 室
22/F Block A, Jing Ho Industrial Building, 78 Wang Lung Street,
Tsuen Wan, N.T., H.K.
Tel ：(852) 2419 2288　Fax ：(852) 2419 1887
Email: anyone@biznetvigator.com
印　　刷　韋懋實業有限公司

■ 2013 年 6 月初版
■ 2018 年 4 月 2 日 二版首刷　Printed in Taiwan

ISBN 978-986- 95675-6-7　定價／300 元

The Interior Castle by St. Teresa of Avila
Washington Province of Discalced Carmelites
ICS Publications 2131 Lincoln Road, N.E. Washington, DC 20002-1155 U.S.A.
www.icspubliscations.org
本書中文版感謝 ICS Publications 授權
封面攝影特別感謝 攝影家范毅舜